全民阅读视角下的公共图书馆阅读推广活动研究

孙 凤◎著

北方联合出版传媒(集团)股份有限公司

万卷出版有限责任公司

图书在版编目（CIP）数据

全民阅读视角下的公共图书馆阅读推广活动研究 /
孙凤著. -- 沈阳 ：万卷出版有限责任公司，2024. 9.
ISBN 978-7-5470-6640-9

Ⅰ. G252.17

中国国家版本馆 CIP 数据核字第 20246VB954 号

出版发行：万卷出版有限责任公司

（地址：沈阳市和平区十一纬路29号　邮编：110003）

印 刷 者：济南文达印务有限公司

经 销 者：全国新华书店

幅面尺寸：170mm×240mm　　1/16

字　　数：230千字

印　　张：15.5

出版时间：2025年1月第1版

印刷时间：2025年1月第1次印刷

责任编辑：朱婷婷

责任校对：张　莹

装帧设计：瑞天书刊

ISBN 978-7-5470-6640-9

定　　价：58.00元

联系电话：024-23284090

传　　真：024-23284448

前　言

在当今社会，阅读被广泛认为是一项至关重要的活动。它不仅为人们提供了获取知识和信息的途径，还有助于思维的拓展、价值观的培养，以及道德准则的塑造。这一活动不仅仅涉及个体的知识积累，还对社会和文化层面具有深远的影响。因此，阅读也是一种重要的教育工具，通过它，人们能够持续学习和自我提升。

《全民阅读视角下的公共图书馆阅读推广活动研究》一书从公共图书馆的基础理论出发，系统性地分析了公共图书馆在全民阅读推广中所扮演的关键角色。深入研究了公共图书馆全民阅读推广活动的策划和实施，探讨了如何应对新媒体和大数据时代带来的挑战。在这个信息爆炸的时代，公共图书馆的角色和功能不断演变，为了更好地满足当今社会的阅读需求，公共图书馆必须尽快适应新的环境。

本书并不局限于学术研究，还具有重要的实际指导意义。对于图书馆从业者，它提供了有效推动全民阅读的具体建议和方法。教育领域的专业人士也能从中获得宝贵的经验，有助于培养学生的阅读兴趣和提升阅读能力。同时，研究者也可以在其中找到理论框架和方法，以便更深入地研究与阅读和图书馆相关的议题。

在编写本书过程中，作者参考了国内外同人的大量著作、论文以及相关文献，对他们的贡献表示深切感谢。鉴于作者的知识水平和资源有限，书中难免存在一些不足之处，恳请专家、同行以及广大读者批评指正，以便不断完善和改进。

目　录

第一章　公共图书馆

第一节　公共图书馆概述

一、公共图书馆的概念

（一）公共图书馆的含义

1.公共图书馆的含义

根据国际图书馆协会联合会 2010 年的《公共图书馆服务指南》，公共图书馆是由社区设立、维护并资助，得到政府或其他社区组织支持的机构。其核心使命是为所有社区成员提供无差别的资源和服务，帮助他们获取知识、信息和文学艺术作品。这些服务不因种族、国籍、年龄、性别、宗教、语言、身体状况、经济状况或就业状况的不同而有所区别，确保每个人都能平等地享受图书馆的资源和服务。这一定义包括三个核心要点：

（1）公共图书馆是社区设施，由社区创建和资助，受到国家、地方政府或其他社区组织的支持。这里的"社区"可以指代小镇、城市或其他地方社区，而不仅仅是城市街道所定义的"社区"。

（2）公共图书馆的建设和管理是在国家、地方政府或其他社区组织的协调下进行的，也可以由社区委托它们来进行。

（3）公共图书馆的目标是为社区的所有居民提供平等的资源和服务，以确保他们可以获得所需的知识、信息和文学艺术作品。

公共图书馆的特性在不同国家表现不一，这与经费分配方式有关。一些国家采用特定税种（如物业税）的比例来资助公共图书馆，这使得公共图书馆的特性更加明显。在这些国家，社区居民向哪级政府纳税，就享受该政府提供的公共图书馆服务。因此，居民明确知道他们的税款支持了哪些图书馆，也清楚他们对哪些图书馆拥有权益，甚至可以通过公投来决定公共图书馆经费的分配。

在我国，尽管公共图书馆的经费同样来自地方税收，但通常是由当地政府从其整体财政预算中支付。这导致特定图书馆与特定社区之间的从属关系不太明确。因此，对于特定社区的居民来说，很难确定他们的税款支持了哪些图书馆，以及他们可以从哪些图书馆中获得免费服务。例如，一个村庄的居民是否支持所在乡镇图书馆、县级图书馆、地市图书馆、省级图书馆，以及他们在哪些图书馆有权使用服务，这些问题并不明确。

需要强调的是，我国长期以来在政府文件、统计数据以及图书馆学文献中通常将"公共图书馆"用来指代县级及以上的图书馆。这仅仅是一种惯例，实际上并没有将县以下的基层图书馆排除在"公共图书馆"的范畴之外的理论依据。这种惯例的形成主要是因为我国的基层图书馆通常面临着缺乏稳定经费来源和有力的管理机构支持的问题，因此难以维持长期的运营，通常未被视为一个持久的社会机构。

2.公共图书馆服务体系的含义

在中国，"公共图书馆服务体系"概念随着"公共文化服务体系"提出而兴起。2004 年，国家发改委首次提出建设健全公共文化服务体系。随后，2006 年的《中华人民共和国国民经济和社会发展第十一个五年规划纲要》明确了覆盖全社会的公共文化服务体系目标。这推动了"公共图书馆服务体系"概念在图书馆学领域的广泛应用。

到了 2023 年的《中华人民共和国国民经济和社会发展第十四个五年规划和 2035 年远景目标纲要》，提出了优化城乡文化资源配置、推进城乡公共文化服务体系一体建设等目标。还包括了实施文化惠民工程、提升基层综合性文化服务中心功能、广泛举办群众性文化活动，以及推动公共图书馆、文化馆、美术馆、博物馆等公共文化场馆的免费开放和数字化发展。这些措施旨在提高文化服务的全面性和普及性。

从逻辑上看，将"全覆盖"放在"服务体系"之前，暗示了该体系的组成部分是可布局的资源和设施等。这意味着它是由政府主导建设、由公共财政支持，旨在保障民众基本文化权益和满足其基本文化需求的文化设施，按照特定标准进行布局。在这个背景下，公共文化服务体系可以被理解为包括所有实体图书馆、数字图书馆、馆外服务点和流动图书车，以及它们的合作性服务平台，它们可以独立地或通过协作方式向公众提供公共图书馆服务的基础设施和各类资源的组织结构。这种定义能够准确反映"公共文化服务体系"和"公共图书馆服务体系"的含义。

3.公共图书馆服务体系在公共文化服务体系中的地位

我国的公共文化服务体系是指政府主导建设，由公共财政支持，旨在保障公民的基本文化权益，满足广大人民群众的基本文化需求，依据特定标准合理布局的文化设施格局。这一体系包括图书馆、博物馆、文化馆、美术馆、电台、电视台、广播电视发射转播台（站）、互联网公共信息服务点等。

在其中，公共图书馆作为公共文化服务体系的核心组成部分，承担了文化传播的重要角色。国际图联和联合国教科文组织发布的《公共图书馆宣言》明确了公共图书馆的使命，其中包括提高对文化遗产的认知、促进艺术欣赏、推动科学成就与发明的传播，提供各种表演艺术，促进文化对话和文化多样性，以及传承口头传统等。这些使命与文化传播密切相关，强调了公共图书馆在文化传承和推广方面的重要性。

相较于公共文化服务体系中的其他设施，公共图书馆在文化传播方面具有独特的优势。首先，公共图书馆提供的文化产品和服务非常丰富，涵盖了古今中外的各种文化表达形式，包括文字、声音、图像、视频，甚至实物展示，因此，它是一个极具包容性和多元性的文化平台。其次，与其他文化服务设施相比，公共图书馆的服务更侧重于激发个人思考和培养独立思想。谢拉，一位美国图书馆学家，曾将公共图书馆与大众传媒进行比较，认为前者鼓励人们独立探求知识，而后者更多地用于说服和同化："大众传媒、报纸、广播、电视是说服性的，而图书馆则是引导探索的。来图书馆的人自主地选择自己感兴趣的领域，以个人独特的方式追求知识和真理。在图书馆，用户不会被告知他们应该如何思考或什么时候思考，而是独立地探索他人的思想和观点，自主地理解这些思想和观点。"此外，公共图书馆不仅承担文化传播使命，还具备教育、信息保障、培养阅读习惯、扫盲等多重使命，这些使命和服务可以显著增强文化传播的效果。例如，图书馆的教育使命和培养阅读习惯的使命不仅提高读者的文化素养，还强化了文化传播的影响。因此，公共图书馆不仅是文化传播的力量，还是教育和社会发展的关键组成部分，为促进文化理解和包容作出了重要贡献。

（二）公共图书馆制度

1.作为现代国家制度组成部分的公共图书馆制度

根据我国学者范并思教授的定义，公共图书馆制度是一种社会机制，旨在调节知识或信息的分配，以实现社会知识或信息的保障。其核心是确保社会成员平等获取信息的机会、享有求知的自由与权利，从知识和信息的角度维护社会的公正。

在全球范围内，公共图书馆制度起源于 19 世纪中叶的英国和美国，成为现代国家制度的重要组成部分。尤其在英国，随着工业革命的结束，国家加速了现代制度的建设，包括新议会制度、选举制度、普及教育制度等。公共图书馆制度应运而生，成为现代国家制度的一部分。

可以理解为，形成的公共图书馆制度与其他国家制度，特别是现代民主制度和教育制度，相互补充、相辅相成。现代民主制度的健康运行需要一定的前提条件，其中至少包括两个与公共图书馆相关的前提条件：一是公民具备参与民主过程的能力，这需要社会保障他们获得教育机会；二是公民能够自由获取信息，从而能够对影响自身利益的决策过程进行判断，这需要社会保障信息获取畅通。公共图书馆在提供学校之外的教育机会和保障信息获取方面起到了关键作用。正因如此，美国学者迪采恩将公共图书馆称为"民主文化的武器库"。

公共图书馆制度的确立主要通过公共图书馆立法来实现。《公共图书馆法》首先为负责保障知识与信息获取的机构提供合法性，其次通过法律规定公共图书馆的设置和运行相关制度安排。因此，关于公共图书馆立法的讨论实际上是关于公共图书馆制度安排及其合法性的讨论。

与公共图书馆的设置和运行相关的制度安排包括众多方面，这些方面在图书馆法中体现为具体的法律规定。由于公共图书馆的设置和运行不仅依赖制度保障，还依赖专业图书馆从业人员的操作，因此，确立公共图书馆制度涉及制度安排与行业自治的平衡，即决定哪些内容适合由国家制度确立，哪些内容适合由行业自主决定。不同国家在这方面的界限不同，因此公共图书馆制度的具体内容也有所不同。绝大多数国家的制度安排都包括公共图书馆的经费保障、建设主体、地方管理、国家管理等内容，但有些国家的制度涵盖更广的范围。

2.公共图书馆的经费保障制度

关于公共图书馆设置和运行的基本制度性安排之一是确立了将公共图书馆经费从公共经费中支出的规定。这一制度安排实际上确保了政府使用公共经费来建设公共图书馆，并赋予这一做法合法性。按照公共经济学的概念，这也确立了公共图书馆作为社会公共物品的地位。

在确立了公共图书馆使用公共经费的合法性后，还需要设计提供经费给公共图书馆的具体途径。不同国家在这方面有不同的选择。有些国家，如美国的一些州和印度的一些邦，规定在特定税收，如物业税中，指定一定比例用于支持当地公共图书馆的建设。其他国家则可能从国家或地方政府的综合财政收入中拨款以资助公共图书馆。中国采用的是后一种方式，即从国家或地方政府的综合财政收入中拨付经费以支持公共图书馆的运营。

3.公共图书馆的建设主体

公共图书馆制度的第二个基本内容是确立负责为公共图书馆建设征收税金并划拨经费的机构，这些机构被称为"公共图书馆建设主体"。不同国家的"公共图书馆建设主体"可能各不相同，甚至在一个国家的不同地区，尤其是联邦制国家的不同州，授权情况也可能有所不同。中国图书馆学会在2009年启动的"公共图书馆设置与体系建设"课题中，在研究了世界主要国家公共图书馆建设主体授权情况的基础上，确认了以下几种授权情况。

（1）授权某一较高级别的政府（中央政府、州或省或郡政府）作为公共图书馆建设主体，负责在辖区内按人口或其他标准规划和设置一群图书馆（包括中心馆、分馆、流动图书馆），维持和管理该图书馆群的运行。例如，在新加坡，中央政府负责全国范围内各类规模的固定图书馆和流动图书馆建设，构建全国公共图书馆服务体系。在英国，地方政府，包括郡政府、都会区政府和一元行政当局，是公共图书馆建设主体，负责在辖区内建设各类固定图书馆和流动图书馆，构建本地的公共图书馆服务网络。在澳大利亚的首都地区、南澳大利亚、西澳大利亚、塔斯马尼亚，各州政府是公共图书馆的建设主体，负责在各地建设固定图书馆和流动图书馆。需要指出的是，国家中由立法机构授权中央政府担当全国范围公共图书馆建设主体的案例相对较少，截至目前，已知的案例仅有新加坡。

（2）授权较低级别的地方政府充当辖区公共图书馆服务的主要建设者，负责在辖区内根据人口或其他标准设立一个或一群图书馆，并管理这些图书馆的运营，同时由上级政府按特定的比例或根据人口提供公共图书馆的财政支持。举例来说，在澳大利亚的新南威尔士、维多利亚和昆士兰，各州的图书馆法规定地方政府（市县政府）作为当地公共图书馆的主要建设者，但各州政府为每个地区提供图书馆经费的补贴。

（3）将较低级别的地方政府授权为辖区内公共图书馆服务的独立建设者，同时授权较高级别的政府建设一个大型图书馆，为整个辖区内的公共图书馆提供支持性服务。例如，挪威的图书馆法规定较低级别的地方政府负责在辖区内设立公共图书馆，同时规定较高级别的郡政府建设郡级图书馆，为辖区内的公共图书馆和学校图书馆提供支持性服务，尽管不直接向读者提供服务。

（4）授权不同级别的地方政府（如县政府、市政府、镇政府等）在各自的法定服务区建设公共图书馆；公共图书馆的法定服务区与行政区划不同，彼此具有明确的覆盖范围分工，互不重叠（如县政府建设的图书馆与镇政府建设的图书馆，其服务区并不重叠）。在由特定税种支付图书馆经费的国家或地区，这种方式比较常见。在这些国家和地区，一个政府（无论其级别如何）的法定图书馆服务区就是它征收相应税种的区域；换言之，一个地方政府在多大范围内征收相应税种，就应在多大范围内设置图书馆（群）。由于公共图书馆法赋予这些建设主体大致相同的权利和义务，至少从保障公共图书馆服务的角度看，它们事实上有大小之别，无级别区分。例如美国威斯康星州图书馆法规定，县政府、市政府、镇政府、学区政府和图书馆特区政府均可依法成为图书馆建设主体，但在县政府已经提供图书馆服务的地区，镇政府若想独立提供图书馆服务（即从县图书馆的覆盖范围内分离出来，独立征税，独立设馆），需经县图书馆委员会批准；而在县政府决定成为图书馆建设主体的时候，如果其辖区内已经存在其他政府建设的图书馆，县政府可以将这些图书馆收归合并。

不管是哪种授权方式，只要公共图书馆建设主体在其法定服务区域内建设覆盖全居民的公共图书馆服务体系，就可以在全国范围内形成覆盖整个社会的公共图书馆服务网络。然而，由于公共图书馆事业具有规模经济效应，当建设主体规模较小时（特别是在依靠特定税收的国家，这意味着税基较小），很难确保图书馆建设的低成本和高效益，也难以提供足够规模的文献资源和专业化服务。正因如此，自公共图书馆出现以来的一个多世纪内，许多国家（包括英国和美国）都在不同程度上经历了整合公共图书馆建设主体的过程，即取消对较低级别政府的授权，转而授权较高级别的地方政府来承担公共图书馆的建设任务。即使在保留较低级别建设主体的国家和地区，为实现规模经济效应和确保图书馆服务质量，相关图书馆法也通常鼓励地方政府合并投资以建立跨区域的公共图书馆服务网络。

我国目前还没有全国范围的公共图书馆法，因此没有明确的法定建设主体。实际上，我国的公共图书馆建设主体是各级政府。现在，各级政府的图书馆建设安排已经扩展到了街道、乡镇，甚至社区和村庄，在中国建立了成千上万的小规模建设主体。与其他国家的小规模建设主体一样，这些基层政府或组织所面临的最大挑战之一就是财政能力不足以支持提供足够规模的专业图书馆服务。中国基层图书馆的发展历史表明，由这一层级政府建设的图书馆设施很少能够持续运营。因此，调整公共图书馆建设主体以确保广泛的公共图书馆服务的普及性，已成为我国公共图书馆制度安排中需要迅速完善的方面。

4.公共图书馆的地方管理

公共图书馆制度安排的第三个基本内容是确定如何管理设立的公共图书馆，包括制定政策方针、任命馆长、监督和评估图书馆服务等。这一安排实际上是确立了在公共图书馆的建设主体、公共图书馆管理者以及执行服务的团队之间的权力分配，以确保公众能够获得最佳的公共图书馆服务。因为在多数国家，公共图书馆的建设主体都是地方政府，公共图书馆的管理主要在地方层面进行。

5.公共图书馆的国家管理

尽管大多数国家将公共图书馆服务界定为地方政府的责任，但很少有国家不对地方公共图书馆事业进行任何形式的干预，如指导、支持、协调、监督等。在全国范围内，中央政府对地方公共图书馆事业的干预构成了公共图书馆的国家管理。

公共图书馆国家管理的制度安排一般包括国家管理的内容或范围以及实施各类国家管理的机构安排。典型的国家管理内容包括：①监督地方政府在公共图书馆服务方面的作为。②支持或扶持地方政府保障公共图书馆服务的能力，包括经费、文献资源、智力资源等方面的支持。③集中承担某些特殊的公共图书馆服务，如盲人图书馆服务。④从战略方向等方面对公共图书馆服务进行规划和指导。⑤协调全国各地公共图书馆间的合作活动。⑥制定全国性标准并实施评估。

各国的公共图书馆法都会授权特定的中央政府部门执行上述管理活动。国际上比较常见的安排是由文化主管机构负责执行，也有一些国家由教育部门负责（如冰岛）。此外，一些国家还成立专门的咨询机构，指导中央政府对地方图书馆事业实施科学合理的国家管理。在英国，2011 年以前扮演这一角色的机构是博物馆、图书馆、档案馆委员会，在美国是国家图书馆与信息科学委员会。

我国的公共图书馆国家管理主要由中央政府的文化部执行。中华人民共和国成立后，文化部先后通过文物局、社会文化事业管理局、群众文化事业管理局和文物事业管理局管理全国的公共图书馆事业，目前负责管理公共图书馆事业的是文化部社会文化司。

（三）公共图书馆在世界主要国家的发展

1.英国

英国的公共图书馆制度经历了一段漫长的增长过程。1850 年通过《公共图书馆法》后，在 30 年内，只有 74 个满足条件的地方政府（所辖人口大于或等于 1 万）采纳了该法赋予的"图书馆权"，即依法征税建设图书馆的权力，成为公共图书馆建设主体。到 1900 年，这一数字增加到 298 个。1900 年后，得益于捐赠和激励，采纳"图书馆权"的地方政府数量迅速增加。根据统计，截至 1919 年卡内基去世，英国有一半的地方政府接受了卡内基捐赠的图书馆经费，受其资助的图书馆数量达到 380 余座。

最初，1850 年的《公共图书馆法》仅授权人口在 1 万及以上的城镇政府征税建设图书馆，因此早期的公共图书馆主要集中在城市。农村地区的阅读需求主要依赖于民间力量、志愿者和教育部门设置的书箱。然而，1919 年，英国图书馆协会的不懈努力促成了对 1850 年的《公共图书馆法》的修订，将授权范围扩大到农村地区的地方政府。从 1920 年以后，公共图书馆服务逐步扩展到农村地区。

　　到 20 世纪 30 年代，英国的公共图书馆服务已经开始在社会中显现出显著的效益，许多地区的公共图书馆成为社区的骄傲和文明的象征。不过，《公共图书馆法》中规定的 1 万人口条件导致在英国涌现出许多小规模的公共图书馆建设主体。由于这些主体的税基有限，它们难以为公共图书馆提供足够的经费，以提供高质量和全面的服务。早在 1927 年，一份反映英国公共图书馆状况的调研报告——《肯尼恩报告》就指出了这一限制。第二次世界大战期间，英国图书馆学家麦克考文再次调查了英国公共图书馆状况，再次强调了小型建设主体的问题，并认为这是导致许多地区的公共图书馆状况不佳的原因。因此，他提出了整合英国公共图书馆建设主体的建议。

　　麦克考文的建议直到 20 世纪 60 年代之后才被采纳。1964 年的《公共图书馆与博物馆法》以及 1972 年的《地方政府法》重新调整了公共图书馆的建设主体，将授权扩大到郡政府、都会区政府以及伦敦的区政府，成为公共图书馆的建设主体，并将公共图书馆服务明确为地方政府的强制性责任。这些新的制度安排，再加上二战后英国经济的迅速增长，使得英国公共图书馆进入了 20 世纪六七十年代的黄金时期。1965 年，每千人的公共图书馆经费为 799 英镑，而到 1975 年，这一数字已经增加到 3055 英镑，扣除通货膨胀因素后，实际增长了超过 50%。英国学者尼克·摩尔将 20 世纪 60 年代之后的英国公共图书馆服务称为现代化的公共图书馆服务。

　　然而，自 20 世纪 80 年代开始，由于经济不景气以及保守党政府实施了"减少公共部门干预，鼓励市场运作"的政策，英国的公共图书馆经历了明显的衰退。尽管在随后的工党执政时期，英国公共图书馆界推出了大型项目，如"人民网络"，但未能扭转公共图书馆的衰退趋势。1980—1990 年，英国每千人的公共图书馆经费实际增长（不扣除通货膨胀因素）不到 17%，而 1990—2000 年，实际增长为 11%。

　　从 2010 年开始，受金融危机和欧洲债务危机的影响，英国的公共图书馆经历了或许是有史以来最严重的衰退。在 2010 年 10 月，当年大选中上台的卡梅伦联合政府宣布了大规模的财政紧缩计划，计划在未来 5 年削减 950 亿英镑的公共支出，其中包括对地方政府的投资减少 260 亿英镑。面临这一巨大的财政压力，地方政府迅速采取了降低公共服务支出的措施，其中包括关闭一些公共图书馆。根据英国图书馆员与信息专业人员协会的估算，英格兰地区将有 600 多座图书馆被关闭，占总数的五分之一。根据 2020—2021 年度的英国公共图书馆统计报告，2020—2021 年度，英国共有 3842 家公共图书馆，年接待到馆读者达到 5965.5 万人次，较上一年度减少了 72%。馆藏文献总数为 7140 万册件，较上一年度减少了 2%；年文献流通次数为 7293.9 万册次，较上一年度减少了 56%。

2.美国

美国的公共图书馆制度是各州自主确立的，起源于 19 世纪中叶。在 19 世纪后半叶，大部分州通过了各自的《公共图书馆法》，允许州内的地方政府通过征收地方税款来建设公共图书馆。自 19 世纪末以来，卡内基的图书馆捐赠计划在美国各地推动了地方政府建设公共图书馆的热情。

与英国的公共图书馆发展历程类似，早期的美国公共图书馆也主要集中在城市地区。然而，为改善农村地区的公共图书馆服务，美国在 20 世纪 50 年代通过了《公共图书馆建设法》，启动了联邦政府扶持农村公共图书馆的计划。根据该法律，联邦政府根据各州农村人口数量向州政府提供农村公共图书馆建设补贴，这些补贴由州图书馆管理处管理和分配。1964 年通过的《图书馆服务与建设法》将这一补贴范围扩大到城市地区。在此基础上，美国逐渐形成了相对完备的公共图书馆服务体系。1996 年通过的《图书馆服务与技术法》取代了《图书馆服务与建设法》，并将联邦补贴的重点从图书馆馆舍转移到了技术方面。根据统计资料，截至 2020 年，美国共有各类图书馆共 29278 座，其中包括公共图书馆 14831 座，高校图书馆 4796 座，军队图书馆 485 座，政府部门图书馆 1615 座，专业图书馆 4637 座，法律图书馆 404 座，医学图书馆 1640 座，以及教会图书馆 870 座。

3.中国

现代意义的公共图书馆在中国出现于 20 世纪初的晚清时期，这一时期在中国历史和图书馆发展史上具有重要意义。晚清时期是一个重要的历史转折点，经历了鸦片战争和甲午战争后，中国从一个文明强盛的国家逐渐沦为半殖民地，西方列强开始占领中国。这一世界格局的变化深深触动了晚清时期的社会精英和普通民众，他们纷纷寻求强国富国之路。为了实现这一目标，中国社会精英在晚清时期积极学习西方的科学技术、政治制度以及文化教育机构。在学习过程中，现代意义的公共图书馆作为启发民智的社会机构被引入中国。晚清时期的著作和考察报告涵盖了大量关于公共图书馆的信息，同时也出现了专门介绍和研究公共图书馆的著作。

1912 年后，中华民国政府极为重视民众教育，并将建立面向广大民众的图书馆纳入重要议事日程。同年，中央政府在新成立的教育部下设立了社会教育司，负责促进和监管公共图书馆的建设。在社会教育司的推动下，我国公共图书馆建设的重心逐渐向地方迁移。1913 年，社会教育司在北京创办了京师通俗图书馆，以满足一般民众的阅读需求，各省随后纷纷建立本地的通俗图书馆。1915 年，社会教育司颁布了《通俗图书馆章程》和《图书馆章程》等法规，前者关注一般民众的通俗阅读需求，后者则关注更具学术性的阅读和学习需求。从那时起，中华民国时期的公共图书馆正式分为通俗图书馆和普通图书馆两个主要类型。1928 年，国民政府颁布命令，要求各省县设立民众教育馆，而这些新设的民众教育馆通常也包括图书馆。

然而，1937 年之后，日本侵华战争导致我国的公共图书馆遭受了大规模破坏。全国范围内，受损的图书馆达到了 2118 座，受损的民众教育馆则达到了 835 座。抗日战争获胜后，由于随后爆发的内战和社会动荡，我国的公共图书馆一直没有能够恢复到先前的水平。

1949 年中华人民共和国成立后，公共图书馆事业也得以恢复和重建。1955 年，文化部发布了《关于加强与改进公共图书馆工作的指示》，明确指出公共图书馆的服务对象应包括各阶层的人民，而不仅仅是工农兵和知识分子等特定群体，以确保不会有人受到偏废。随后，1956 年 7 月，文化部召开全国图书馆工作会议，会议明确了公共图书馆的双重任务，即为科学研究服务和为广大人民群众服务。在这些思想和指导下，20 世纪 50 年代，公共图书馆建设开始呈现出"省市县公共图书馆"与"农村、社区、厂矿基层图书馆（室）"并行的趋势。然而，后者从未正式被定位为"公共图书馆"，也没有获得稳定的资源保障机制。截至 1965 年，中国县级及以上的公共图书馆数量已经达到了 577 座，而基层图书馆（室）由于发展不稳定，没有可靠的统计数据。

1986 年的"六五"经济社会发展规划，提出了"县县有图书馆"的建设目标。同时，基于乡镇万册图书馆的标志，县以下基层图书馆建设再次兴起。然而，与以前的基层图书馆一样，这些基层图书馆依然没有明确定义为"公共图书馆"，也没有得到相应的稳定经费和专业化运作支持，因此多数无法持续发展。到了"十五"末期，官方统计数据仍然只提供了县级及以上图书馆的数量。尽管"县县有图书馆"的目标在全国大部分地区已经实现，由于大多数县级图书馆位于县城，而基层图书馆的发展不稳定，我国大多数人无法获得便捷和规范的公共图书馆服务。

2006 年的《中华人民共和国国民经济和社会发展第十一个五年规划纲要》明确提出了建设覆盖全社会的综合性公共文化服务体系的目标。因此，建设全民覆盖的公共图书馆服务体系也成为图书馆事业的目标。从覆盖少数人的"一县一馆"到覆盖全民的完备公共图书馆服务体系，这是一次巨大的飞跃。然而，要实现这一目标，需要合理的制度设计、充足的经费保障以及专业高效的图书馆运行队伍。因此，自"十一五"末期以来，我国图书馆界在理论和实践方面进行了多次探索，以回答"如何在当代中国建设覆盖全社会的公共图书馆服务体系"的问题。

表 1-1　我国图书馆发展近况

	2021 年	2022 年
公共图书馆总数（座）	3215	3303
公共图书馆从业人员总数（人）	59301	60740
公共图书馆实际使用建筑面积（平方米）	1914	2098
公共图书馆馆藏（万册）	126178	135959
公共图书馆阅览室座位数（万个）	134	155
公共图书馆人均建筑面积（平方米）	135.51	148.61
公共图书馆人均馆藏数量（册）	0.89	0.96
公共图书馆人均购书费（元）	1.57	1.67

表 1-1 显示，截至 2022 年末，全国拥有公共图书馆总计 3303 家，较上年末增加了 88 家。公共图书馆从业人员总数为 60740 人，较上年增加了 1439 人。全国的公共图书馆实际使用建筑面积达到 2098 万平方米，较上年末增长了 9.6%。总馆藏量为 135959 万册，较上年末增加了 7.8%。阅览室的座位数达到 155 万个，较上年增长了 15.4%。公共图书馆人均建筑面积为 148.61 平方米，较上年末增加了 13.1 平方米。全国人均馆藏量为 0.96 册，较上年增加了 0.07 册。每位公民全年平均购书费为 1.67 元，较上年增加了 0.1 元。

二、公共图书馆的基本特征与相关理念

（一）公共、公益

1.公共图书馆的公共设施地位

公共图书馆的历史发展表明，尽管非竞争性、非排他性以及正外部性是确定其为公共设施的关键因素，但并不足以确保其公共设施的地位。这是因为在实际决策中，设施的性质并不总是被用来判定是否属于公共设施。从 20

世纪 80 年代以来，新自由主义思想在世界各主要国家的政策影响下，公共设施的范围逐渐受到了限制。首当其冲的是那些因正外部性而被纳入公共供给范畴的产品和服务，例如政府出版物的印刷和传播。即便是那些本来应以非竞争性和非排他性为基础的公共设施，有时也被刻意引入了竞争机制或排他性措施（例如设卡查验公路通行、设立门票进入自然风景区、使用信号扰频器来限制电视频道的接收等），然后被投放到市场上。在这种政治经济环境下，公共图书馆和其他公共设施一样，常常受到被排除公共设施范畴的威胁。举例来说，英国的亚当史密斯研究所和美国的兰德公司曾向各自的政府提出建议，放弃由公共资金支持公共图书馆服务的供给模式，而改为让用户支付费用来维持公共图书馆的运作。

一些经济学家提出了具体的实施方法，如收取入馆费、资料外借费、参考咨询费、电话咨询费等。然而，公共图书馆能够维护其公共设施地位，并在很大程度上将其归因于图书馆职业和公众的坚决捍卫。图书馆职业始终坚信每个人都有平等获取人类知识和信息的权利，而维护公共图书馆的公共供给是保障个体平等获取知识和信息的重要途径。出于深入人心的职业信仰，图书馆职业一直对企图引入市场机制到公共图书馆的提议持批判态度。在 20世纪八九十年代，美国、英国和 90 年代末之后的中国图书馆职业都曾反对或重新审视试图引入市场机制到公共图书馆的提议、政策和做法。当下，英国的图书馆职业和公众正在开展一轮新的公共图书馆"保卫战"。

2.公共图书馆的免费开放与服务

公共图书馆既以公共设施的身份享受公共经费支持，又强调免费对社区提供服务。理论上，一旦公共图书馆被确定为公共设施并获得公共经费支持，它需要免费开放并向社区提供服务。但实际情况中，公共图书馆的服务范围多种多样，涉及哪些服务是完全由公共经费支持的？哪些是部分支持的？哪些已经有了支持？哪些还没有得到支持？还没有得到支持的服务是否应该以收费形式提供？还是有些服务本来就不应该提供？对于这些问题，实际情况中并没有明确的答案。即使有非竞争性、非排他性、正外在性等理论的基础，当公共图书馆面临复杂的问题时，也经常无法提供明确的解决方案。事实上，当前世界上的公共图书馆几乎都同时提供免费服务和收费服务，前者通常被称为基本服务或核心服务，而后者则称为非基本服务或增值服务。

公共经费的保障范围以及免费服务的提供范围在 20 世纪后半叶变得更为复杂。在 20 世纪六七十年代，联机信息检索服务由数据库经纪商引入了公共图书馆。这种服务利用通信设备来远程检索数据库经纪商提供的数据库。这一新型服务依赖于两种不同的资源：商业数据库和远程通信设备，而这两种资源的计价模型与传统的印刷资源完全不同。对于传统印刷资料，只要购买，图书馆就会获得永久拥有权，而图书馆用户则享有无限制的使用权。但在联机检索服务中，数据库和远程通信设备都按照实际使用量来计费。这意味着每次使用联机数据库都会产生额外的费用，并且每次获取的信息都是专门定制的，无法与其他用户共享。在这种情况下，许多图书馆选择向用户收费，以抵消成本并限制使用。

公共图书馆免费服务遭受新型信息产品及其不同计价模型的冲击，也正值新自由主义思想在西方国家产生影响的时期。新自由主义的信奉者，即保守政府，开始显著减少对公共图书馆的支持。以英国为例，从 1965 年到 1985 年，政府对公共图书馆的资金投入增长基本与经济增长水平保持一致。然而，1985—1990 年，公共图书馆经费的增长速度明显低于经济增长速度。自 1990 年以后，图书馆经费的实际水平开始下降。在支持力度下降的同时，这些国家的政府开始更加明确地鼓励图书馆引入收费。在这种政治经济环境下，维护传统核心服务的免费性已经变得困难，更难维持新增服务和非核心服务的免费性，公共图书馆经常面临放弃服务或有偿提供服务的困境。在这种情况下，多数图书馆会选择收费。这导致图书馆除了传统核心服务外，普遍提供收费项目。举例来说，20 世纪 90 年代初，收费项目包括联机检索、音像资料租赁、馆际互借、语音室、复印服务以及为企业提供的信息服务等。

公共图书馆界所称的"免费开放"指的是公众可以无须支付任何形式的入门费用（如年费、办证费、座位费等）而自由地进入图书馆的公共服务空间。"免费服务"是指公共图书馆向公众提供基础服务，而公众无须支付任何形式的使用费用（如年费、办证费、座位费、租借费、手续费等）。基础服务的具体内容可能在不同国家、地区或不同的图书馆中有所不同。

（二）平等、包容

1.平等包容服务的含义及其思想基础

公共图书馆的使命之一是提供平等和包容的服务，这涵盖了两个方面的含义：首先，每个图书馆都应向其目标用户提供平等和包容的服务，不论用户的年龄、种族、性别、宗教、国籍、语言或社会地位如何；其次，整个公共图书馆服务体系应向社会的所有成员提供普遍均等的服务。这一理念是公共图书馆一直以来秉持的核心价值观。1994 年的《公共图书馆宣言》明确表达了这一立场，强调公共图书馆应不分年龄、种族、性别、宗教、国籍、语言或社会地位，向所有人提供平等的服务。

公共图书馆平等包容理念的根源可以追溯到 19 世纪中叶至 20 世纪初的英国，这一时期两种主要思想对其产生了重要影响。根据英国图书馆史学家布莱克的研究，功利主义思想和理想主义思想共同推动了早期公共图书馆的建立与发展。功利主义强调以最大化幸福为目标，评价事物的价值和道德善恶取决于它们对幸福的贡献。这种思想强调提供服务以促进社会的整体幸福，不论社会成员的背景如何。另一方面，理想主义思想强调人们应该追求道德和智识的完善，公共图书馆作为知识和文化的资源应该普及，为社会成员提供平等的机会。这两种思想在公共图书馆的发展中都起到了推动作用。

在公共图书馆的早期发展阶段，功利主义者和理想主义者分别提出了不同的理念，推动了图书馆的发展。功利主义者认为公共图书馆可以为个人提供有益信息，帮助他们在工作、生活、经营和道德等方面不断进步，最终成为勤奋和有能力的优秀公民。他们坚信，社会中优秀公民的增加将提升整体幸福感，因此倡导平等使用图书馆资源的权利。相较之下，理想主义者则将公共图书馆视为知识、智慧和文明的象征，强调图书馆在文化和教育中的重要地位。他们认为，通过利用图书馆，个人能够摆脱无知和粗俗，成为有教养、有文化和具备互助精神的出色公民。理想主义者同样渴望尽可能多的人受益于公共图书馆，通过沉浸在人类知识、智慧和文明的氛围中，实现自我提升。这两种观点都强调了公共图书馆的价值，以提升个体素养和整个社会的幸福感。

在美国，早期公共图书馆平等包容理念的形成存在两种不同的解释。一种解释认为，美国的公共图书馆及其平等包容理念根植于美国的民主思想。这一观点认为，民主体制的核心前提是知识和信息的平等获取，公民只有在接触不同思想、观点和见解，获得政府政策和行为的相关信息后，才能有效地参与决策、选举和监督等民主活动。因此，公共图书馆通过确保公民平等自由地获取所需的知识和信息，对民主体制的运行起到了重要作用。

另一种解释则认为，美国的公共图书馆及其平等包容思想起源于 19 世纪的社会精英阶层，其目的是社会控制。例如，美国图书馆史学家哈里斯以波士顿图书馆的创建为例，指出社会精英对社会动荡感到担忧，因此他们设计了公共图书馆来双重控制普通人的思想和行为。精英层希望公共图书馆引导人们阅读他们认可的书籍，接受他们认同的思想，以抵制激进思想的影响。此外，他们希望公共图书馆吸引人们前来阅读，以减少人们从事粗俗和危险活动的机会。因此，精英层鼓励更多人使用公共图书馆，以达到这些目的。

尽管这两种解释将美国公共图书馆及其平等包容理念归因于截然不同的思想根源，它们之间的争论一直没有定论，但实际上，这两种思想在不同地区和不同时间共同促成了美国公共图书馆及其平等包容理念的形成。

1945 年后，国际图书馆界经常从智识自由和信息自由等人权理念角度来解释平等包容原则。在国际组织和很多国家政府文件中，"智识自由"通常指的是个人享有的表达观点和思想、言论自由以及获取信息的自由。而"信息自由"在 1946 年联合国大会决议中被定义为"随时随地不受干扰地采集、传播和发布新闻的自由"，后来也用于指代个人获取公共机构，特别是政府部门所掌握的信息的自由。不论如何定义，信息自由都被视为智识自由的一部分。这些人权理念为公共图书馆的平等包容原则提供了新的思想基础，因为它们与图书馆的使命密切相关。

智识自由作为人权的一部分，是每个人都平等享有的权利。然而，实际上，人们行使这一权利受到许多条件的制约，包括资源、设施、能力、身体状况等。那些没有获取信息的条件和能力的人实际上无法有效行使他们的智识自由权利。在民主社会中，这种情况被认为有损于民主制度的正常运作。因此，根据智识自由等人权理念，民主社会的政府不仅不应干涉智识自由，还应提供积极条件，确保每个人都能获取所需的信息。平等包容的公共图书馆服务正是民主社会的政府提供的积极条件之一。

正是出于这个逻辑，国际图联于 1999 年通过了《图书馆与智识自由宣言》，其中提出图书馆应维护信息获取的自由，确保向所有人提供平等的资源、设施和服务。美国图书馆协会也根据宪法第一修正案（即《权利法案》）起草并通过了《图书馆权利法案》，明确提出个人使用图书馆的权利不应因出生、年龄、背景或观点而被否认或剥夺。这些法律和宣言的制定旨在强调公共图书馆的核心使命，即为社会提供平等获取信息的机会，推动知识的自由传播，以维护民主社会的价值观。

2.个体公共图书馆的平等包容服务

对每个具体的公共图书馆而言，平等包容理念可以概括为以下三个准则：①向所有社区成员开放；②提供一视同仁、无障碍、无门槛的服务；③积极吸引并提供服务给那些主观上不愿意或客观上无法使用图书馆的人。

"向所有社区成员开放"意味着公共图书馆的一般服务空间（需要特殊保护的除外）在规定的开放时间内对社区中的所有个人开放，不设限制，不论他们的社会地位、种族、宗教信仰、经济状况、性别、年龄等如何。在这方面，存在一个常见的争议点。

这个问题涉及用户是否需要出示身份证明才能进入图书馆或使用馆内的普通公共服务。从理论上说，公共图书馆要求用户出示身份证明并非错误，因为公共图书馆通常是由社区成员的地方税款建设和运营的，为特定图书馆提供经费的社区被视为该图书馆的法定服务区，其成员成为法定用户。因此，理论上要求用户出示证件以验证身份是合理的。然而，在实际情况中，公共图书馆界更倾向于认为，要求用户出示身份证明进入和使用图书馆的做法不太恰当。

这种趋势的一个原因是，任何要求出示证件的做法都加强了图书馆对用户的控制功能，可能强化公共图书馆的官僚机构特征。这种控制功能和官僚特征可能成为公众使用公共图书馆的障碍，导致本来可能有图书馆使用意愿和需求的一部分公众放弃使用，使得图书馆在实际上变得具有排他性。

第二个原因是，由于人类知识的利用不具有排他性和竞争性，公共图书馆在某种程度上向非法定用户开放，并不会影响法定用户的权益。相反，如果所有公共图书馆都能向非法定用户开放阅览和其他馆内服务，那么即使人们远离自己的家庭图书馆（例如在外出时），他们也可以就近利用其他公共图书馆的服务。这有助于更广泛地保障社会成员获取知识和信息的权益。

尽管对这个问题的争议任何时候都存在，但当代图书馆职业更倾向于取消这类入馆条件限制。这是因为，"公共图书馆面向所有人提供平等包容服务"的理念已经足够清晰地表达了入馆标准。在这一标准下的任何其他限制实际上都是否定了这一理念，可能导致一部分人被剥夺使用图书馆的权利。通常情况下，这些额外的限制是建立在某个或某些社会群体的标准上的，因此附加任何其他限制都意味着将一部分群体的标准强加给其他群体。因此，尽管在世界各地的公共图书馆历史上曾出现过类似的入馆要求，但自20世纪后半叶以来，随着智识自由权利成为公共图书馆平等包容服务的思想基础，图书馆界已经对这些规定进行了反思，并在许多地区取消了此类入馆要求。

公共图书馆应当为所有人提供"无差别、无障碍、无门槛"的服务。其中，"无差别"意味着图书馆在服务质量、服务态度、服务优先次序等方面对所有个体一视同仁，平等对待；"无障碍"意味着图书馆在空间设计、设施布局等方面要考虑到所有人的需求，特别是身体残疾者的需求，以确保硬件设施等因素不会排斥任何个人；"无门槛"意味着图书馆应该提供基本服务，不因个体的经济能力、身份、地位等因素而排斥任何人，并且应该是免费的。

公共图书馆通过宣传推广等手段鼓励人们积极利用图书馆，特别是主动为那些主观上不愿意或客观上无法利用图书馆的人提供服务。主观上不愿意利用图书馆的人是指那些明知公共图书馆的存在和服务，但出于个人选择不愿意使用图书馆的社会成员。客观上无法利用公共图书馆的人包括由于不可抗力原因，无法亲自前往图书馆的社会成员，如老年人、行动不便的残障群体、监狱囚犯等。针对主观上不愿意利用图书馆的人，公共图书馆需要一方面了解阻碍他们利用图书馆服务的因素，并消除因图书馆政策或服务设计不合理而产生的障碍。另一方面，公共图书馆需要通过各种方式进行宣传和推广，以吸引公众积极利用图书馆。对于那些客观上无法前往图书馆的人，图书馆通常需要提供特殊的上门服务。1994 年的《公共图书馆宣言》明确提出，公共图书馆应向不能享受普通服务和资源的用户提供特殊服务和资源。这意味着图书馆需要灵活地满足那些由于身体或其他原因无法亲自前往图书馆的人的需求，以确保他们也能够获得知识和文化资源的平等机会。

（三）专业化

1.图书馆职业的专业化

至 19 世纪末，图书馆领域已初步满足上述条件。在知识组织领域，图书馆已经积淀了诸如杜威十进分类法和卡特编目规则等丰富的知识信息组织整理技术。同时，图书馆服务理论体系也日趋完善，其核心内容便是图书的精准选择与推荐。其中，杜威十进分类法和卡特编目规则作为当时最为前沿的知识信息组织整理技术，充分展现了人类对自身文明成果进行高水平组织整理的卓越努力。

杜威十进分类法于 1876 年首次亮相于世，其特点在于采用一种层次化的划分方式，由宽泛到具体，对人类知识进行系统归纳和分类。这一分类法将知识划分为十个主要类别，包括总论、哲学、宗教、社会科学、语言、自然科学与数学、技术、艺术、文学与修辞以及地理与历史。每个大类继而根据特定子类进一步分化，形成更小的子类和具体的分类，000～900 的数字范围用于代表这十个大类，而在大类数值范围内的数字用于表示子类（例如，500代表自然科学和数学，600 代表技术，同时 510 和 520 分别代表 500 大类下的数学和天文学）。这一分级体系一直延续下去，为每个类别分配独一无二的类号。

这一技术的精妙之处不仅在于清晰地组织了人类知识的关系，还在于它能够将整个知识领域呈现为有序的线性序列，这使图书馆能够根据这个线性序列来排列书架和编制目录，从而形成更易于检索的图书目录和文献集合。在计算机时代之前，这种技术无疑大大提高了知识检索和获取的效率。

在图书馆学教育领域，美国图书馆协会成立后不久，杜威开始推动图书馆学专业教育。他在担任图书馆职务期间，多次主持图书馆员培训课程。1887年，得到美国图书馆协会的认可和支持后，杜威在哥伦比亚大学创建了首个正规的图书馆学院，并从 1889 年起开始颁发学士学位。到了 19 世纪末，其他国家也意识到文献数量的激增对新型专业图书馆员的需求，纷纷建立了高等教育水平的图书馆学院。在中国，第一所正规的图书馆学院于 20 世纪 20年代成立，即武汉大学信息管理学院的前身，当时被称为武昌文华图书馆学专科学校。

2.公共图书馆专业化的含义及表现

随着图书馆职业的逐渐专业化，公共图书馆也相应发展为一个专业机构。这种专业化体现为聘用受过专业培训的图书馆员，借助行业组织的支持，采用图书馆学的最新理论、技术和方法，确保高效的知识信息检索和获取。同时，公共图书馆遵循严格的职业伦理规范，致力于满足社会成员在各种情境下的需求，提供广泛的相关服务。通过这些努力，公共图书馆不仅实现了其作为知识和信息中心的职责和使命，还在不断提升其在社会中的作用和价值。

根据该段阐述，公共图书馆的专业化特征至少体现在以下两个方面。

第一，它充分运用了图书馆学的专业知识体系，包括了相关理论、技术和方法，旨在确保广大读者能够高效、便捷地查询和获取所需的知识与信息。

具体而言，公共图书馆主要依托图书馆学的专业知识，致力于解决以下关键问题：

（1）公共图书馆为了更好地服务当地用户，应设计和提供适应本地需求的检索工具和手段。这包括馆藏目录、各种专题数据库、地方文献数据库以及针对特定兴趣或需求的在线导航系统。这些工具旨在满足用户在休闲阅读、正规教育、继续教育和问题解决等情境下的知识信息查询需求。尽管现代公共图书馆可以采用其他机构开发的成熟检索工具，但根据当地需求自主开发检索工具仍然是其重要业务之一，通过这种方式，图书馆能够更精准地服务社区，提升用户体验和信息获取效率。

（2）根据用户信息需求和行为规律，设计合理的文献资源体系、空间布局、服务内容、分馆和流通点等设施，以满足用户在休闲阅读、正规教育、继续教育和问题解决等情境下的知识信息获取需求。公共图书馆本质上是一个中介机构，旨在保障知识和信息的获取，它连接信息生产机构和社会成员，但在资源有限的情况下，必须进行科学的筛选和设计，以保证当地公众最大程度地获取知识和信息。这一科学合理的取舍和服务设计依赖于图书馆学的知识体系。

（3）为了提高公众获取知识和信息的效率，公共图书馆需要运用图书馆和信息机构的管理理论、技术和方法来制定发展方向和规划。这包括设计合理的组织结构、有效配置资源、策划宣传和推广活动，并定期评估图书馆的绩效。通过这些管理手段，公共图书馆可以优化服务流程，提升运营效率，更好地满足社区成员的多样化需求。

根据上述专业知识的应用范畴来看，公共图书馆的业务在产品和服务"规划"阶段、复杂服务（诸如参考咨询）的实施环节以及图书馆整体运营管理的全过程中，对专业知识的依赖程度显著。此类业务可界定为公共图书馆的"智慧型"业务范畴。与其他专业机构相比，公共图书馆的"规划"过程往往较为隐蔽，且其专业知识的运用虽关乎知识信息的获取效率，但通常并不直接关联人们的生命安全。这也使得图书馆领域在提供"规划"成果时，可能因缺乏专业知识或不注重效率而难以受到严格追责。这或许也是公共图书馆专业性时常被低估的一个重要原因。

第二，专业化。引进具备专业素养的馆员，以承担前述"智力型"业务职能。专业馆员，乃指那些接受过正规图书馆学专业教育，并取得业界广泛认可的"专业馆员资格"的从业人员。通常，接受系统的图书馆学专业教育，成为担任专业馆员的先决条件。

专业教育在获取专业馆员资格的过程中，具有举足轻重的地位，主要原因如下。首先，图书馆的产品与服务需经过精细化的"设计"流程，以优化知识信息的查询与获取效率。这一"设计"过程，离不开专业知识的支撑，而专业知识的获取，则主要通过系统的专业教育来实现。其次，作为专业化的服务机构，图书馆必须遵循图书馆职业的道德规范，接受行业组织的专业指导。这要求从业人员深入理解和认同这些道德规范及其背后的思想基础，并逐步形成与之相契合的思维方式和行为习惯。这一过程，即从业人员"融入"职业的过程，通常是在接受专业教育的过程中逐步完成的。

第二节　公共图书馆的使命

一、公共图书馆使命概述

（一）国际图联与联合国教科文组织对当代公共图书馆使命的陈述

公共图书馆的使命是其存在的理由，是分配资源和组织服务的基础。明确定义公共图书馆的使命对向外部传达其目标和内部服务的组织都至关重要。国际组织和许多国家的图书馆行业组织或主管部门曾经明确表述了公共图书馆的使命。1994 年版《公共图书馆宣言》中对公共图书馆的使命陈述如下：培养和加强儿童的阅读习惯，支持个人自学和各级正规教育，为个人发展创造力提供机会，并激发儿童和青年的想象力和创造力。此外，图书馆还致力于提高对文化遗产的认识、艺术鉴赏力及对科学成就与发明的了解，提供展示文化的表演艺术平台，促进文化间对话和文化多样性，传承口头传统。为了满足社区的多样化需求，图书馆须确保居民获取各种社区信息，向当地企业、社团和利益集团提供必要的信息服务，并提高信息利用和计算机使用能力。此外，图书馆还支持和参与不同年龄组的扫盲活动和计划，帮助提高社区整体的读写能力。

（二）英国政府和行业组织对公共图书馆使命的陈述

自 19 世纪中叶以来，英国政府和图书馆行业协会领导了多项公共图书馆调研报告和政府文件的制定。这些文件一直伴随着英国公共图书馆的发展，因为英国政府在公共图书馆方面的重要决策通常都建立在详细的调研基础之上。一些著名的报告和文件包括：1927 年的《肯尼恩报告》、1943 年的《麦克考文报告》、1962 年的《布迪伦报告》、1991 年的《确定公共图书馆的目的》、1993 年的《科米迪亚报告》、1995 年的《英格兰和威尔士公共图书馆服务报告》，以及 2003 年的《未来框架——新十年的图书馆、学习和信息》。

特别值得一提的是，1991 年由英国政府的艺术与图书馆办公室（负责公共图书馆事务）出版的《确定公共图书馆的目的》是一份重要文献，它明确阐述了当代英国公共图书馆的使命。这份文献明确提出了公共图书馆的使命，即"公共图书馆是社区的主要设施；它的使命在于保证和鼓励社区内的个人或团体全面获取图书、信息、知识和文学艺术成果，从而鼓励他们积极参与社会的文化、民主和经济活动，帮助他们参加正式的或非正式的教育计划，辅助他们建设性地利用闲暇时间，促进阅读和写作能力，鼓励他们使用信息和理解信息价值"。这一声明明确了公共图书馆在社区中的关键角色及其使命的核心要点。

在 2021 年，英国的研究型图书馆发布了一份名为《图书馆转型：2022—2025 年战略》（以下简称《战略》）的文件。该《战略》的目标是促使科研部门、信息部门和文化部门更加勇敢地进行改革、开展对话，并推动协作。它明确了 RLUK 在 2022—2025 年期间的重要战略优先事项，并简要描述了 RLUK 的愿景，即通过明确的工作计划和跨部门举措来实现这些目标。RLUK 的成员馆积极进行了一系列改革，包括重新审视其馆藏、服务和空间，以满足不断变化的需求。《战略》提出了五大关键工作策略，包括"研究型图书馆的作用""数字转型""开放学术""文化和遗产""集体馆藏"。这些工作策略将在三个主题基础上展开，即"平等性、多样性和包容性""权利、版权和许可""基础设施"。这些举措将有助于推动英国的研究型图书馆迈向更加创新和适应性的未来。

（三）美国公共图书馆界对公共图书馆使命的陈述

自 20 世纪 80 年代以来，美国的公共图书馆领域在引导具体图书馆设定自身使命时，采用了一种总的原则，即不再追求一种"统一的公共图书馆使命"或"完全的公共图书馆使命",而是鼓励各公共图书馆根据所服务的社区的具体情况和需求,从一般性使命中选择若干项作为自己的核心使命。美国公共图书馆协会自 20 世纪 80 年代以来,发布了一系列规划指南,为图书馆在制定战略规划时提供了使命选择的框架。这些框架有不同版本,包括 1987年的框架,其中包含八大功能或角色;1998 年和 2001 年的框架,其中包括 13个"服务响应";以及 2008 年的框架,其中包含 18 个"服务响应"。这些框架的目的是帮助各图书馆更合理地确定其核心使命,以适应当地需求。

二、当代公共图书馆的主要使命

(一)教育使命

1.辅助正规教育的使命

公共图书馆的使命是支持学生接受正规教育,协助他们完成教育计划。这一使命在 20 世纪中期以后,在西方国家公共图书馆的繁荣时期被明确表达。这个时期也见证了正规教育的变革,从教师和课本传授知识的传统方式向学生积极参与学习的新方法演变。到了 20 世纪 30 年代,西方国家的正规教育开始强调培养学生的积极能动性,而在四五十年代,强调的重点逐渐转向培养学生的能力,而非仅仅灌输知识。这种能力包括批判思维、问题识别、问题解决、创新、交流和自主学习等方面。显然,培养这些能力不再仅仅依赖老师和课本,而需要学生自主学习的支持,其中包括自主阅读和探索等活动,这需要专业图书馆的服务来支持。因此,在经济允许的情况下,公共图书馆开始明确承担支持正规教育的责任。

当代公共图书馆支持正规教育的合理性建立在以下前提上:正规教育的最高目标是培养全面素质的合格公民,而不仅仅是知识传授;这种教育需要专业化图书馆服务的支持,因为学生的自主学习活动经常发生在学校之外。因此,以培养能力为目标的正规教育离不开公共图书馆的支持。

2.支持终身教育的使命

公共图书馆在支持终身教育方面的使命，旨在促进自主学习、鼓励继续教育，以及协助个人实现个人发展，也被描述为"社会教育使命"。这一终身教育的任务是公共图书馆最早承担的使命之一。在 19 世纪中期，公共图书馆的奠基者，包括爱德华兹等人，以及支持公共图书馆的政治家，都以这一使命证明了公共图书馆在现代社会中的独特价值。然而，到了 19 世纪末和 20世纪上半叶，由于公共图书馆的实际使用主要以休闲阅读为主，公共图书馆承担社会教育使命的效力曾一度受到质疑。但随着西方社会从工业社会向所谓的"信息社会""知识经济社会"和"学习型社会"转变，公共图书馆的社会教育使命重新引起各国政府和国际组织的广泛关注。以英国为例，自 20世纪 90 年代以来，英国政府的多个部门，包括教育与就业部、社会排斥处、工业与贸易部、继续教育与终身学习国家指导委员会等，都在涉及终身教育的文件中强调了公共图书馆的作用。

当代公共图书馆承担社会教育使命的合理性建立在以下前提假设之上：在当代社会，知识和信息已经成为经济和社会发展的主要推动力，而且知识的更新速度也在加快。个人通过正规教育获得的知识很快就会过时。为了维持在经济和社会生活中的竞争力，社会成员需要持续更新已有知识。公共图书馆成为一个支持个人通过自主学习实现知识更新和提升的场所。

（二）信息保障使命

信息保障使命是指图书馆根据用户的信息需求，提供有针对性的知识、信息或参考资料，以便用户在社会生活、民主参与、维护权益或解决生活工作问题时能够轻松有效地获取所需信息。而公共图书馆的教育使命则着眼于促进个人发展。

当代公共图书馆承担信息保障使命的正当性建立在以下前提上：首先，公众在日常生活和社会中常常遇到各种问题，而图书馆可以通过整理相关文献体系，如工具书、政府出版物和实用书籍，同时提供社区信息和相应检索工具与服务，协助解决这些问题；其次，在面对问题时，公众通常缺乏足够的信息素养来清晰表达他们的信息需求，甚至在明确需求的情况下，也经常不知如何查找和获取相关信息。因此，公共图书馆需要提供一对一的咨询服务，协助用户获取信息并解决问题。

因此，图书馆以信息保障使命为中心，致力于设计资源和服务，以最终提供解决问题所需的知识、信息或线索，以及以解决问题的相关资源和服务的实用性为评价标准。这要求图书馆根据用户的信息需求和行为模式，科学地规划和实施相关服务。首先，图书馆需要根据用户的信息需求，预期典型问题的解决需求，提供相应的信息资源和检索工具，以帮助用户自主查找相关信息以解决问题。基于对用户需求的研究和服务经验，通常可以预期用户会寻求政府信息、公民权益信息、社区信息、日常生活相关信息（例如旅游、家电维修、儿童假期活动等）、科研信息、商业信息以及各种机构（政府和慈善机构等）的业务信息。其次，公共图书馆还需要拥有适当的专业人员，以提供一对一的问题解答服务。这种服务通常包括参考咨询服务和导引服务，其中导引服务旨在将用户引荐给能够解决其问题的相关机构。

（三）培养阅读习惯的使命

培养阅读习惯的使命是指图书馆通过提供适宜的资源、阅读环境和服务，鼓励人们将阅读融入他们的终身兴趣和日常生活的通用习惯。

早期公共图书馆把培养阅读习惯视为其最早承担的任务之一，重点是促进所谓的"好书"阅读，即那些具有教育价值的书籍。19 世纪末，美国图书馆学家杜威提出，图书馆职业的目标是以最小成本向尽可能多的读者提供最优质的图书。早期的公共图书馆甚至希望通过阅读改变工人阶级的生活方式，将他们从酒吧吸引到图书馆。因此，早期公共图书馆更多地将培养阅读习惯视为一种教育使命的手段。直到 20 世纪上半叶，特别是在第一次世界大战后，随着休闲阅读逐渐成为公共图书馆的合法需求，培养阅读习惯才逐渐演化为一项独立的使命。

　　当代公共图书馆把培养阅读习惯看作一项独立的使命，这建立在以下前提上：当阅读成为人们的终身爱好和习惯时，阅读行为将成为日常生活的一部分。即使这种阅读行为不会立即带来明显的实际效益，如学业成绩的提高，它仍然对个人和社会产生长期的积极影响。因此，阅读习惯具有超越功利效果的内在价值，值得成为图书馆活动的终极目标。

　　因此，图书馆围绕阅读习惯培养的使命，着眼于培养阅读习惯本身而非关注阅读的实际效果，如写作水平的提高、知识获取或民主参与能力的加强。这要求图书馆必须深入研究和遵循阅读习惯形成的内在规律，科学策划和组织各类活动，特别是阅读推广活动。阅读习惯的形成规律已被广泛认可，其中包括：阅读习惯主要在幼年和童年时期形成，并需伴随积极的阅读体验；儿童的阅读习惯往往受到家庭环境的影响，特别是受到父母阅读习惯的影响；开展亲子共读等家庭阅读活动，有助于增强儿童的阅读乐趣，进而有效促进良好阅读习惯的养成。

（四）文化传播使命

　　公共图书馆的文化传播使命在于通过多样化的文化产品和活动，协助社区成员扩展视野，提升他们的知识水平和艺术鉴赏力。图书馆不仅致力于让人们更深入地了解本身的文化，还积极推广对其他文化的认知和理解。通过这些努力，公共图书馆促进了不同文化之间的对话、理解和包容，增强了社区的凝聚力和文化多样性，成为连接多元文化的重要平台。

　　这段释义中的"文化"包含两层意义：一是人类文明中的知识、思想和创新等；二是民族传统、文化精神和风俗等。相应地，文化传播也包含两方面：一方面是传播全人类共同的知识、思想和创新，以促进人们对人类文明的认识和理解；另一方面是传播具有特定民族特征的文化，以促进不同文化之间的相互理解和融合。

　　当代公共图书馆承担这一使命的合理性基于以下假定：文化的传承和传播涉及文字产品（如书籍和杂志）、非文字产品（如电影和电视作品等）、口头传承，以及文化体验等多种方式；公共图书馆通过建设、开发文献资源、空间资源和知识资源，能够整合各种文化媒介，从而极大地推动文化传播。

因此，图书馆为实现文化传播使命而设计的服务的终极目标是促进人们了解各类文化，提高文化鉴赏力，通过文献资源的开发来传播文化价值。虽然至今尚未出现明显的规律，但经验表明，在实施文化传播使命时，多元文化视角、多媒体的综合利用以及用户参与活动的开展都是不可或缺的元素。在一些传统口头传承文化浓厚的国家或地区，公共图书馆还需要支持口头传统文化的传承和传播。

（五）促进社会和谐的使命

公共图书馆的促进社会和谐使命涉及以下责任：通过充分利用图书馆的空间资源和服务，为社区提供一个安全、温馨、中立、开放的场所，作为社区成员的公共避风港，帮助社区居民建立共同的社区身份意识，减少社会排斥。此外，通过提供信息服务和终身教育服务，协助弱势群体提高参与社会生活的能力。

尽管公共图书馆一直以来都因其平等包容的服务而对社会和谐产生积极影响，将社会和谐明确列为公共图书馆的使命起始于 20 世纪末的英国公共图书馆领域。在 1997 年，上台的工党政府将社会包容视为其核心治理目标，并将公共图书馆视为促进社会包容与和谐的重要力量。1999 年，工党政府的文化、传媒和体育部发布了名为《所有人的图书馆：公共图书馆中的社会包容》的政策指南，旨在要求公共图书馆在服务设计中考虑社会包容责任。2021 年，英国研究型图书馆的《图书馆转型：2022—2025 年战略》提出 RLUK 成员馆应在馆藏、服务和空间等方面积极改革，以满足新的不断变化的需求。这些发展都推动着英国公共图书馆重新审视其在促进社会和谐中的角色，强调其使命而非仅仅客观效果。在其他国家，许多图书馆学者和馆员也呼吁公共图书馆更加关注其作为公共领域和民主参与平台的作用。

当代公共图书馆承担社会和谐使命的正当性建立在以下前提假定或研究

发现之上：公共图书馆拥有多种资源（如文献资源、空间资源、信息技术等），这些资源蕴含着巨大的促进社会和谐的潜力。通过采用适当的策略，图书馆可以更好地发挥这些潜力，以促进社区的发展。

第三节　公共图书馆的核心业务与服务

一、文献资源建设

（一）文献

文献是图书馆工作的基本对象之一，也是图书馆服务的根本基础。国家标准《文献著录总则》（GB 39921—83）在定义文献时指出："文献是记录知识的各种载体。"基于这个定义，可以理解为人类文明历史中的以各种方式来记录知识和信息的载体，如甲骨文、铭文、竹简、羊皮纸、纸张书籍、胶片、录像带、录音带、数字文献等，都在图书馆领域被归为文献。

（二）公共图书馆的文献资源建设

公共图书馆的文献资源建设是指根据自身目标和任务，通过采购、维护、积累文献来构建馆内文献资源的过程。这个过程的目标是在不断更新文献的同时，维护高质量、高效和实用的文献资源，以最大程度地满足社区成员的需求。因此，文献资源建设不仅仅是追求馆藏数量的增加，也不是单纯的订单查询、验收、登记、统计等例行工作。它是图书馆根据自身条件、地区的经济社会发展需求和公众需求，科学规划和设计馆藏，精心选择和组织馆藏，规范评估馆藏，定期清除陈旧和无价值的文献，及时引入新的文献，以确保整个馆藏体系最大程度地满足目标用户的需求。

　　由于馆藏规划、设计、选择、评价和清除陈旧文献的合理性对于馆藏的实用性至关重要，因此这个过程必须遵循文献资源建设理论和技术的准则，排除主观随意性。因此，馆藏规划、设计、选择、评价和清除陈旧文献通常被看作智力密集型图书馆业务的一部分。

（三）公共图书馆的文献资源体系

　　文献资源建设的结果是形成系统而实用的文献资源体系，也被称为文献馆藏。公共图书馆的文献资源体系在社会文献资源中扮演着重要的组织角色。与分散存在于市场、机构和个人手中的文献资源相比，公共图书馆的文献资源体系是由馆员根据本馆的目标任务、当地经济社会发展需求以及当地居民需求，经过精心筛选、科学整理，并配备多种检索工具而形成的系统的文献集合。这种体系容易检索和获取，其效用明显高于分散状态下的文献资源总和。与其他类型的图书馆相比，公共图书馆的文献资源体系旨在满足社会中的各种社会成员的知识和信息获取需求，包括完成正规教育、继续教育、解决日常生活和工作问题、了解各种文化、增长见识等不同情境下的知识和信息获取需求。

　　现代公共图书馆的文献资源可以从不同角度分类，但在馆藏建设决策中，通常考虑两种主要的结构，一是按照载体形态和出版形式划分的结构，二是根据用户需求划分的内容结构。

　　文献的载体形态是在文献采集和组织时通常需要考虑的一种分类方式。一般来说，文献可以分为以下几种形态：印刷型、缩微型、视听型、数字型。数字型文献进一步细分为实体的电子型文献和虚拟的网络型文献。实体的电子型文献包括随书光盘和单独购买的光盘等，而虚拟的网络型文献包括各种数据库、电子报刊、电子图书、文件文档、电子公告、专题讨论栏、博客等。网络信息的最大特点是消除了地理和时间上的限制，使全球各地不同主机上的信息资源能够方便地供用户访问和利用。然而，其中有相当比例的信息处于杂乱无序的状态，信息内容广泛而混乱，加工标引不足，针对性不强，信息来源的可靠性和检索质量难以保证。

文献的出版形式主要分为传统印刷形式和现代技术环境下的电子形式。传统印刷形式包括图书、期刊、报纸和特种文献。在现代技术环境下，也出现了对应的电子文献，如电子图书、电子报纸、电子期刊等。特种文献是指那些出版形式相对特殊的文献资料，包括科技报告、政府出版物、会议资料、学位论文、专利文献、技术标准、产品资料等。

文献资源体系的构建不仅需要考虑文献的形式特征，还需要平衡内容结构，以反映公共图书馆的多重使命。公共图书馆在辅助教育、传播文化、信息保障、培养阅读习惯、促进社会和谐等方面的使命，都需要相应类型的文献资源。不同的图书馆也根据其侧重的使命而构建不同的文献资源体系结构。

通常情况下，公共图书馆需要建立丰富的馆藏，以支持成人教育和学校教育。同时，它们也需要拥有广泛的通俗读物，如小说和传记，以及实用读物，如家居、养生和旅游类等。这些文献资源通常占据公共图书馆馆藏的相当大比例。此外，公共图书馆还需要收集地方特色的文献，形成具有本地特色的馆藏。许多公共图书馆还承担着收集、陈列和提供地方政府政策、文件、报告等政府信息的任务。因此，它们的文献资源体系必须具有综合性、普及性、实用性、地方性和多样化的载体形式，以使其与其他图书馆的馆藏相比具有独特的特点。

（四）公共图书馆文献资源体系的延伸

公共图书馆的文献资源体系充当了它们开展各类服务、履行各类使命以及促进信息公平的关键资源角色。然而，现代的公共图书馆也常常通过收集益智玩具、手工艺品等非文献馆藏，或者通过开发网络文献资源，来增强自身的服务能力。这种做法实质上相当于扩展了图书馆的文献资源体系。

由于公共图书馆服务的用户群体非常广泛，覆盖从婴幼儿到老年人的各个年龄段，婴幼儿也是图书馆的重要目标用户之一。从婴幼儿的认知和心理特点出发，玩具是这个年龄段最适合的"阅读"对象。因此，图书馆有必要收藏一些安全且具有教育性的玩具，以吸引和满足这个用户群的需求，从小培养他们使用图书馆的习惯。

此外，钱币、奖章、手工艺品、模型、玻璃器皿、陶瓷制品以及反映地方文化的实物也可能成为公共图书馆的馆藏之一。举例来说，日本佐贺县伊万里市市立图书馆不仅收藏传统的图书资料，还积极收藏当地著名的伊万里陶瓷工艺品。在澳大利亚新南威尔士州立图书馆，馆内陈列了许多当地著名的玻璃器皿，这些都是当地工艺品的代表。总的来说，任何与人类文明相关的记录和其载体都可以被纳入图书馆的馆藏范围之内，构成公共图书馆的非文献馆藏。

在当今技术条件下，公共图书馆的服务可以利用的非馆藏文献主要指的是全球范围内可以自由访问的网络文献资源。在互联网的背景下，图书馆需要处理两类远程获取文献：一种是已经通过购买或许可获取的馆藏文献（例如图书馆购买的数据库使用权）；另一种是通过图书馆员的筛选、组织、标识和链接，为本地用户提供的非馆藏文献。后者的数量不断增长，种类多种多样（包括大量文档、公告、专题论坛、博客等），情况复杂，且处于无序状态。这些文献信息包括文本和多媒体，涵盖了有价值的学术、教育、政府、文化等信息，但也包括了大量无用、有害和违法的信息。对于图书馆来说，这部分文献信息不仅具有与传统文献不同的特点，而且处于虚拟状态，无法像传统文献那样通过传统方式进行筛选、处理、收藏和利用，因此需要采用新的方法来筛选、处理和利用。

图书馆通过虚拟链接和网络导航等方式引导用户使用网络文献信息，从而扩展了本馆的馆藏体系，使网络文献成为图书馆非馆藏文献的主要组成部分。此外，图书馆还收集临时展览用的文献，如书画作品和专题文献等，这些也构成了图书馆非馆藏文献的一部分，为当地居民提供获取更多知识信息的途径。

二、文献提供

（一）文献提供的目的

文献提供服务是图书馆的核心服务和基本职能。为了确保知识和信息的高效获取，图书馆必须首先收集、处理和整理文献，然后提供各种创新形式的文献服务。这些步骤是图书馆最基本职能的体现。

（二）文献提供的方式

1.外借

外借服务是一种让注册用户（或持有图书馆卡的用户）借出一定数量的文献，并在规定的时间内带出图书馆的服务方式。图书馆通常会有外借规定，规定内容包括可以借阅的文献种类、数量、借阅期限、逾期罚款规定以及文献丢失的赔偿政策等。外借服务是公共图书馆最基本的服务，外借量通常反映了图书馆的核心服务水平。因此，许多国家都有明确的外借服务量化标准，并根据这些标准来确定所需的馆藏数量、购书预算和员工数量等。为了满足不同用户的需求，确保知识和信息的高效获取，图书馆通常采用多种外借服务方式。

（1）个人外借：是主要的和最基本的外借方式，面向个体用户，满足他们各种各样的文献需求。

（2）集体外借：针对特定的用户群体，如单位、小组、班级等，一个人代表多人借阅和使用。

（3）馆际互借：是图书馆之间根据协议相互借用对方馆藏以满足本馆用户的需求。馆际互借的传统方式包括邮寄和传真，但现在借助计算机网络，可以实现实时的馆际互借，通过电子邮件等方式获取文献，降低了馆际互借的成本。

（4）预约外借：允许用户通过电话或网络提前预约某些已借出的文献，

待文献归还后，馆员会按照预约顺序通知用户来获取。

（5）自助外借：借助现代技术和设备，图书馆为用户提供自助借书服务。一些图书馆将自助借书设备放置在图书馆外，提供 24 小时借书服务，延长了图书馆的服务时间，方便了用户，也提升了用户体验。

2.阅览

阅览服务是图书馆向用户提供文献和空间，使他们能够在图书馆内使用文献的服务。在公共图书馆中，阅览服务是一种非常重要的文献提供方式。公共图书馆的使命是为所有人提供平等服务，以最大化促进文献的使用。因此，公共图书馆应该实行免证阅览政策，使任何人都可以自由进入图书馆，自由查阅图书、报纸和期刊，真正体现公共图书馆对所有人的开放性。近年来，中国的一些公共图书馆也开始实行免费电子阅览政策，使人们可以自由使用图书馆提供的设备，在图书馆内浏览网页和进行网络互动，充分利用互联网上的大量信息资源。

3.送书上门

送书上门是公共图书馆通过各种方式，如图书流动车、邮寄或专人递送，为无法亲自前来图书馆的用户，例如偏远地区的居民、残障人士、老年人、医院患者和监狱中的囚犯等，提供文献的服务。公共图书馆是为社会的各个成员提供服务的特殊图书馆类型，因此，送书上门服务在其文献提供方式中具有重要地位。

4.文献传递服务

图书馆的文献传递服务通常是指根据用户对特定文献的需求，从其他图书馆或商业文献供应机构获取文献，然后提供给需求者的一种服务。这种服务传统上主要依赖实体文献的馆际互借方式，但现代文献传递服务已经更多地依赖网络传输。通过网上传输，文献传递能够快捷、高效地实现，同时也消除了地理距离的限制。文献传递服务通常通过馆际合作关系或独立获取用户所需的文献，然后提供给用户。

三、信息服务

（一）信息服务的目的

信息服务在我国图书馆界并没有明确定义，存在广义和狭义两种理解。广义的信息服务包括文献提供、信息开发、参考咨询、情报服务等一切与信息提供相关的用户服务。狭义的信息服务特指信息开发、参考咨询和情报服务。这里采用狭义定义，专指更深层次的服务。参考咨询是一种形式，即通过为用户提供具体知识或信息以解决问题的一对一服务。参考咨询和信息服务对于图书馆来说是非常重要的，因为它们有助于实现信息保障使命。因此，很多图书馆将参考咨询和信息服务作为核心业务的一部分，并将解答用户咨询量作为重要的工作指标。在英国和美国，公共图书馆每年人均提供约 1 条信息咨询，即使在 Google 普及之后，这一数字仍然未下降。

（二）公共图书馆信息服务的重点领域

公共图书馆的信息服务可以从服务对象的角度分为两大类：一是面向个人的大众信息服务；二是面向组织的课题式信息服务。根据《公共图书馆宣言》，这两类服务分别描述为"保证市民获取各种社区信息"和"为地方企业、社团群体提供充足的信息服务"。大众信息服务主要包括以下内容：工作与职业信息，个人理财信息，社区组织和机构信息，消费信息，政府信息，与工作、学习和个人生活相关的一般信息。组织信息服务的主要任务是为政府部门、科研机构和企业提供有针对性的信息，为制定发展规划、确定和开展研究课题、进行技术攻关等提供支持和决策依据。在大众信息服务方面，图书馆通常采用信息陈列和咨询答疑的方式；而在组织信息服务方面，图书馆通常采用调查研究的方法，提供综述、述评、专题研究报告、动态分析和社会预测报告等文献。由于个人是公共图书馆的主要用户，因此，满足个人需求通常是信息服务的重点。

（三）信息服务的形式

1.馆内咨询

图书馆通过在馆内设立咨询服务台的方式提供咨询服务，包括协助用户查找馆藏资料的位置，解释找到的资料，以及使用参考馆藏和在线资源（或知识库）来回答用户的问题。图书馆对于无法解答的复杂问题，会引导用户寻求其他机构的帮助，例如政府部门、专业协会、商业信息机构等。

2.电话与网络咨询

图书馆通过设置电话咨询热线和在线咨询平台，以回答那些无法或不愿亲自前来咨询的用户的问题。这种咨询服务消除了地理限制，为用户提供了更大的便利，使人们可以在不亲自前往图书馆的情况下获得所需的帮助。此外，通过网络，图书馆还可以总结一些常见问题，并在网页上发布，供用户随时查阅。用户还可以随时提交问题，不受时间的限制。一些图书馆提供 24 小时咨询服务，能够即时解答用户的疑问，而其他图书馆则提供有限时限的解答服务（如 3 天或 1 周内）。

3.联合参考咨询

联合参考咨询是指不同图书馆之间充分利用各自的人才和资源优势，通过合作提供参考咨询服务。互联网的出现使得这种服务成为可能。许多协作网络中的图书馆都提供在线联合参考咨询服务，从而提高了图书馆的服务能力，扩大了图书馆的服务范围。

4.信息陈列

信息陈列是指图书馆为当地政府部门或公共机构的信息产品提供展示空间，并进行管理，以便人们能够方便地获取和有效利用相关信息。例如，图书馆可能设立政府信息查询点，展示地方政府各部门的发展规划、重大项目建设计划、法令法规、政策文件以及其他公共服务机构或非营利组织制作的宣传册等信息产品。这种信息服务形式通常需要图书馆与政府部门和公益性机构定期联系，以获取信息，提供展示空间，安排专职或兼职人员管理和维护信息，以及进行宣传以吸引潜在的用户。由于处理深度较低且无须额外购置成本，信息陈列是相对容易实施的信息服务。

5.定题服务

定题服务是指针对用户所提供的具体课题，通过检索已公开出版的文献，进行综合研究，并提供个性化的分析报告，包括数据统计、发展趋势等信息，以供用户做出决策时参考。一些典型的定题服务包括科技研究、市场分析、媒体监测和竞争情报等。这些服务通常需要图书馆与其他机构合作进行。

6.信息推送

信息推送是一种定期向特定用户群体传递特定主题或领域最新信息的服务方式，通常通过信息摘要等形式实现。这类服务旨在跟踪特定行业或领域的最新发展，然后定期将有关特定产业、竞争对手、科技或其他专题的最新信息发送给企业或其他组织的决策者，以帮助他们做出决策时获取最新信息。

四、读者活动

（一）公共图书馆开展读者活动的目的

公共图书馆的读者活动包括文献提供和信息服务之外的各种活动，如阅读促进、社区互动、讲座培训等。这些活动旨在促进阅读习惯的培养、推广图书馆的资源与服务，以吸引更多的用户；同时，它们也旨在丰富社区成员的文化生活和教育机会，鼓励社区成员在非正式场合进行交流，有助于社区的凝聚与和谐。这些活动也有助于使图书馆成为社区的核心，成为一个充满活力的社区中心。这些读者活动与公共图书馆的文化传播、社会教育和社会和谐的使命密切相关。

（二）公共图书馆读者活动的类型

1.阅读促进活动

阅读促进是图书馆为了培养和推广阅读兴趣、提高社会的阅读量而开展的宣传活动。这一举措既是因为图书馆深信阅读在社会中具有重要的价值，又是因为图书馆具备相关专业知识和资源，因此，积极推动阅读促进活动既符合图书馆的使命，也是一项有利于吸引新用户和满足现有用户需求的发展战略。这些活动通常根据不同年龄段的需求量身定制，特别侧重于培养儿童的早期阅读兴趣。举办的活动形式多种多样，包括故事会、情景阅读、阅读辅导、书目推荐、经典诵读、作家讲座、读书俱乐部、书展等。总之，图书馆的阅读促进活动旨在激发人们对阅读的兴趣，促使他们享受阅读，以培养社区中的阅读文化，达到活动的核心目标。

2.讲座

公共图书馆的讲座是指邀请专家学者到馆就各种主题进行面对面的讲演和互动，旨在为公众提供学习和交流机会，拓宽他们的知识和视野。这些讲座通常是免费的，以公益性为主要目的，旨在为用户提供多领域的知识和文化体验。主题非常广泛，包括时事政策、文学艺术、理财投资、法律、健康等，几乎覆盖了公众感兴趣的各个领域。进入 21 世纪以来，许多公共图书馆纳入公益讲座为其服务内容，有些图书馆还通过建立讲座联盟，共享讲座资源，以更好地履行社会教育职能和提供用户服务。由于其知识性、互动性和教育性，讲座已经成为公共图书馆实现使命和服务社区的重要方式。

3.特殊需求服务

特殊需求服务是指图书馆为满足少数特殊人群（如残障者、少数民族、移民和外来务工者等）的文化信息需求而提供的特别服务。公共图书馆的使命是为社会的每个成员提供服务，因此，它的服务范围应该包括所有人群，根据少数特殊人群的特殊需求提供定制的服务。为实现这一目标，图书馆需要考虑各方面的特殊需求，包括建筑设计、网站设计、馆内指示标志、文献资源的多样性、设备配置等。例如，为满足视障者的需求，图书馆可以设立盲文阅览室，提供引导服务、送书上门、盲文培训、计算机盲用软件培训以及专门为视障用户设计的活动。对于少数民族，图书馆可以提供相关语言的文献资料。而对于移民和外来务工者，图书馆可以提供关于就业机会、培训机会和社会服务机构等信息，以帮助他们更好地了解和融入当地社会和文化环境。这些努力旨在确保每个社会成员都能充分受益于图书馆的服务。

第二章 公共图书馆阅读推广的基本原理

第一节 阅读概述

一、读者

（一）读者的含义

1.图书与读者

图书和读者是不可分割的，它们互相依存，构成一个辩证的统一体。图书的存在意义在于它的读者，而人们通过与图书建立联系，获得了"读者"的身份。这两者互相依赖，没有一个可以孤立存在。在狭义上，图书指的是正式出版的书籍和画册。而在广义上，图书是以各种技术方法制成，用文字、图像、符号、声音等形式记录和传递信息和知识的物质媒介。广义的图书包括书籍、画册、报纸、期刊、科技报告、专利文献、产品样本，以及微缩胶片、视听资料、计算机磁带等。因此，广义的"读者"不仅限于与书籍和画册有关的读者，还包括与各种信息和知识媒介相关的读者。在今天的语境中，我们将前来购买磁带的人也视为读者，这是广义"读者"的一种理解。

从广义的图书概念来看，图书的产生历史悠久。早在古代，人类就开始使用图画和符号记录信息，例如在青铜器、甲骨上记录事件和传达信息。这标志着图书的诞生，而读者也随之产生。

　　人类的图书发展经历了从简单到复杂、从稀少到丰富的过程。这个过程也对应着读者的演变。在远古时期，图书主要以刻有文字的青铜器和甲骨为主要代表。随后，人们开始使用竹片、木片等作为书写材料，出现了竹简、木牍和帛书等形式的图书。这些图书制作复杂，难以传播，因此只有极少数人能够阅读它们。随着纸张的引入和印刷术的发明，以纸张为载体的书籍逐渐替代了其他形式，成为主要的图书类型。这一转变使得图书大规模生产和广泛传播成为可能，越来越多的人有机会和能力阅读。因此，读者数量迅速增长。在历史的一段时期内，以纸张为载体的书籍几乎是唯一的图书类型，因此读者通常指的是与纸质书籍相关的人。尽管读者数量不断增加，但他们仍然主要是书籍的读者。然而，到了 17 世纪后，西方开始出现了期刊、报纸等新的图书类型，这打破了图书读者的单一性。从此，社会的读者不仅包括书籍读者，读者的概念变得更加广泛。

　　然而，从古代到近代，由于图书的信息符号一直以语言和文字形式呈现，图书的制作方式一直局限于传统的纸质印刷，因此，图书的类型一直受限于印刷在纸张上的传统形式，而读者也仅限于与这种类型的图书有关的人。但进入现代社会后，随着信息符号和材料技术的发展，图书发生了重大变革。形象化的音像符号和自动化编码符号的出现，现代声音、光学、电子、磁性技术以及化学塑料等新材料的广泛应用，导致各种新类型的图书不断问世。这包括了纸质书籍、缩微图书、音像资料、机读资料、光盘资料等多种图书类型。传统的纸质书籍在科技文化的推动下也得到了显著的丰富和改进。新的纸质图书类型如科技报告、会议文献、学位论文、专利文献、技术标准以及产品样本等也越来越多。这使得社会的图书无论在种类还是数量上都有了显著增长，读者与各种类型的图书建立联系的机会变得更加广泛。因此，今天，术语"读者"已经具有多种含义和广泛的范围。我们可以用这个词来描述书籍和期刊的读者，也可以用它来描述音像图书和机读资料的用户。总之，读者是与各种类型的图书建立联系的人。

2.图书市场上读者的一般特点

图书市场上的读者具有独有的特征。首先，他们同时具备了阅读者和购买者的双重身份。由于图书在市场上以商品的形式存在，读者在获得所需图书时必须进行购买。因此，他们既期待所购图书满足阅读兴趣和需求，又要求价格合理、装帧精美，以及在购书过程中获得良好的接待和服务。这使阅读与购买在读者身上形成了矛盾但又统一的关系。

其次，市场上的图书读者都是有购买力的社会成员。由于图书必须以货币交换，只有具备一定购买力的人才能成为真正的图书市场读者。市场总是为具备购买能力的人提供服务。因此，出版社和书店在满足读者需求时，需要考虑读者的需求和购买力，以确保他们的图书在市场中成功销售。

再次，图书市场上的读者还表现出多、杂、散、匿的特点。

多：图书市场对所有具备购买能力的人都敞开，因此拥有广泛的读者基础，数量庞大，包括各种职业，不同年龄、性别、文化程度、民族背景和生活特点的人。

杂：图书市场中的读者群体多种多样，具有不同的阅读需求、购买行为和兴趣爱好。他们来自各个领域，呈现出多样性和复杂性。

散：由于图书市场的自由性质，任何具备购买能力的人都可以在任何地方的书店购买图书。因此，读者散布在全国各地，涵盖各行各业、各单位和各个角落。

匿：与图书馆的读者不同，图书市场上的读者通常是匿名的，不需要展示身份信息，也不需要借书证等标识。这使得图书经营者难以准确、全面地了解读者的需求和兴趣，使得图书市场显得复杂而难以预测。

最后，图书市场上的读者呈现出变化和发展的特点。

受主观因素的影响，人们的阅读欲望、兴趣和购买行为在不同时期和不同阶段表现出不同的特点，使得图书市场上的读者持续不断地变化。这种变化既包括读者的口味和兴趣的变迁，也体现在图书购买数量的增减上。

随着社会文化的进步，整个社会的读者队伍也在不断发展壮大。在发达的社会中，社会阅读活动变得更为重要，整个读者队伍也得以扩大。读者队伍的发展需要一系列客观条件的支持，如经济、文化的提高、有益的社会环境和鼓励阅读的风气等。同时，个体主观条件的提高，如智力的开发和受教育程度的提高，也对读者队伍的扩大和发展产生积极影响。因此，随着这些条件的不断变化，读者队伍将持续发展和扩大。

（二）读者成分

读者成分是指读者具有的一系列共同属性，通常包括读者本身的各种社会特征和自然特征。这些特征涵盖职业、文化程度、民族等社会特征，以及年龄、性别、健康状况等自然特征。这些属性直接影响着读者的阅读活动和购买行为。对这些特征进行研究，有助于深入了解不同读者成分之间与其行为之间的内在联系，以及相同特征的读者在行为上的一致性，以及不同特征的读者在行为上的差异性。这种研究可以为更好地满足不同读者的需求提供有力的参考和指导。

1.职业特征

职业是人们所从事的各种职业和工作，既是社会分工的必然产物，也是每个人维持生计的手段。根据行业标准，职业可以分为工业、农业、军事、商业、交通、医疗、政法、科技、教育、体育、文艺等不同领域。这些领域进一步细分为各种具体职业，每个职业都有其特定的专业领域和工作类型。大多数现代社会的居民都依赖某种职业来维持他们的生活。因此，职业在人们的生活中扮演着至关重要的角色，对人们的行为和生活产生广泛的影响。

读者的职业特征是指他们所从事的职业、专业或工种对其阅读兴趣、阅读需求、阅读技能和阅读行为的影响。读者的职业特征会在他们的阅读和购书行为中得以体现。例如，一名从事历史学研究的读者可能对各类历史书籍表现出浓厚的兴趣，包括那些一般读者不太感兴趣的作品，他可能会愿意花费较多的资金购买这些书籍。这种情况反映了读者的职业特征对其阅读兴趣和行为的影响。

不同职业的要求会在读者的行为中表现出不同的职业特征。例如，从事简单体力劳动的人通常对文化和技术的要求不高，因此，他们的阅读活动与他们的职业关系较小，通常没有明显的职业阅读需求。相反，从事科研、教育和决策等需要高度文化水平和专业知识的职业的读者，其阅读活动通常与他们的职业需要密切相关，表现出强烈的职业阅读兴趣。

尽管不同读者的职业特征程度各不相同，但职业对他们的行为仍然会产生客观影响，尤其是在现代社会，要求劳动者具备更高的智力水平。根据职业需求选择相关图书的趋势越来越明显。一般而言，读者的职业背景决定了其职业需求，这种需求驱使他们表现出与职业相关的阅读兴趣。只要这种职业需求或兴趣仍然存在，读者的职业阅读活动就会持续发展。例如，随着企业对员工的文化素质和专业技能提出更高要求，工人对文化和技术书籍的需求也随之上升，导致对这些书籍的阅读热情高涨。

不同职业的读者在其行为上受到职业特点的影响，这些影响因职业特点的不同而表现出差异。例如，科技工作者、教师、艺术工作者、管理干部、工人以及其他职业的读者，由于其不同的职业特点，各自在阅读活动中具有不同的需求和特征。科技工作者需要不断更新知识和信息，因此他们倾向于阅读最新的学科著作。管理干部强调科学的管理方法和领导技巧，因此他们更倾向于阅读与管理科学和领导方法相关的书籍。

了解读者的职业特征对于提高出版和发行工作的针对性和主动性非常有帮助。了解读者的职业属性、职业特点和职业需求，以及这些特点与他们的阅读行为之间的关系，有助于出版商和书店更好地满足读者的需求，提高图书销售和服务的质量。

2.文化特征

首先要明确，这里所提到的文化主要指的是读者的文化水平，而不是广义的"文化"。一定的文化水平是每位读者都必须具备的基本要求。各类图书，无论其深度如何，都包含了一定程度的知识和文化内容，因此要求读者具备不同程度的文化水平。读者的文化特征反映了他们的知识水平和接受的教育程度。在现实生活中，这通常以学历和职业技术职称为标志。在中国，学历通常分为小学、初中、高中、大学、研究生等不同的毕业或修业水平，或相当于某种文化教育水平。职业技术职称分为技术员（或管理员）、助理工程师（或助教）、工程师（或讲师、助理研究员）、高级工程师或总工程师（高级讲师、正副研究员或正副教授）等不同层次的级别，或相当于某种职业技术水平。文化特征作为个人文化教育水平的反映，直接影响着个人的思维方式和行为方式，以及对各种事物的认知和看法。这一特征在阅读活动中常常决定了读者对阅读的态度，影响了读者的阅读范围、阅读水平以及图书购买的数量，同时也反映了读者需求的不同价值。

3.年龄特征

年龄是每个人的自然属性，代表了一个人在生命周期中的不同阶段。年龄不仅与个体的生理和心理发展直接相关，而且在社会上具有重要的意义。

心理学研究早已证实，年龄的增长与人的生理、心理和智力发展密切相关。这意味着不同年龄段的个体具有不同的生理特征、心理特点和智力水平，这些因素都影响了他们的行为表现。

社会学研究也表明，年龄不仅仅是生理上的特征，也是一个社会概念。就像社会根据人们的阶级、种族和性别来分配身份和角色一样，年龄也被用来分配不同的年龄身份和年龄角色。不同年龄段的个体必须按照这些年龄角色来行事，否则他们可能被视为不符合年龄规定，面临来自社会各个方面的压力。

读者的行为是他们日常生活中行为的重要组成部分。年龄对人的心理和行为产生一定的制约和影响，这一影响也会在读者的阅读和购买活动中显现出来。它表现在：

（1）不同年龄阶段的读者展现不同的阅读水平，这取决于他们的心理素质和智力状态在发展水平上的年龄差异。阅读是一种智力活动，也是人类特有的高级心理活动。一般而言，0~2岁的儿童主要通过触摸、品尝和嗅觉来感知事物，缺乏阅读能力。2~7岁的儿童开始学会使用符号，具备初步的阅读水平。7岁以后，随着心理素质的发展和接受学校教育，阅读能力迅速提高。

然而，在整个儿童时期，由于思维能力较低，他们主要关注内容浅显易懂、逻辑关系不强、充满想象的阅读材料。进入少年阶段（11 岁左右），人们的抽象思维能力增强，智力和语言知识水平提高，阅读逐渐深入文学领域，对抽象理论性材料产生兴趣。随着青春期的到来，逻辑思维能力增强，经验和知识积累丰富，自我意识和独立性增强，青年读者的阅读质量和数量都达到新的高度。

（2）不同年龄阶段的读者展现出不同的阅读和购买特点，这是因为他们的心理特征和身份角色随着年龄的增长而发生变化。例如，少年儿童通常表现出较强的心理依赖感，他们的阅读习惯容易受到老师和父母的影响。由于他们是学生，因此需要关注课内阅读。少年儿童通常充满活力和童真，缺乏自我控制能力，购书时可能会吵闹，不太注意周围的影响。然而，这种行为通常能够得到相对宽容的对待，因为与他们的年龄角色相符。

随着年龄的增长，人们的心理特征和身份角色发生了明显的变化，进而影响了他们的阅读和购买特点。青春期的人通常体现出自我意识的觉醒，他们对深奥的理论和哲学著作感兴趣，充满好奇心，敏感性增强。他们的思辨能力成熟，更容易接受外来文化的影响。职业身份的确立和社会身份的多样化也使他们对职业相关的阅读兴趣增加，同时也对多种其他阅读兴趣产生兴趣，以满足他们年龄角色的需求。他们在购买方面更容易受情感驱动，更容易受情绪支配，因此更具冲动性。

与此不同，老年人的心理特征和身份角色的变化也对他们的阅读和购买行为产生影响。随着年龄的增长，老年人通常经历好奇心的减退和保守思想的增强，因此不太容易受到新思潮和新观点的影响。他们通常表现出固执的保守心态，受环境和广告的影响较小。老年人，如退休者或离休者，通常以娱乐消遣、健身和养老为主要目的，因此他们更多地从事与这些愿望相关的阅读活动。

4.特殊生理特征

生理特殊的读者通常指那些部分失去生理机能的人。尽管他们可能有生理缺陷，但他们的大脑功能正常，因此具备阅读的能力，与其他人一样。然而，由于生理上的限制，这些读者在借阅方面通常有一些特殊要求。例如，盲人需要使用盲文读物，聋哑人需要手语读物。因此，图书馆员需要特别关注满足这些特殊读者的借阅需求。此外，这些读者通常具有较强的自尊心，因此在接待他们时，应表现出热情、周到和细致的态度，切忌嘲笑或挖苦，以免伤害他们的自尊心。

（三）读者的阅读动机

1.学习与知识追求的动机

读者常常以图书馆作为知识获取和视野扩展的场所，这是最常见和重要的阅读动机之一。这一动机直接激励读者积极地进行阅读，因为他们渴望学习并提升自己的知识水平。这种动机源于个人对学习型阅读的需求，对鼓励读者进行广泛阅读具有重要作用。人们渴望提高自己的文化知识，拓宽视野，通常会对文献信息的知识性、理论性和专业性给予更高的重视。

2.解决问题和获取信息的动机

这一动机在人们的学习、工作和日常生活中非常常见。当面临疑难问题或需要执行特定任务时，人们希望从文献中获得科学知识、信息和技术方法，以便解决问题。这种动机强调文献内容的实用性，对特定领域的信息和指导有强烈需求。因此，图书馆应该为这类读者提供及时和有针对性的服务，以满足他们的需求。

3.休闲和娱乐的阅读动机

在紧张工作之余，一些人更倾向于阅读文学、历史、医疗保健、体育、天文地理和汽车等书刊，以放松大脑、消除疲劳，为接下来的工作和学习蓄积精力，或者为了美的艺术体验和享受。这种阅读动机要求图书馆提供的图书和文献内容富有知识性、趣味性和广泛性。

4.文学作品的阅读动机

文学类书刊因其内在趣味性和可读性而受到各年龄段读者的广泛欢迎。

电视剧的热播、作家作品获奖以及网络小说的流行等因素都推动了文学类书刊在图书馆借阅排行榜上的频繁出现。经典作品永恒的吸引力也是吸引读者借阅文学类书刊的重要原因。

二、读物

（一）报纸

报纸是定期向大众发布的印刷出版物，主要内容包括新闻报道和时事评论。它是重要的大众传媒工具，不仅能反映社会动态，还对引导舆论具有重要作用。

（二）杂志

杂志是一种印刷读物，通常具有固定的期刊名，以期刊、卷号或年月为标志，以定期或不定期的方式连续出版。

（三）图书

联合国教科文组织对图书的定义涵盖了以下要素：图书是由出版商（商业机构）出版的，包括不计算封面和封底在内的印刷品，通常拥有至少 49 页的内容，带有明确的书名和著者名字，配备国际标准书号（ISBN），并且通常有明确的定价和版权保护。图书是一种通过文字或其他信息符号记录在特定形式的材料上的著作物，它是一种知识传播工具，具有系统性、全面性、成熟性和可靠性的特点。与其他出版物相比，图书的出版周期较长，信息传播速度较慢。图书的内容可以涵盖多个领域，包括小说、专业书籍、工具书、书目、剧本、报告、日记、摄影和绘画集等。

三、阅读

（一）阅读的含义

阅读对心灵的作用就好比运动对身体的作用一样，它是一种独属于人类的社会活动，既是认知世界的手段，也是改变世界的工具。如阿尔维托·曼古埃尔在他著名的著作《阅读史》中所言："阅读几乎如同呼吸一般，是我们的基本功能。"在中国，有古训"忠厚传家久，诗书继世长"，强调了阅读对家族的传承和持续发展的重要性。阅读的定义在学术界仍然存在多种解释，尚无一致定论，但以下几种观点具有代表性：

阅读是一种积极的过程，阅读是读者与文章（或作者）的交流过程，成功的阅读是一个创造过程，读者和阅读材料相互交流创造意义。

——维德森

阅读是作为一种特殊的交际方式而存在的社会现象，它是以书面材料作为社会交际的中介，作者—文本—读者是构成一个完整的书面交际过程的三个基本要素。

——王余光，徐雁

（二）阅读主体

阅读主体通常指的是那些具备阅读能力的个体，他们在阅读活动中扮演主动的角色。然而，并不是每个人都能够成为阅读主体的。李长海等主编的《中国大学生百科全书》就指出："一个人成为阅读主体应该具有三方面的条件：一是有阅读欲望；二是具备一定阅读能力；三是从事阅读活动。三者兼备才是真正意义上的阅读主体。"

（三）阅读动机

阅读动机是指个体在进行阅读活动时，受到内在心理活动和内部动力过程引导、激发和维持的目标和动机。这些动机包括愉悦、减轻压力、交流、增强社会意识、获取关于生活的教育与信息等，而它们在阅读中受到多种因素的影响，如时间、地点、情绪、记忆、经验、愿望和兴趣。因此，阅读可以被看作受到读者多种内在变量影响的一种活动。

（四）阅读能力

1.选择文献的能力

阅读的第一步是选择适合自己的读物，因此具备选择文献的能力是阅读的基础。

2.理解内容的能力

阅读者需要真正理解文献，准确领会文献的核心内容，深入把握其精神实质。理解能力与读者的知识储备有关，知识基础越扎实，理解能力越强。

3.阐释能力

优秀的阅读者能够以适当的方式解释他们所阅读的内容，这包括有选择性地吸收和表达内容。

4.批判分析创新能力

阅读者需要具备分析、推理、思考和判断的能力。这些技能帮助他们更深入地理解内容，提出批判性观点，并进行创新性思考。这方面的能力对于发展批判性思维至关重要。

（五）阅读的特征

1.阅读是视觉感知的活动

读者首先通过视觉感知文字信息，然后神经传导将这些信息输入大脑。中枢神经系统进一步提取所需的信息，人们通过默读和朗读将文字转化为有声的语句，这样听觉器官就能感知、理解文字符号信息。感知仅是阅读的一种手段，主要目标是理解书面语言，获取意义。一切认知都从感知开始，因此感知能力至关重要。

2.阅读是一种复杂的语言技能活动

阅读是由多个阅读行为和技巧组成的。阅读技能可进一步分为多个微技能，包括字词辨识、语义分析、知识提取、思维推理、总结等。这些过程在大脑中同时进行，学会释词断句、提取要点、总结核心信息、使用工具书等技能，有助于将书面语言转化为个体语言，将思维通过思考转化为个体思维。

3.阅读是个人思维活动和理解的过程

在阅读中，人们不仅感知文字信息，还需要进行思考、想象、判断、推理等一系列思维活动，以将文字信息转化为各种概念和思想。理解一篇文章，从生理和心理角度看，都是一个复杂的过程，其受到一定规律的支配。大脑的思维特性决定了理解是逐渐认知事物联系，最终认识其本质和规律的一种思维活动。阅读理解的实质在于将已有知识与新知识建立联系的过程。理解文章是通过再加工文献内容，包括逻辑分析和综合判断等思维活动，将文献中的语言总结、提炼，变成自己的思想，从中获取知识和乐趣。

（六）阅读的功能

阅读是人类素质的核心，深刻地影响着价值观、道德观、人生观和审美观。虽然阅读不能延长人的生命，但却可以深刻扩展人生的内涵和厚度。通过阅读，我们可以窥见世界的广袤，与过去的智者对话，与伟大的人物交流，构筑丰富的精神世界。阅读的多层面功能包括知识获取、道德塑造、智慧拓展和审美体验，它们就像一场和谐的四重奏，拥有共同的旋律和节奏。

1.阅读具有求知功能

阅读是一种重要的方式，用以获取信息和积累知识，它是一种被广泛接受且不受时空限制的行为。除了通过实践来积累知识外，阅读也是人们获取知识的主要途径。事实上，阅读可以被看作发掘知识的过程，因此，随着阅读材料的增多，信息和知识的获取也变得更加丰富。只有拥有丰富的知识，人们才能更好地理解世界并参与其改造。

阅读是终身的活动，适用于各个年龄段的人，包括儿童、少年、青年、中年和老年人。学会追求知识在某种程度上就是学会阅读的过程。通过阅读，人们不仅能够获得前人在探索自然和观察社会方面的成果，还能获取宝贵的经验和教训，以及最新的信息等。阅读可被视为帮助读者认知客观世界的导航和桥梁。

2.阅读的审美功能

人类追求的最高价值是真、善、美，其中，"真"属认识的价值，"善"属道德的价值，"美"属艺术的价值，阅读的审美价值即读物和阅读活动本身产生的美感对读者的陶冶作用。

阅读有助于增强读者的审美意识，培养他们的审美能力，并激发审美创造力。阅读的审美价值既来自文本内容，包括思想、哲学、品质、情感和意境的美感，也来自文本形式，包括语言表达、结构、形象和节奏的美感。阅读是一项复杂的智力活动，实现审美价值依赖于读者对文本内容和形式之美的体验、鉴赏和评价。在阅读的过程中，读者能够培养高尚的审美情感，培养健康的审美趣味，并完善审美心理结构。

3.阅读的开发智力、锻炼思维功能

智力是指人类认知和理解客观事物以及运用知识和经验解决问题的能力，包括记忆、观察、想象、思考、判断等各种智力操作。智力能力还包括理解、规划、问题解决、抽象思维、表达意念，以及语言和学习的能力。在这些能力中，思维能力是最核心的智力因素，处于智力活动的中心地位。在阅读过程中，读者进行深刻的思考、想象、判断、推理和评价，因此，阅读过程本质上是思维的过程。

广泛阅读可以不断促进知识的积累和技能的增长。当一个人的知识储备变得更加丰富时，他对事物的观察会变得更加敏锐和深刻。在众多智力操作中，思维活动对事物的判断和推理具有决定性作用，它还能激发更多的想象力和创造力。苏联教育家苏霍姆林斯基曾经强调，良好的阅读能力对学生的全面发展至关重要，这表明阅读对于锻炼思维能力具有巨大的影响。

4.阅读培养品德、陶冶情操的功能

阅读是陶冶情操和培养品德的重要途径，除了社会实践外，它也在此方面发挥着关键作用。通过阅读，人们能深刻地了解人际关系以及人与社会之间的实质性联系，这是科学对待人类和塑造高尚道德情操所必需的基础。有价值的阅读材料能净化读者的心灵，陶冶性情，甚至影响他们的生活道路和人生观。

一本好书就像一个良好的社会，可以陶冶人的情感和性格，使人更加高尚。书籍是无穷无尽、永不枯竭的精神资源，通过阅读，书中的优秀思想和品质就像清泉一样注入读者的心灵，久而久之，可以提升人的道德水准。

总之，阅读作为人们精神生活的基本组成部分和精神交流的重要媒介，其对社会发展的促进作用无可替代。

四、阅读兴趣

阅读兴趣是读者在进行阅读活动时所表现出的情感倾向，也是他们选择阅读材料时的优先偏好。读者通常会根据自身需求和兴趣来选择阅读的内容。当某本书在一定程度上符合读者的需求和情感特点，能够引发读者的强烈兴趣，那么读者就会对它产生积极情感反应，并倾向于选择这本书进行阅读，这便是阅读兴趣的体现。

在图书与读者互动的过程中，图书的品质是激发读者阅读兴趣的外部因素。只有当图书具备感染力，能够吸引读者的关注，引发积极情感，才能引发阅读兴趣。因此，图书的主题思想、内容特点、质量水平、写作风格、表现手法，以及装帧、封面、书名、插图、提要等，是否与读者的阅读需求和心理特点相契合，是否能够给予读者强烈刺激，都是引发读者阅读兴趣的重要因素。实际上，那些引发读者浓厚兴趣的图书，无论其内容如何，都具有一个基本的共同特点，即它们满足了某一类读者的阅读需求，与读者的阅读水平和心理特征相契合，因此产生了不同程度的感染力。例如，琼瑶的言情小说可以深深吸引年轻男女，因为它们满足了青少年在青春期体验"懵懂情感"的需求。然而，需要正确引导青少年关于青春期的知识，以确保他们的阅读兴趣得到健康的指导。武侠小说曾一度风靡图书市场，激发了读者强烈的阅读兴趣。因此，出版和发行部门必须了解并引导读者的阅读兴趣，不能忽视图书本身的感染力。读者的阅读兴趣是引发阅读兴趣的内部因素。由于不同读者在年龄、性别、职业、文化修养、价值观和生活目标等方面存在差异，他们有不同的阅读需求和品位。因此，他们会根据自己的需求和兴趣选择阅读材料。

第二节　阅读推广概述

　　阅读推广的含义是鼓励人们热爱阅读。有观点认为阅读推广和图书推广是不同的概念，阅读推广更侧重强调阅读的乐趣。阅读推广的目标是帮助读者更好地进行阅读，促进个体的阅读体验，让他们体验阅读的愉悦之处。因此，阅读推广可以被视为书籍的推广、读者的推广、阅读素养的推广，尽管形式略有不同，但最终目标都是一致的，即促进阅读。

一、阅读推广对象分析

（一）阅读推广对象定位明确

　　从微观个体的阅读推广项目来看，它们都有一个明确的目标群体。举例来说，英超俱乐部的"阅读之星"项目面向小学高年级和初中低年级的不热爱阅读的学生，利用足球来激发他们对阅读的兴趣。另一个例子是"信箱俱乐部"计划，它专注于寄养家庭的儿童，为他们提供适合不同年龄段的阅读学习资料。挪威的阅读推广项目专门针对 16～19 岁的高中生，每年向高中生发放免费文学书籍，并提供教师指南，以帮助教师将这些书籍与教学相结合。此外，挪威还有一个面向 13～16 岁少年的项目，其中学生和教师都获得免费书籍，并可以参加相关竞赛。挪威还有一个针对运动员的项目，名为"运动和阅读"，该项目由图书馆员将书籍带到各种运动俱乐部和比赛场地，以促进运动员的阅读。新加坡的"读吧，新加坡"项目每年都有特定的推广对象，例如出租车司机和美容师。这些项目都以明确的目标群体为基础，以满足他们的阅读需求和兴趣。

（二）以儿童和青少年为主，兼顾其他人群

从各国阅读推广的实际情况来看，儿童和青少年一直是阅读推广的主要关注对象。例如，各国开展了许多针对不同年龄段的儿童和青少年的项目，如针对新生儿的"阅读起跑线"、针对幼儿园高班学生的项目，以及针对初中低年级学生的项目，如英超俱乐部的"阅读之星"等。尽管儿童和青少年一直是阅读推广的主要焦点，但国外也积极开展了针对成人的阅读推广活动。美国的公共图书馆在夏季不仅有针对青少年的暑期阅读计划，还为成人提供了各种暑期阅读活动。例如，芝加哥公共图书馆每年举办面向成人的暑期阅读活动，涵盖了环保、音乐、电影等不同主题，包括作家讲座、音乐会和读书讨论等多种形式的活动。英国阅读社还开展了专门面向成人的"阅读挑战"项目，旨在通过让阅读和写作水平较低的成人阅读六本书完成挑战来提高他们的阅读素养。相较之下，中国面向成人的阅读推广活动相对薄弱，有待进一步加强，希望国内的相关机构，特别是公共图书馆，能够在成人阅读推广方面加大努力。

（三）关注弱势群体

弱势群体，指在财富、社会地位上处于不利地位，或者缺乏权力、社会地位、社会联系，或在社会中受到标签化和歧视的群体。在阅读推广中，关注弱势群体主要体现在两个方面。一方面，阅读推广的对象明确是弱势群体，例如面向寄养家庭儿童的"信箱俱乐部"项目，或者针对低收入家庭的"力量午餐"项目。另一方面，一些综合性的阅读推广项目也纳入了关注弱势群体的元素。例如，英国的"夏季阅读挑战"项目面向全英国的4到13岁儿童和青少年，为了让视力有障碍的孩子也能参与，项目中增加了专门针对视力有障碍儿童的单元。美国的"触手可读"项目提供了面向不同特殊需求儿童的阅读指导指南，包括针对视觉障碍儿童、听觉障碍儿童、自闭症儿童和智力低下儿童的建议和阅读书目。山东省淄博市图书馆的"爱心相伴 悦读同行"

文化助盲阅读推广工程，专门针对视障读者开展文化服务。这些举措旨在确保阅读推广活动能够覆盖更广泛的人群，包括弱势群体，为他们提供平等的阅读机会。

二、推广方式策略分析

（一）推广方式立体整合化

同一个阅读推广项目通常采用多种方式进行推广。这种多样性在大型阅读推广项目中表现得尤为明显，例如澳大利亚"国家阅读年"采用了多种方式推广，如作家讲座、竞赛等。即使是小型的阅读推广项目也注重采用多种推广方式。举例来说，英超俱乐部的"阅读之星"项目将名人推荐、在线阅读竞赛和各种阅读活动有机地结合在一起，取得了良好的推广效果。采用多种方式进行阅读推广有助于吸引不同人群，提高推广效果。

（二）推广方式密切结合目标群体特点

不同群体具有不同的兴趣和特点，因此在设计推广方式时需要有针对性。举例来说，儿童通常对卡通角色感兴趣，因此英国的"夏季阅读挑战"项目可能设计卡通形象，包括具备各种杂技技能的卡通角色，并鼓励孩子们扮演这些角色，选择其中一个并模拟扮演；青少年一般对游戏感兴趣，因此可以将游戏元素融入阅读推广中，以游戏作为激励因素，鼓励他们进行阅读。例如，读完两本书后，可以晋升到更高级别，解锁更多高级游戏和游戏装备。而老年人可能更喜欢怀旧，因此可以提供机会让他们重温年轻时读过的书籍等。根据不同年龄段和兴趣爱好的特点，可以制定有针对性的推广策略。

（三）注重使用交互工具

经研究发现，几乎每个经典的阅读推广案例都积极利用了交互工具。例如，"读遍美国"网站提供博客和推特等社交媒体工具，使阅读推广机构和阅读爱好者能够互相交流，从而扩大了阅读推广的影响力。同样，"夏季阅读挑战"项目的网站也提供博客等交互工具。因此，在设计阅读推广方案时，应充分考虑采用新技术。举例来说，可以在传统的征文比赛基础上，鼓励学生制作并上传视频来推荐一本书。这样的做法既能满足学生热衷于新技术的特点，还能鼓励他们向他人推荐图书，实现更广泛的阅读推广。利用交互工具和新技术，可以更好地推广阅读，吸引更多的参与者。

（四）品牌建设

阅读推广是一项长期的活动，而在长期的服务中，有必要建立阅读推广项目的品牌。在这方面，国外的众多阅读推广项目积累了丰富的经验。例如，"读遍美国"项目采用了一个独特的标志，即戴帽子的猫，并创作了统一的主题歌曲，以及一致的获奖证书等。市场营销咨询公司与"触手可读"合作，免费为其提供品牌定位服务，以扩大其影响力。此外，除了各种宣传活动，"夏季阅读挑战"项目还邀请国会议员参观"触手可读"成员医疗机构，以帮助他们更深入了解该项目，争取更多政府资助。国内阅读品牌建设的佼佼者淄博市图书馆注重儿童阅读启蒙，持续不断地提升"彩虹"少儿阅读推广活动的知名度和影响力，丰富活动内容、创新服务，吸引更多社会力量参与，努力提供优质读者服务。

（五）注重评估

不论是哪一类机构，以及针对哪一类人群的阅读推广项目，都应该对其效果进行评估，以确保阅读推广的科学发展。评估活动不仅是一种激励手段，还是改进的途径，更是提高资源有效利用的手段。美国的"一城一书"活动非常重视评估，活动指南书中明确指出评估是活动的最后一步。这种评估通常包括事前评估和事后评估。例如，英国阅读社的"阅读六本书挑战赛"要求参与者在挑战开始前填写一份网络问卷，包括他们对阅读的看法和他们喜欢的书籍类型等信息。挑战结束后，他们也需要填写一份问卷，以自我评估阅读能力和未来的阅读计划等。由于采用的评估方法不同，评估结果可能存在差异。因此，"触手可读"项目正在研发一个标准的质量评估和提升工具包，以确保各个阅读推广机构能够使用统一的评估标准来评估其表现，从而提高阅读推广的效果。

（六）规范的志愿者队伍建设和管理

志愿者在阅读推广项目中扮演着重要的角色，几乎每个阅读推广项目都依赖于他们的支持。这些项目非常重视志愿者队伍的建设。一方面，他们培训图书馆如何科学地管理阅读推广志愿者，包括志愿者的招募、培训和评估。另一方面，各个图书馆鼓励志愿者设计创造性的阅读活动。国内也有一些图书馆借助志愿者的力量进行阅读推广，例如"志愿的故事妈妈"和"故事姐姐"，还有一些由志愿者开展的专门的阅读推广项目，如"公益小书房"。相关组织应该提供规范的志愿者队伍管理培训，以促进志愿者更好地发挥作用。

三、不同类型机构的阅读推广

（一）公共图书馆

1.图书馆进行阅读推广的基础

（1）符合需求，兼顾价值的馆藏体系

图书馆在进行阅读推广时，首要考虑建立科学合理的馆藏体系。通常，图书馆在构建馆藏体系时会综合考虑本馆的目标和读者的实际需求。在实际运作中，经常会涉及"价值论"和"需要论"的讨论。然而，对于基层公共图书馆来说，所购置的图书不应过于随意。这反映了对图书馆馆藏的角色和价值的认知。图书馆购置馆藏的主要目的是供读者使用，而不是只为了外表。当选择购置图书时，图书馆必须考虑内容的实际价值。毕竟，图书馆是社会教育机构，有责任引导读者。它不应仅仅迎合读者的口味，而应在购置馆藏时综合考虑价值和读者需求。在图书馆的指导下，读者可以更好地理解其中的内容。购买书籍或其他资料时，需要考虑如何让读者能够充分获益，而不仅仅是迎合他们的兴趣。这是图书馆建立强有力的馆藏体系的关键。

（2）愉悦的阅读环境

阅读的核心要素包括读者、阅读材料及阅读环境。阅读环境的构建是一个非常重要的方面。图书馆必须考虑要创造什么样的氛围，是宁静庄重的还是温馨舒适的？如今，我们强调图书馆的多功能性，通常包括静思区和交流区等多个区域。另外，公共图书馆面向各种不同的读者类型，因此无法有一个固定的阅读模式。然而，图书馆的环境必须适应所服务人群的特点。儿童区是一个备受关注的领域。例如，新西兰惠灵顿的社区图书馆，儿童可以坐在地上或舒适的沙发上自由阅读。近年来，我国的公共图书馆，特别是儿童区的环境日益改善，这是一个积极的趋势。此外，也需要考虑满足老年读者的阅读环境。公共图书馆基本能为老年人提供方便的设施，如老花镜和放大镜，在馆内设立老年人专座，同时还为残障群体提供轮椅、盲杖等无障碍设施，以帮助他们更方便地使用图书馆资源。这种关心和照顾符合不同年龄、不同情况读者需求的举措，有助于提高图书馆的包容性和服务质量。

2.图书馆进行阅读推广的主要方式

（1）书目推荐

图书馆在进行读物推荐时，通常以馆藏推荐为主，但并不限于此，可以采用以下几种方式：

①借阅排行榜：借阅排行榜是一种常见的方式，图书馆可以定期发布一个月、一个季度或一年的借阅排行榜。有些图书馆还按照不同类别提供借阅排行榜，这有助于读者了解哪些书籍受欢迎。

②新书推荐：新书推荐也是一种常见的方法。图书馆可以通过多种途径宣传新书，包括设立专门的新书书架，定期巡回展示新书，以及在线推荐。

③编制主题书目：编制主题书目是一种根据读者需求，将图书馆馆藏中

与特定主题相关的资源进行整理和宣传的方法。这些主题书目不仅包括书籍，还可能包括报纸、期刊、音像资料等。

④馆员推荐：馆员通常对馆藏资源比较了解，他们可以通过个人推荐来激发读者的兴趣。这种方式可以更加个性化，根据读者的兴趣和需求来推荐适合的书籍。

⑤读者推荐：读者是图书馆的重要资源，因此图书馆需要有计划地组织读者，并在阅读推广中充分利用他们的推荐能力。读者的推荐方式多种多样，例如苏州独墅湖图书馆在阅览室设置了一棵图书推荐圣诞树，上面挂满了小卡片，读者可以在卡片上写下他们认为值得推荐的书名和推荐理由。需要强调的是，推荐方式应该适合特定的读者群体，尤其是对于儿童读者。儿童通常还不具备书写能力，因此有些图书馆设置了"好书箱"和"坏书箱"。如果小读者认为一本书不错，他们可以把它放进"好书箱"；如果认为不值得阅读，就可以放入"坏书箱"。这种方式既简单易行又适合儿童。

（2）常规读书活动

除了馆藏推荐，公共图书馆经常通过举办各种各样的读书活动来进行阅读推广。要强调的是，这些活动应当成为常规，而非临时或偶发性的，它们应该构成公共图书馆基本的服务内容。因为培养阅读习惯需要一个长期的过程，不可能仅仅通过一两次活动就能实现。

公共图书馆服务的受众众多，针对不同的人群，需要采用不同的方式来进行推广。

①面向儿童——"故事时间"：公共图书馆通常为儿童提供"故事时间"读书活动。这些活动由专门的儿童图书馆员或志愿者，如"故事妈妈"或"故事姐姐"等负责。国外通常将儿童分为不同年龄段，如0至1岁、2至3岁、4至5岁等。每周，各个图书馆（总馆和分馆）都会安排面向不同年龄段儿童的"故事时间"。在这些活动中，儿童图书馆员会以夸张的语气和表情讲故事，通常会在故事结束后进行与故事相关的延伸活动，如手工制作或绘画等。"故事时间"的具体安排根据图书馆的情况而定。尽管很多图书馆都设想了

这样的活动，但由于人力资源有限，可能需要考虑聘请志愿服务人员来帮助实施。

②面向家长的指南、讲座：为了培养热爱阅读的孩子，公共图书馆需要让家长认识到阅读的重要性，因此，图书馆通常提供面向家长的指南和讲座。很多图书馆邀请教育专家或阅读方面的专家来举办面向家长的讲座，并提供实地指导。同时，许多图书馆和阅读推广机构还发布面向家长的手册和指南，旨在帮助家长了解并掌握为孩子提供阅读的基本方法和技巧。这些指南通常内容简洁明了，设计清晰，并配有插图。

公共图书馆可以从国内外阅读机构的网站上获取大量家长教育建议，将其制作成精美的宣传单页或小册子，并在图书馆、超市、银行、公园等地方分发。这不仅提升了图书馆的影响力，还实际促进了儿童阅读的推广。

③针对青少年：公共图书馆通常采用以下三种方式来促进青少年的阅读：

第一，读书俱乐部。读书俱乐部强调青少年之间的阅读经验分享和互动。这些俱乐部提供机会，使年轻读者能够面对面或通过在线平台交流。青少年可以一起讨论书籍、分享观点和建立阅读社区。

第二，主题读书活动。为迎合青少年的兴趣，图书馆会举办各种主题的读书活动。一些北欧的公共图书馆推出了动漫之夜、侦探之夜、音乐之夜、幻想之夜等各种不同的主题活动。在侦探之夜，图书馆可能会营造出案件发生的场景，邀请侦探小说作家与青少年交流。

第三，竞赛和挑战。许多阅读推广活动提供各种竞赛和挑战。这些竞赛可能包括书评比赛、视频制作比赛等。例如，洛杉矶公共图书馆为青少年举办了书签设计大赛，以及四联漫画比赛，鼓励他们以漫画的形式表达他们对图书馆的看法。淄博市图书馆在2023年举办了第四届"书香小天使"视频征集大赛，旨在通过这一活动，促进青少年阅读意识，营造阅读氛围，并提供平台给孩子们展示自我、分享读书心得和推介喜欢的图书。此外，还有一些阅读推广项目采用个人挑战的方式，不强调名次，而是设定阅读目标，例如阅读完两本书将获得铜牌，阅读完四本书将获得银牌，从而鼓励青少年积极阅读。

④面向老年人：老年人的阅读需求通常集中在健康方面。公共图书馆有时会与老年中心等机构合作，为老年人提供阅读服务。这些服务主要包括读书俱乐部、阅读经典文学、方言朗读等方式。

（3）大型宣传活动

除了日常的读书活动，公共图书馆每年通常会举办一些大型宣传活动，通常在世界读书日或重大节日，如儿童节、国庆节等。这些活动常常邀请政府部门领导和相关人员，举行隆重的仪式。关于这类大型宣传活动，行业内存在不同的看法。在我看来，这种广场式的活动是必要的。我们都知道，内容至关重要，但形式同样重要。精心策划的形式可以提升内容的吸引力，因此，形式和内容同等重要。

（二）高校图书馆

1.高校阅读推广的主要方式

（1）读书节

举办读书节有助于推动校园文化建设，营造浓厚的学习氛围，促进广大学生多读书、读好书，开阔视野，丰富内涵，提高素质。高校通常选择在 4 月和 12 月这两个月份举办读书节，尽管也有一小部分高校选择其他月份进行。主办单位通常是图书馆，有时也由图书馆独立组织。协办单位包括高校的办公室、党委宣传统战部、团委、教务处、学生处、系部和大学生社团等。有时，高校图书馆联盟、纸质和电子资源供应商等社会组织也会参与其中。

读书节的主题多种多样，例如，河南大学图书馆、团委和学生处合作主办的"弘扬传统文化，营造书香校园——2022 河南大学读书月"活动，广西民族大学的读书节以"书香校园，你我共享"为主题，湖南科技大学读书节的主题是"品读《论语》，感悟人生"。

（2）馆藏推荐

荐书是为了满足读者的需求，是图书馆工作的重要组成部分，也是阅读推广活动的基础。只有在荐书环节做得出色，阅读推广才能取得成功。在高校图书馆中，荐书的方式多种多样，包括新书通报、新书推荐、借阅排行、好书推荐、读者推荐、名师推荐、阅读疗法等。其中，《教育部高等教育司指定大学生必读书目 100 本》是最常见的推荐书目，它包括了中外哲学、文学等各种类型的图书。此外，许多大学也会进行自己的书目推荐。

以北京大学图书馆为例，他们的网站专门设置了阅读推广板块，包括新书上架、教授推荐、学生推荐、馆员分享、借阅榜等五个部分，以满足读者不同的需求。此外，北京理工大学邀请北京大学图书馆副研究馆员王波到校讲座，并举办了《大学生常用心理健康书目》的推广活动，旨在使正确的阅读成为帮助读者调节自我情绪的有效方法。

2.关于高校阅读推广策略的若干深入思考

（1）成立学校阅读推广委员会，为阅读推广提供人、财、物等资源保障

在高校校园文化建设中，阅读推广活动是关键一环，而高校图书馆在此过程中扮演着核心角色。有效的阅读推广需要全校范围内的协作和支持，包括校团委、研究生院、学生处和教务处等部门的积极参与。与此同时，学生会和学生社团因其贴近学生的特点和专业特长，也能提供重要的支持。为提升活动效果，图书馆应积极整合各方资源，成立以其为主导的阅读推广委员会，与其他部门紧密合作，定期开展多样化的阅读指导活动，确保每次活动都能取得预期的成功。

为了提高阅读推广活动的效果，建议高校将大学生的参与与社会实践相结合，将大学生的阅读行为（包括阅读书目、作品发表等）作为评选"优秀学员"和颁发"奖学金"的评定标准之一。这将有助于激发学生的阅读兴趣，培养他们的阅读能力和习惯。

（2）引进"大阅读"观念，指导学生读好"生活与人生"这部"无字书"

南京大学的徐雁教授一直致力于全民阅读推广事业的研究和实践，并提出了"大阅读"的理念。他认为，阅读不仅包括读有文字的书籍，还包括读没有文字的事物，正如叶圣陶先生所言："万物皆书卷，天地阅览室。"因

此，人们应该善于从没有文字的事物中汲取知识，将个人生活与自然环境、社会事物的知识与书本知识相结合，实现综合的大阅读。基于"大阅读"理念，有条件的大学可以邀请名家和学者举办关于"地域文化与风土人情"的专题讲座，以激发学生对本土文化深入学习的兴趣。具体来说，可以从大学所在的城市出发，尤其是对于刚入学的新生来说，他们可能对所在城市还不太熟悉。因此，可以开展关于"我所在的城市与大学"等文化专题讲座，让学生了解所在城市的历史、文化、自然景观、名胜古迹以及大学的校史等信息。这不仅能够贴近学生的现实生活，还满足了他们的好奇心和求知欲。

（3）增加阅读治疗平台，把"文学疗愈"作为大学生阅读推广的一个重要人文基础

高校图书馆在教育、管理和服务方面扮演着重要的角色，而开展阅读疗法则是为了扩展高校图书馆的教育功能，提升服务理念。阅读疗法的本质是通过阅读将读者与文学作品的情感和内涵融为一体，达到情感共鸣的过程。

"阅读疗法"这一概念最早被中国引入是在 20 世纪 90 年代初。南京大学信息管理系的沈固朝教授发表了许多有关图书治疗的文章，如《图书，也能治病》《世界图书》《图书治疗——拓展我国图书馆服务和图书馆学研究新领域》等。多年来，图书馆学界的一些专家如徐雁、王波、宫梅玲、陈书梅、王一方、万宇等，也分别在文学、医学、阅读学和心理学等领域，从不同的角度进行了探讨。对于高校图书馆来说，将"文学疗愈书目"列为"常备书目"，不仅可以培养大学生的人文素养，还可以作为开展阅读推广活动的重要人文基础。

（4）充分发挥读者的作用，成立读者协会促进阅读

许多学校都拥有大学生阅读社团，这些社团在阅读推广和交流活动中发挥着重要作用。例如，东北农业大学成立了"十里书香"读书协会、贵州师范大学的"亮点"读友会、西北师范大学的读者俱乐部、兰州大学的"萃英"网络书友会、沧州医学高等专科学校的读者协会等社团，在图书馆老师的指导下，积极参与图书馆的管理、服务、宣传、教育等工作。它们促进了读者

与图书馆之间的互动，推动了阅读推广活动的蓬勃发展。

（三）民间公益阅读推广机构

民间公益阅读推广机构是指以非营利为宗旨，致力于推动阅读的各种协会和机构。这些组织在国内外都有良好的发展趋势，在儿童教育、扫盲识字、促进社会平等和维护社会和谐等领域作出杰出的贡献。我国的民间公益阅读推广组织目前数量众多，但规模较小，特别是在一些发达地区，如北京、深圳等城市，这一形势更加明显。其中，一些规模较大和具有影响力的组织包括蒲公英乡村图书馆、公益小书房、满天星青少年公益、新教育童书馆、纯山乡村图书馆、立人乡村图书馆、快乐童年公益阅读坊、世纪城豆丁俱乐部儿童公益图书馆、中国滋根乡村教育与发展促进会、阳光书屋等。

1.阳光书屋

阳光书屋乡村信息化教育行动是一项公益教育计划，旨在利用科技来弥补城乡教育差距，通过平板电脑和无线局域网，为每个农村孩子提供高质量的教育资源。这项计划将技术与教育有机结合，为我们提供了宝贵的机会。阳光书屋专注于选择适合欠发达地区孩子们的硬件，以低成本的方式将现代知识传播到每个角落。他们采用名为"晓书"的商用平板电脑，基于安卓系统开源平台，并自主开发教学软件，同时也向对农村教育感兴趣的开发者和团队开放整个平台，以共同努力为欠发达地区的学生提供最高质量的教育软件资源。

2.快乐童年公益阅读坊

快乐童年公益阅读坊是一家专门服务儿童的公益组织，通过阅读活动来提供服务。该组织最初得到了陈一心家族基金会的大力支持。他们计划在安徽省立儿童医院为住院的患病儿童建立书室。这个项目将根据0至12岁儿童的年龄和特点，由专业志愿者提供有计划的服务和指导，旨在激发儿童的阅读兴趣，培养他们的阅读习惯，提高文化素质和阅读能力。他们还计划组织小学生辩论赛等活动。

第三节　公共图书馆阅读推广的种类

一、根据阅读推广对象不同分类

针对各年龄段进行分阶段、分层次的阅读推介：

（一）针对儿童进行阅读推介

根据美国专家所指出，0~3 岁是儿童阅读兴趣及学习习惯培育之关键阶段，而 3~6 岁则聚焦于提升儿童阅读与学习能力。在此阶段，图书馆可与家长、幼儿园及社会机构展开深度合作，积极推荐适宜儿童的书籍，鼓励家长或教师为儿童朗读，举办儿童读书节等相关活动。同时，通过关注儿童所喜爱之事物，激励其自主阅读，以培养其阅读兴趣。一旦儿童对阅读产生浓厚兴趣，他们将更为积极、主动地投入学习，不再视学习为枯燥无味之事。此外，图书馆应初步与家长、幼儿园及社会机构建立合作关系，并逐步发展为长期、稳定的伙伴关系，共同推动儿童阅读事业的发展。

（二）针对青少年进行阅读推介

当前，青少年的阅读方式正在经历显著的变革。以往，印刷物作为他们获取信息的主要途径，通过课本、小说、连环画及青少年杂志等载体，使青少年得以窥见世界的广阔与深邃。然而，随着科技的迅猛进步，听觉媒体和视听媒体如电影、电视等逐渐融入青少年的日常生活，成为其获取信息的重要渠道。

进入 20 世纪 80 年代后，电脑的普及和互联网的兴起使得电视等传统媒体在青少年群体中的影响力逐渐减弱。特别是进入 21 世纪以来，各种视听媒体和多媒体形式几乎无处不在，深刻影响着青少年的生活方式和阅读习惯。在这种媒体环境的熏陶下，高达 93% 的 13～19 岁青少年对电脑使用表现出浓厚兴趣，而传统的纸质阅读似乎已不再是他们的首选。

尽管如此，图书馆作为青少年阅读的重要场所，仍然具有不可替代的作用。图书馆应以青少年的兴趣为出发点，积极探索传统媒体与多媒体相结合的阅读推广方式。具体而言，可以陈列最新出版的适合青少年阅读的纸质图书，同时配备先进的阅读设备，引导青少年充分利用多媒体资源。此外，图书馆还应注重资源的更新换代，确保所提供的阅读内容始终紧跟时代步伐，从而更好地吸引青少年的关注和参与。

（三）针对残障群体的阅读推介

为满足残障群体的阅读需求，图书馆可以采取多种措施，以提供专业的服务和创造有利的阅读环境。这包括建立盲文阅读室以满足双目失明者的需求，提供有声读物资源。另外，为了方便双腿不便的人，图书馆可以提供轮椅和推送员，并设立专门的残障群体便捷通道，以确保残障群体能够轻松获取信息，克服阅读的障碍。比如，可以成立文化助盲联盟，让更多的服务机构和团体参与到文化助残的队伍中来，更好地服务残障群体。

（四）针对文化弱势群体的推介

弱势群体可能由于自身的经济和能力限制而无法获得更多的文化教育机会。为鼓励他们融入阅读活动，图书馆可以采用多种方法来创造有利的条件。这包括发展流动图书馆，以便将阅读资源送到他们身边，同时也可以请大学生或志愿者为他们提供图书讲解和指导，帮助他们更好地获取信息和参与阅读。例如，首都图书馆在北京的 17 个建设工地建立了民工流动图书馆，以满足民工阅读的文化需求，这是一个很好的示例。

二、根据阅读推广活动的内容不同分类

（一）阅读方法和技巧

在各种信息充斥的环境中，阅读需要高度选择性。读者必须首先确定他们需要阅读什么文献，了解哪些文献与他们的需求相关，如何获取这些文献，以及如何鉴别文献的质量。这些都涉及读者的文献选择能力。一般来说，文献选择能力包括以下几个方面：了解文献的整体和组成，明确自己需求的文献的范围和重点，熟悉文献的检索途径和方法，具备鉴别文献内容质量的能力，并能筛选出适合自己需求的文献。

读者能否达到预期的阅读效果，不仅取决于选择有价值的文献，还在很大程度上取决于他们是否掌握有效的阅读方法。换句话说，熟练掌握各种阅读方法，并能够准确而灵活地应用阅读技巧，是成功进行阅读活动并实现预期效果的关键。阅读速度、阅读技巧的熟练程度以及准确应用这些技巧，都直接影响着文献的处理效率和知识水平的获取。评价一个人是否掌握阅读方法的能力通常有两个标准：首先是阅读速度，即在单位时间内阅读的文献数量。其次是阅读效果，即对文献内容的理解和掌握程度。这些方面的表现可以通过测速仪器或借还图书的周期来进行评估，还可以通过研究成果的鉴定来间接评价。

读者进行阅读活动的最终目的是真正理解和掌握文献的核心内容，确保知识得以牢固掌握。为实现这一目标，读者不仅要理解和掌握文献的内容，还要将新知识与已有的知识相融合，将其融入个人的知识体系中，使之成为知识体系的有机组成部分。这种新旧知识的紧密融合有助于解决新问题，将知识应用于实际情况。只有通过这种方式，读者才能真正实现学以致用，扩大知识领域，并最终达到理想的阅读效果。

（二）图书推荐

我国主要的出版发行单位包括新闻出版总署、各类出版社、出版商、书城和书店。这些出版部门采取多种方式来吸引读者的兴趣，如提高出版物的可读性，出版经典、优秀和原创作品，改进装帧设计，关注图书的携带性和易读性。此外，他们还通过多样化的阅读推广项目，涵盖生活的各个方面，开发互动读物、再生读物、评优读物等，以满足不同读者的需求。分众推广也是一种策略，包括精英阅读、文化阅读、资讯阅读和学习阅读等不同类型的阅读活动。

（三）图书阅读交流体会

图书馆在全民阅读推广方面仍有巨大发展空间。随着社会的进步和科技的发展，图书馆可以发挥重要作用，但需要思考如何激发全民的阅读热情、创造良好的书香氛围，并提供优质的读者服务。图书馆员需要具备卓越的沟通能力、专业素质和出色的服务意识，以满足读者的需求。同时，调动社会资源、提升活动影响力、扩大参与度也是关键。

三、根据阅读推广活动的媒介不同分类

（一）以传统形式作为阅读推广活动的主体

全国各地的公共图书馆和阅读机构正通过多种形式积极推广全民阅读，包括讲座、展览、沙龙和主题活动等，并结合节日、纪念日及社会热点进行宣传。这些活动旨在覆盖所有市民，并通过宣传栏、当地媒体和互联网等多渠道宣传，以提高社会对阅读重要性的认识。然而，尽管形式多样，许多公共图书馆仍偏向于使用传统方法推广阅读。这主要是因为传统形式易于组织，能够更好地适应当地情况，同时读者对这些形式也更为熟悉，参与度较高。

（二）以新媒体技术作为阅读推广活动的辅助手段

科学技术的创新已深深融入日常生活，公共图书馆也积极将网络技术应用于阅读推广。通过阅报机、电子图书机和平板电脑等设备，读者能够方便地进行阅读和查找资料。此外，许多公共图书馆建立了网站，并在微博、微信、抖音等社交媒体平台上开设认证账号，频繁更新动态信息，如新书上架、热门图书和精选美文，甚至提供荐购服务。这些措施不仅吸引了大量热爱阅读的市民，特别是年轻读者，还推动了全民阅读活动，提升了图书馆的知名度，实现了双赢。新媒体技术的应用，显著地增强了图书馆与读者之间的互动，进一步促进了阅读的普及和推广。

第三章 新媒体环境对全民阅读的影响

第一节 新媒体概述

一、新媒体的概念界定

人类与媒体的互动从出生就开始，媒体是人类认知世界、获取信息的工具，也是信息共享的纽带。近年来，"新媒体"成为热门话题，吸引了专家、学者和从业者的广泛关注。尽管大家试图为新媒体提供一个明确的定义，但至今难以达成一致。实际上，"新媒体"并非专有名词，它是相对于传统媒体而言的一个概念。之所以称为"新"，是因为新媒体利用新技术、提供新功能、采用新形式和内容，相较传统媒体而言，但它有着显著的创新。同时，新媒体也为传统媒体提供了一个全新的平台，注入了新的元素，使传统媒体得以更新改进。然而，尽管新媒体今日焕然一新，但它依然属于媒体范畴。未来，随着时间的推移、新技术的涌现和新媒体的进一步发展，它也可能演变为类似广播和电视等传统媒体的形态。

（一）媒体的基本概念

"媒体"这个词源自拉丁语"medius"，翻译成中文是"媒介"，原意是指连接两者之间的东西。在《现代汉语词典》1983 年的第二版中，没有"媒体"这个词，直到 1996 年修订的版本才首次引入"媒体"一词，解释为："用来交流和传播信息的工具，如报刊、广告等。"到了第六版《现代汉语词典》，"媒体"的定义被扩充为："用来交流和传播信息的工具，如报刊、广播、电视、互联网等。"虽然这些变化仅仅涉及几个字的修改，但它们反映出媒体领域日新月异的发展速度，并展现了新媒体在未来发展中承担的新角色。不同于《现代汉语词典》的文字定义，百度百科则从技术角度深入探讨媒体的内涵，将其解释为："人们借助传递与获取信息的工具、渠道、载体、中介物或技术手段。"百度百科还强调媒体的双重含义，一方面是作为信息承载的实体，另一方面则涵盖了信息的存储、呈现、处理和传递的多重技术手段。这种从技术层面出发的解释更贴近当代，更准确地捕捉到了媒体领域的发展趋势，也更好地涵盖了各种媒体的不同形态。

（二）新媒体概念的提出

自 2010 年 7 月国内首本新媒体蓝皮书《中国新媒体发展报告（2010）》发布以来，已经过去了十多年。这本蓝皮书的目标是全面阐述中国新媒体的现状，深入分析新媒体的发展趋势和其对社会的影响。总体而言，我国的新媒体用户一直在不断增加，网络和社交媒体的渗透度不断提高，特别是移动新媒体得到了迅速发展。新媒体可以说已经逐渐成为中国社会发展的新引擎，甚至可能成为提高治理能力的关键手段。那么，为什么新媒体备受关注？新媒体究竟是什么？它之所以如此强大，原因何在？实际上，"新媒体"这个词最早可追溯至 1967 年美国哥伦比亚广播电视网技术研究所所长戈尔德马克的一份用于开发电子录像产品的计划书。1969 年，美国传播政策总统特委会主席 E.罗斯托在提交给尼克松总统的报告中多次提到"新媒体"这一概念。从那时起，新媒体开始崭露头角，逐渐成为历史舞台的主角，以互联网、数字技术和移动通信为代表，开启了人类文明历史的新篇章。

技术与信息的高度融合为新媒体的兴起提供了土壤。虽然每个时代都有其特有的新媒体形式，但今天的新媒体是计算机、网络和通信技术不断创新和发展的产物。新媒体既能取代传统媒体，又能与其并存。对于新媒体，迄今尚无一个广泛认可的明确定义。百度百科、互动百科等资料均提供了多种关于新媒体的定义，来自不同领域和角度的专家学者对新媒体有着不同的解释。

维基百科给新媒体的定义是："新媒体泛指利用电脑（计算及资讯处理）及网络（传播及交换）等新科技，对传统媒体之形式、内容及类型所产生的质变。"新媒体本质上是数字技术在信息传播媒体中的应用，创造了新的传播模式和形态。百度百科解释新媒体为一种在新技术支撑下出现的媒体形态，如数字杂志、数字报纸、数字广播、手机短信、移动电视、网络、桌面视窗、数字电视、数字电影、触摸媒体等，与传统报刊、户外、广播、电视等媒体形式相区分，被形象地称为"第五媒体"。而智库百科的解释则较为简洁，将新媒体概括为与传统媒体不同的传播形式。

新媒体之新，体现在技术、内容、载体、功能、理念等多个方面的创新，更重要的是它将这些新元素完美地融合在一起，旨在引领媒体进入全媒体时代。当前的新媒体是数字技术、网络技术与传播媒体高度融合的传播工具或模式，它具备与各种传播媒体相结合的能力，实现无时差、无边界的链接。相较传统媒体，新媒体具有开放性、互动性和较低成本等优势。

二、新媒体的传播特征

（一）全民全域

1.全民传播

新媒体传播具有全民性，提供了一个开放、公平、对等的交流平台，赋予人民话语权并激发了广泛的全民参与热情。在网络世界中，每个个体都拥有媒体的角色，成为话题的中心，数十亿网民共同创造了自媒体时代。《连线》杂志曾形容新媒体为"面向所有人的传播"，这或许并非最完美的定义，但它捕捉到了新媒体的核心特征。新媒体并不是单向的多对一传播或一对多传播，而是一种多对多的传播形式，其中每位参与者在信息和内容方面拥有平等和相互的控制。有时候，我们难以明确区分信息的生产者和消费者，也无法明确区分读者和作者。

新媒体是一个全民参与的传播媒体，最好体现了"人人为我，我为人人"的理念。个体不再被动地接收媒体提供的内容，而是积极参与其中，成为资源和内容的提供者、创作者和传播者。

2.全地域传播

新媒体依赖数字技术和网络技术，才能真正实现全球传播效果，消除地域和空间的限制，打破地域界限，使世界重新变成一个地球村。

（二）即时即速

新媒体以互联网传播，以高速和实时更新为特点。它具有极快的更新速度，实际上可以在分秒之间更新信息，而且成本较低，方便灵活发布内容。与传统媒体如报纸、广播和电视不同，新媒体可以实现即时信息采集和发布，甚至与事件同步传播。传统媒体通常受到固定的发布时机和时段的限制，例如电台和电视台需要提前安排节目，并进行预告。相比之下，新媒体不受印刷、运输或发行的限制，信息几乎瞬间传达给所有用户。这为新媒体提供了独特的传播优势。

（三）互联互动

新媒体以其多样化的形式，将每位参与者融入互联网大家庭，构建密切联系，同时赋予他们平等的交流机会。这种根本性的转变意味着平台上的任何人都可以成为主体，从而进行各种形式的互动。在传播方向和机制上，新媒体打破了传统媒体的单向传播模式，实现了双向互动，甚至多向互动，促使信息传播变得具有高度互动性。

三、传播媒介对阅读方式的影响分析

"媒介即讯息"这个观点长久以来一直存在，没有确凿的分析能够让所有人都信服，但有一个共识，即麦克卢汉强调了媒介本身的重要性。新的传播媒介的涌现，本身就蕴含着深刻的信息内涵，并引发社会的广泛变革。此观点的核心在于，媒介形式相较于媒介内容而言，具有更为重要的地位。它着重指出，真正能够影响人类行为、推动历史进程、塑造社会变革的，是媒介本身作为现实存在的实体形态，而不仅仅是媒介所传达的具体信息内容。媒介的形式对受众对信息的解读具有决定性作用，不同媒介的选择将直接导致对信息意义的不同解释与理解。

人们常常用一个例子来说明这个观点：当阅读莎士比亚的原著时，一千个读者可能会在他们的思想中形成一千种不同的哈姆雷特形象；然而，当观看改编自原著的电影时，一千个观众只会看到一千个哈姆雷特。尽管原著和电影在"内容"的本质方面是相同的，但图像和文字之间的符号差异会对信息接收者产生不同的影响。因此，不同类型的媒介无法完全共享相同的信息，每种媒介传递的信息都具有其独特性。

正如麦克卢汉所说的奇谈怪论之一："人们看不见电视上的电影，他们看见的就是电视。"这句话表明，媒介本身的形式影响了人们对信息的感知。即使是相同的文章，印刷文本和电子文本所传达的信息表面上是一样的，但实际上，由于媒介形式的不同，这两种信息的接收方式只能是相似而不是相同。因此，可以理解为媒介形式本身已经为信息赋予了其特点，这将不同程度地影响信息接收者，从而对社会产生不同的影响。

媒介理论家保罗·莱文森对麦克卢汉的观点进行了解释，指出旧媒介最终成为更新的媒介的内容，不断层层回溯，直到最古老的媒介，除了文字媒介和摄影术，其他媒介都成了更新媒介的内容。网络媒体的内容则是多种媒介的组合。互联网媒体的信息，实际上是以之前的媒介为基础，其中文字因其无处不在成为主导。每一种新媒介都以旧媒介作为内容，但它们都形成了

与之前的媒介截然不同的传播方式，对社会产生了深刻的影响。

尼葛洛·庞帝对麦克卢汉的媒介讯息论提出了一个颠覆性的异议，认为在数字化世界中媒介不再是讯息，而是讯息的化身。他指出，数字化传播中，信息传播者发送一系列比特，而接收者可以以多种方式将其转换，这些接收方式可以源自同一来源，也可以从一种媒介转换到另一种媒介。举例来说，一系列足球赛事的比特数据，可以通过声音、录像或是图解等多种形式来加以阐释，而信息的接收者亦能在这些不同的媒介载体之间自由地进行切换。这一转变，使得信息的传播者不再具备单方面决定比特数据最终呈现形式的权力，而相关决策权则更多地掌握在信息接收者的手中。尼葛洛·庞帝所持的观点，在一定程度上，认同了麦克卢汉在数字化时代来临之前所提出的媒介讯息论的合理性。

未来的信息传播将演变为个性化的双向交流，信息传播从"推"变为"拉"，接受者也成为信息的创造者。网络媒体，如博客，已初步体现了这一趋势。新媒体的根本特点是不同于传统媒体的比特，其创新性尚未完全发掘，但人们正在迅速发展和利用它。媒介和媒介社会正在经历变革。

尽管目前人们还不能像尼葛洛·庞帝所描绘的那样自由地"优游于不同的感官世界"，但新媒介确实已经改变了人们的感官体验。在印刷时代，印刷文本的创作和阅读都遵循线性顺序，叙述段落和句子按照逻辑顺序排列，形成一体。

麦克卢汉将传统阅读描述为一种线性体验，要求读者将目光迅速移动在书页上，保持安静，避免喉咙活动，以在大脑中形成声音。这种线性阅读需要高度专注，读者的注意力主要集中在阅读材料上，需要更多的想象力，但读者的个体阅读和思考受到媒体形式的约束。然而，在网络时代，电子超文本打破了传统的作者—文本—读者模式。多样的文本符号调动了读者的感官，超文本允许人们自由穿越不同媒体和文本形式，不再受限于固定的模式，而可以通过超链接探索无限的相关信息，改变阅读路径。此外，屏幕阅读环境可能导致读者容易受到周围环境的干扰，从而改变阅读状态。

不同媒介形态可能对阅读者的思维方式和脑反应产生潜在影响。尽管目前没有明确的研究能够具体揭示纸质阅读和屏幕阅读对大脑活动的不同影响，但已知思维方式与大脑发展之间存在相互关系。纸质阅读和屏幕阅读形成了不同的思维方式，因此对阅读者产生了不同的影响。这引发了一个重要的研究问题：新媒体或超媒体通过多感官刺激对人类大脑分工的潜在变化。目前尚难预测这些变化的具体影响。传播作为人类基本行为之一，不同的传播方式不可避免地影响人类的思维和行为方式，而媒介的变化也会影响人们的理解和思考习惯，包括阅读方式的转变。

阅读活动有三个显著特性：社会广泛性、群体差异性和时代进步性。社会广泛性和群体差异性不言而喻，而时代进步性则表明阅读活动会随着社会的发展不断变革，反映出时代的特征。在印刷媒体时代，阅读被认为是获取信息和知识的主要方式，书籍和报刊中的内容被视为社会精英智慧的结晶，因此人们对阅读充满敬意。然而，进入新媒体时代，传播技术的迅猛发展导致信息量呈爆炸性增长，传媒的便捷性使人们可以随时获取信息，同时文本的多样性、通俗性、多媒体性、电子化和网络化等特点逐渐显现。这种背景下，文本的神圣性减弱，阅读的动机和理念也发生了改变，阅读行为变得更加随意和娱乐化。

四、新媒体读物的类型

（一）屏幕阅读的形式及特征

根据贝瑞.M.雷纳等人的著作《互联网简史》，互联网起源于 20 世纪 60 年代，到了 1985 年，作为一项技术，开始逐渐建立起来。随后，1995 年 10 月，联邦联网委员会通过一项决议，其中包含了对互联网一词的定义，标志着互联网进入商业化阶段。随着网民数量呈指数级增长，互联网迅速崭露头角，成了一个巨大的信息交流平台。最初，门户网站和搜索引擎在这一平台上蓬勃发展，然后电子书、网络杂志、博客等内容相继出现，逐渐形成了各自的传播模式和特定受众群。

1.电子书

电子书的诞生可追溯到 20 世纪 70 年代初，当时麦克·哈特毅然决定启动"谷登堡工程"。此工程旨在将一批具有深刻人类意义且不涉及版权纠纷的书籍内容录入计算机，进而免费提供给公众在线阅读及下载。至 2020 年，该工程已累积上传图书数量超过六万本，为广大读者提供了丰富的电子阅读资源。

1988 年秋季，美国新闻媒体公司与美国软书出版社几乎同步推出了各自的电子书阅读器产品——火箭书与软书。此举极大地推动了电子书市场的繁荣发展，吸引了众多出版商纷纷涌入，不断优化阅读产品及相关服务。至 1995 年，电子百科全书的销量已显著超越纸质百科全书，充分彰显了电子书市场的蓬勃生机与广阔前景。

2001 年，美国国家图书基金会郑重宣布，电子书与纸质书具有同等资格参与国家图书奖的评选，此举正式标志着电子书在地位上获得了与传统纸质书相同的认可。而在我国，辽宁出版集团于 2000 年 9 月率先推出了第一代电子图书，此举在我国电子图书领域具有里程碑意义。

当前，众多出版机构如人民出版社、北大方正、博库、亿书堂、中国数字图书馆等，纷纷推出各自的阅读器和电子书整体解决方案，共同推动电子书产业的繁荣发展。随着技术的不断进步和市场的日益成熟，电子书的种类和数量呈现出快速增长的态势，电子书服务已逐渐发展成为一个充满无限商机的新兴行业。

电子书与纸质书最大的不同在于其内容和物理载体的可分离性。这一概念有两个层次：电子读物和电子阅读器。电子读物包括存储在互联网、软盘、光盘等介质上的文字内容，但需配合合适的电子阅读器才能阅读，因此，单独的电子读物并不算真正的电子书。通常所说的电子书是指通过电子手持阅读器来阅读的电子书，这是电子读物与电子阅读器的有机结合，形成了一种新型的电子文化产品，其形式与传统书籍类似。

电子阅读器以其多样化的功能和便利的使用体验，为阅读方式带来了革命性的变革。尽管面临电池寿命、互操作性和阅读舒适度等挑战，但随着技术的进步和用户需求的增长，电子阅读器有望成为未来主流的阅读工具，为读者提供更为便捷、实用和丰富的阅读体验。

智能手机的便携性使其成为一种新的阅读工具。现代生活步调紧凑，人们生活、工作和学习占据了大部分时间，难以抽出长时间去图书馆安静阅读。这种生活节奏的变化拉开了人们与纸质阅读之间的距离，使得手机成为一种更适应快节奏生活的阅读载体。截至 2022 年 12 月，我国网民规模达 10.65 亿人，较 2021 年 12 月增长 3636 万，其中使用手机上网的比例为 99.8%。智能手机成为获取信息和知识的主要渠道。手机的支持使得阅读方式更碎片化，人们能在车上、睡前等空闲时间进行阅读。据统计，2015 年人均电子书阅读量为每年 3.27 本，到 2020 年已增至 4.61 本，超越历史上的阅读量水平。这显示了手机阅读逐渐成为一种重要的阅读方式，并且不断增长。

2.网络杂志

相对于传统杂志，网络杂志采用多媒体手段，集合图像、文字、声音和视频等元素，吸引了越来越多的订阅者。网络杂志可划分为三大主要类别：第一类，即为传统印刷杂志的数字化形态，诸如《时尚 MAN》与《瑞丽》等，它们通过技术手段实现了从传统纸质媒介向数字媒介的转型；第二类，则是由数字媒体演变而来的杂志形式，比如博客网的《博客周刊》以及新浪网的《游牧民族》，它们充分发挥了数字媒体的传播优势，将内容以杂志的形式呈现给广大读者；第三类，则是新型多媒体杂志，以《阳光电视导航》为代表，这类杂志融合了文字、图片、视频等多种媒体元素，为读者提供了更为丰富和立体的阅读体验。

网络杂志作为新兴媒介形态，通常经由各大网络服务提供商依托门户平台，广泛汇聚国内外各类平面杂志的电子化版本以及多媒体杂志内容，旨在以免费或低价方式为广大网民提供便捷的订阅服务及系列相关功能。其中，腾讯公司推出的"QQ 网络杂志"便是一例，该平台自诩为全球规模最大的中文杂志平台，深受网民青睐。此外，还有诸多网络杂志门户网站纷纷涌现，它们既提供综合类杂志内容，又专注于特定专业领域或主题，形成了丰富多彩的杂志生态。

网络杂志以其多感官冲击的呈现方式、精准细分的受众定位、实时互动的交流机制以及个性化的内容定制等优势，在吸引读者方面展现出了显著成效。目前，多数网络杂志仍坚守免费原则，即便有部分开始探索收费模式，也大多采取间接或低收费的方式，此举深受网民特别是年轻一代的喜爱，网络杂志成为他们获取信息、交流思想的重要平台。

然而，当前网络杂志主要依赖于较为基础的网络化运营模式，仍面临一系列亟待解决的挑战。这些挑战包括原创内容供给不足、内容易被随意复制和存储、下载速度技术瓶颈以及版权保护问题等。这些因素不仅影响了网络杂志的稳健发展，也限制了其读者群体的扩大和深化。

（二）电视阅读

数字化技术的发展为电视注入了新的生命力，数字电视和移动电视等新技术为电视带来了新的发展形式和潜力。在内容方面，电视一直以来以声音、图像和文本相结合的方式呈现，但随着观众的需求和阅读环境的变化，电视也在不断调整自己，展示出多元符号表达和与其他媒体融合的新趋势，例如字幕新闻和报摘新闻节目等。

字幕新闻是一种以无声文字的形式出现在电视画面下方或其他位置的新闻报道方式，它不同于传统的口播新闻或图像新闻，因其独立报道新闻信息而以文字形式呈现，成为一种新型的电视新闻样式，为电视传媒提供了一种"读"的传播渠道，突出了文字作为另一种信息呈现方式的重要性。尤其在突发或重大新闻事件发生时，电视媒体通常会在节目中使用字幕新闻，这已经成为一个不可或缺的做法。例如，凤凰卫视和中央电视台新闻频道都采用字幕新闻来报道重要事件。电视字幕新闻作为一种独立而常规的报道方式，通过文字的形式扩展了观众的视野，使他们不仅仅通过图像获取信息，还通过阅读文字来理解事件。字幕新闻与电视屏幕上同步显示的文字信息，在视觉呈现上各自独立，互为补充，对于观众来说是一种新颖的接收信息方式。研究显示，多数观众在收看电视节目时，能够积极关注并理解字幕新闻的内容，这充分说明了字幕新闻在提升观众信息获取体验方面的重要作用。同时，观众已经习惯于在观看电视的过程中，同时接收并处理多种符号所传达的信息，这种多元化的阅读习惯为字幕新闻的发展提供了广阔的空间。

屏幕阅读不仅限于电子设备，还包括户外媒体（如公共交通工具上的屏幕广告等），社区媒体（如电梯媒体等）。这些电子显示器在繁华市区、商业大厦、公共交通工具等区域广泛布局，构建了一个庞大的信息网络，对受众产生了强烈的视觉冲击力。随着技术的日新月异，这些媒体有望突破当前以广告为主的传播模式，实现信息的多元化呈现。信息传播渠道正在以多元化的方式不断拓展和深化，深入渗透到人们生活的每个角落，使人们在信息海洋中逐渐提升了自身的适应与应对能力。

第二节　新媒体阅读的优劣势分析

一、新媒体环境下阅读的优势

（一）传播内容丰富，阅读无限量

新媒体时代被形容为信息大爆炸的时代，信息量呈指数级增长，各种内容以前所未有的规模冲击我们的感官。网络上汇聚了各种信息类型，如新闻、视频、音频、微博、电子书等，它们以秒为单位持续不断地刷新在各种屏幕上。这种信息包括文本、声音、图像、动画、视频等多种形式的媒体内容，它们不仅克服了传统报刊、广播和电视之间的障碍，而且以更生动的方式展现信息。这种多媒体方式，结合图文、音乐、视频、动画等形式，呈现内容和主题，被认为是未来媒体传播的发展趋势，将显著提高我们的阅读体验。

（二）传播介质多样，阅读无障碍

网络新媒体、移动新媒体、数字新媒体，以及新兴的融合新媒体，都变得越来越受欢迎，同时悄然改变着人们的阅读方式。现在，我们不再需要一页一页地翻阅书籍，而是可以随时随地使用数字工具来实现阅读。从某种角度来说，我们的阅读内容并没有改变，无论是刻在古代甲骨上，还是写在古老的竹简上，或者印刷在纸张上，甚至显示在电子屏幕上，我们所需阅读的仍然是所传递的信息，而不是物理介质。然而，媒介的演进确实改变了我们的阅读方式和体验。现在，我们可以借助各种智能设备，在任何地点，以各种形式进行阅读，而且这些方式具有环保、便利和低成本等优势。电脑在线阅读是数字化阅读中最多样化的一类，它包括新闻、网络文学、网络杂志、论坛、博客、电子邮件和各种教育材料等。通过浏览器或专门的阅读应用，它为读者提供了丰富的信息，使他们能够即时获取信息，迅速回应，享受多媒体内容，自由选择，这是传统阅读无法匹敌的。

二、新媒体环境下阅读的劣势

（一）阅读的盲目性

网络阅读面临着一些挑战。首先，网络的开放性导致其中充斥着负面信息，降低了网络阅读内容的权威性和可信度。其次，网络上的信息太多，难以选择。最后，网络页面的干扰较多（如广告），容易让人分心，需要额外付费才能消除这些干扰。因为电子书需要依赖电子阅读器或计算机等设备进行阅读，而这些设备通常还提供其他娱乐功能，容易引发分心。我们有时会不经意地打开电脑屏幕，或者仅仅是一个习惯，而思维会随着屏幕和手指的移动而漫游，很难保持专注于阅读，读者的主要目标只是消遣和打发时间。我们也常常经历这样的情况，原本是为了在网上查找特定信息，但点击几次链接后突然发现自己已经浏览到与原始目标毫不相关的内容，例如娱乐新闻等。当娱乐感取代了阅读感，阅读就变成了一种消遣方式，通常缺乏重点和有序性。

（二）阅读的功利性

很多人感叹时间有限，因此选择读实用的书，而不去读那些看似没有直接用处的书。于友先，曾任新闻出版署署长，指出一种新的"读书有用论"正在悄然流行，然而，这里所定义的"有用"往往非常狭窄。这种功利化的读书观念在一定程度上减弱了人们的阅读动力。功利性阅读的局限性正在变得越来越明显，它直接导致了今天阅读文化的贫乏，即人们有知识但缺乏文化，具备技能却缺乏素质。

（三）阅读的被动性

新媒体的普及使我们经常处于信息的"被动接受"状态。首先，新媒体相对于其他传媒具有更强的侵入性和强制性。它们能够在没有得到我们同意的情况下直接将信息推送给我们，例如，广告在都市的各个角落随处可见，包括办公楼、电梯、公交车、地铁车厢以及出租车，导致我们的生活中广告信息充斥。其次，我们也常常被动地接收信息，如垃圾短信等。

（四）阅读的浅俗性

新媒体传播已经推动了一种趋势，即受众的媒介拥有率、类型、时间分配、频率、阅读地点、场合、阅读内容偏好以及阅读时的专注程度呈现了"浅阅读"的倾向。这种"浅阅读"表现为浏览式、随意性、跳跃性和碎片化的阅读习惯。虽然这种阅读方式能够快速获取信息和扩大知识面，但近年来，"浅阅读"逐渐娱乐化，难以用来提升学识和思维，甚至可能导致思维能力减弱，无法保证深度和有效性的阅读。

第三节　新媒体环境下全民阅读的嬗变

一、新媒体环境下全民阅读的趋势

新媒体时代对我国国民阅读环境的演变具有几个显著特点。第一，途中阅读逐渐兴起，传统的阅读场所如图书馆和书店的吸引力减弱，而前往咖啡馆等环境舒适的场所阅读成为一种趋势。第二，个人阅读环境的个性化改善对于读者至关重要，被认为比整体社会阅读环境改善更具优先性。第三，读者支持并愿意参与到改善国民阅读环境的积极行动中去，展示了公众对阅读推广工作的广泛认可和支持。

二、数字时代我国国民阅读行为嬗变的对策

（一）国民个体对策

阅读似乎是一项人人都能并应该参与的活动。然而，其实这样的阅读历史并不太长。在西方，普通读者的独立阅读习惯是在 1648 年后逐渐形成的。这一时期，普通信徒被赋予阅读《圣经》的权利，不再仅仅依赖少数精英来解释圣经的真义。从此，每位信徒都有平等的机会和义务阅读《圣经》，认为自由的阅读是通向个人信仰的唯一途径。在中国，随着社会的不断发展、教育水平的提高，尤其是中华人民共和国成立后，阅读者的数量迅速增加。随着数字时代的到来，个体阅读者的阅读自由得到进一步的保障和发展，但也面临着一个复杂多变、难以选择的新阅读环境。在数字时代，个体阅读者应该如何应对这一挑战呢？

1.更新阅读观念，设定阅读目标

"尽管这个时代是由技术推动，但一切变革都以人为本，因此，你我的所知、所想、所为才最重要。"人具有主观能动性，其阅读行为深受阅读观念的影响。阅读观念，即人们对阅读活动的全面理解与认知。在当下数字化浪潮席卷的时代背景下，我们国民究竟应当树立怎样的阅读观念呢？

首先，在当今数字化快速发展的时代背景下，推崇"大阅读"观念是必要的。这一理念不仅扩展了阅读的形式与内容，从传统的书籍到各种数字媒体和信息来源，还提倡了多元化和开放性的阅读态度。在这种观念的引导下，个体能更广泛地接触到知识与信息，进而提升自我发展与理解世界的能力。

其次，阅读被赋予了权利与义务的双重属性，它不仅是个人自由的选择，更是国家赋予公民的神圣权利。正如福楼拜所言："阅读是为了生活。"我们坚信，阅读是每个公民的基本权利，是开启智慧、滋养精神的重要途径。国民有权要求国家保障阅读权利，国家有责任确保阅读自由。我们致力于营造全民阅读氛围，让书香弥漫社会。阅读也是国民的义务，通过阅读提升素养，为社会发展贡献智慧。

最后，需深刻理解，阅读并非万能钥匙可解万难。每位国民个体对阅读能力的理解不尽相同，此种差异将对其成长轨迹、职业选择以及社会贡献产生深远影响。如高希均所言："阅读可以拯救自己。"对于普通家庭背景的孩子来说，要想在社会上取得成功，通常需要依赖自身能力。而培养这种能力的基础在于教育，而教育的核心就是阅读。然而，阅读并不是万能的，生活远不止包括阅读。因此，国民应将阅读视为一项爱好，而不仅仅是一种工具。每个国民都拥有独特的背景和情境，因此其阅读习惯和行为也会各异，设立特定目标与阅读的联系并不一定紧密。当然，并不是每个读者都需要制订雄心勃勃的阅读计划或抱负，但我们认为，人们的行为通常都是以特定目标为指引的，阅读也不例外。国民可以根据自身情况制定合理的阅读目标，并将这些目标具体化；他们也可以将目标书写下来，时刻提醒自己，并抵制各种诱惑，努力实现这些目标。

2.提升阅读素养，养成阅读习惯

实现阅读自由的前提条件是国民具备扎实的阅读素养。因此，广大国民应当自觉主动地提升自身的阅读素养水平。尽管数字时代为阅读提供了更多便利，但文字作为人类精神文化的重要载体，依然是表达思想和传递信息的关键媒介。因此，提升语言文字的运用能力，以更好地理解和欣赏各类作品，是提升阅读素养的核心任务。此外，国民还需培养独立阅读的能力，并掌握现代信息技术，如计算机和网络技术，以高效获取和处理信息，为阅读自由奠定坚实基础。

在数字时代，我们必须学会同时从多个来源搜索信息并构建知识体系。根据个体需求，国民可以选择阅读与阅读技巧相关的工具书、前沿领域的著作以及有助于提升阅读能力的文章，同时保持独立选择阅读方式和环境的能力，不断建立个人的认知框架。此外，提高阅读素养的过程中，也要调整个人的阅读动机和需求，积极践行终身学习理念，养成良好的阅读习惯。

3.开展阅读活动，积累阅读成果

在数字时代，阅读内容和方式变得多元和多样。国民应进行轻、浅、泛阅读，同时注重深思考和深阅读。除了消遣和任务性阅读，还应积极进行研究性和兴趣性阅读，深入作品精髓，进入新领域。为有效阅读，需善用零碎时间，合理安排专门阅读时间。争取阅读原始著作和资料，也可借助音视频媒体和知识精英导读获取知识。

国民个体应根据其社会角色、职业和自我期望，以及社会身份等实际情况，开展适合自己的阅读活动，积累并分享阅读成果。特别是与阅读内容的生产和传播直接相关的人，如作家、教师、科研人员、媒体从业人员、政府领导、公务员和演员等，应积极跟上数字时代的步伐，以保持阅读的重要性。普通读者也可以通过网络来分享他们的阅读体验，创造内容并与社会分享。

（二）政府组织的对策

阅读在国家文明程度的基础上起到关键作用，全民阅读与全民素质的提高紧密相连。中国政府多年来高度重视国民阅读，这体现在以下几个方面：

第一，政府对全国的全民阅读活动进行了整体规划和组织。2014 年起，"全民阅读"连续十次被写入政府工作报告。2022 年 4 月，首届全民阅读大会召开，习近平总书记在贺信中提到"希望全社会都参与到阅读中来，形成爱读书、读好书、善读书的浓厚氛围"。2023 年 4 月，第二届全民阅读大会召开，同年 5 月，全民阅读标准建设工程启动会举行。政府为深入推动全民阅读活动，特设立全民阅读活动组织协调办公室，该办公室将承担起统一组织和管理全民阅读活动的职责，以确保活动的有序开展和高效实施。第二，中央各大部委在各自领域组织了全民阅读活动。1997 年 1 月，九个部委，包括中共中央宣传部、文化部和新闻出版署，共同发布了《关于在全国组织实施"知识工程"的通知》。2000 年，全国知识工程领导小组将每年的 12 月确定为"全民读书月"。第三，各省市举办了阅读节。例如，广东省的阅读推广活动发展出一定的模式，即"政府倡导引导，社会资源支持，强势媒体推动，专业机构运作"的南方阅读模式。第四，农村推进了"农家书屋"工程，促进了农民的阅读活动。第五，加强了儿童和青少年的阅读推广。第六，推动公共图书馆向公民免费开放，为社会提供阅读服务。第七，政府采取税收优惠政策来支持图书出版业，促进实体书店的发展。不过，政府在促进国民阅读方面仍有很长的路要走，需要进一步改进和完善。

（三）教育组织的对策

1.基础教育组织的对策

在幼儿园、小学、中学等教育环节中，国民阅读素养的培育占据着举足轻重的地位。除了教授基本的阅读技能，更重要的是要引导学生养成良好的阅读习惯，通过阅读来丰富内心世界，塑造积极向上的价值观和世界观。

德国一项研究明确指出，若个体在 13 至 15 岁的关键年龄阶段未能形成稳固的阅读兴趣和习惯，那么未来可能难以再从阅读中体验到乐趣，阅读的大门或将对其永久关闭。因此，基础教育组织应当从以下几个方面着手，积极应对国民阅读行为的变化趋势。

（1）建设专业的阅读指导教师队伍

针对国内青少年阅读能力不足的问题，需要解决缺乏专业阅读教师的问题。建议教育管理部门积极组织多学科专家团队与教师合作，共同开展系统的阅读研究，确保教师能够掌握科学的阅读指导方法。这样的举措有助于将阅读教育真正融入学生的学习生活，提升他们的阅读能力和理解能力，从而更好地应对现代社会的挑战和需求。

（2）分级阅读：什么年龄段的孩子读什么书

分级阅读体系通过根据读者年龄和认知水平推荐书籍，有助于提升阅读体验和理解能力。在中国，这一概念正逐渐被各领域专家认可和推广，预计将对提升全民阅读素养和培养阅读兴趣产生积极影响。随着实施的深入，分级阅读有望成为促进阅读推广和教育改革的有效工具。

（3）探索并培养学生正确的数字阅读习惯

数字化教育的普及不仅改变了教学方式，也在全面提升学生的信息获取和处理能力。通过引入电子书包，教育机构在促进学生数字素养的同时，为他们提供了更丰富和互动的学习体验。这一趋势不仅是应对当今数字化的必然选择，也为未来教育的持续发展提供了坚实基础。

2.高等教育组织的对策

高等教育机构，特别是普通高等学校，理应成为推动阅读文化发展的核心阵地。在大学校园内，虽然价值观念的多元、现实压力的挑战以及科技发展的冲击对阅读氛围产生了一定影响，但陈达凯先生指出，大学成为阅读文化的中心是历史发展的必然趋势。因此，大学应肩负起为学生提供知识传承、思维方式培养、创新能力激发以及批判思维锻炼等重要机会的重任，从而推动阅读文化在高等教育中的深入发展。为了积极应对数字化阅读的变化，高等教育机构可以采取以下措施。

（1）高等教育组织自身应成为国民阅读的示范中心

人才培养与阅读相辅相成，互为支撑。在打造具备社会责任感和创新能力的优秀大学生群体中，阅读无疑扮演着举足轻重的角色。诸多专业的人才培养方案均将阅读作为核心环节，通过精心设计的阅读书单，引导学生深入研读专业领域的经典著作。

不少高校亦在积极探索阅读推广的新途径，如开展"读百部书、看百部电影"活动，鼓励学生通过阅读书籍与观赏影片相结合的方式，拓宽视野、启迪思维。同时，设立阅读基金、打造"书香校园"等举措，为广大学子提供了良好的阅读环境和资源支持。

这些成功的实践案例，不仅丰富了人才培养的内涵，也为提升国民阅读水平贡献了智慧与力量。作为传承文化、培育人才的摇篮，高等教育机构更应以身作则，成为引领国民阅读风尚的标杆和典范。

（2）高校教师应发挥意见领袖的作用

作为具备深厚学识的高级知识分子，高校教师在推动国民阅读工作中，应当积极担当起精神导师和意见领袖的重任。国民阅读素养的提升，既需要广大读者积极投身其中，自觉行动，更离不开专家学者们的精准指导和深刻启发。专家学者们不应局限于自身的学术研究领域，更不应仅仅满足于在学术界内部推广自身的研究成果，而应积极面向全社会，广泛传播知识，引领阅读风尚，助力提升国民阅读素养。

他们应在两大领域发挥关键作用：一是积极培育优秀的大学生，使其成为推动社会阅读风尚的中坚力量；二是专家学者应走出校园，深入社会，引领广大民众的阅读风尚。高校教师应紧密结合当前社会形势，凭借自身丰富的阅读经验，有效引导大学生和社会公众开展高质量的阅读活动。

尽管在数字化浪潮下，知识精英的权威地位可能受到一定程度的挑战，但社会进步依然离不开知识精英的支撑与引领。即便知识精英的观点无法精准预见社会发展趋势，他们也应当发挥提醒和启迪作用，为社会发展提供智力支持。高校教师在阅读推广方面的典范作用、引导作用和示范作用，对于激发大学生和广大公众的阅读热情具有重要意义。这不仅是高校教师的职责所在，也是推动社会阅读文化发展的重要一环。

（3）大学生可成为促进国民阅读的志愿者

大学生面临诸多现实压力，他们应该通过加强阅读来培养独立思考和自主判断的能力。优化阅读体验，专注于高质量的内容，并积极弥补知识的不足，这不仅有助于他们在竞争激烈的社会中脱颖而出，也是成为国家知识阶层的重要步骤。同时，大学生作为国民阅读的倡导者，通过自身的实践和激励，可以在社会中传播阅读的重要性，改善整体阅读环境，进而影响更广泛的人群。这种自觉的阅读行为不仅有利于国家文化素养的提升，也对大学生自身的成长和发展具有深远的积极影响。

（四）媒介组织的对策

信息分享在媒介组织与读者之间构建传播关系的进程中发挥着至关重要的作用，同时也是激发读者阅读行为的先决要素。媒介组织应当深入洞悉读者的阅读需求，精准运用传播技术，采用符合实际、富有成效的传播策略，进而做出科学明智的传播决策。

传播技术，涉及媒介组织将作品信息以原貌传递给受众的操作技巧，这些技巧深植于物质工具、设备等各类实际装备之中，直接影响着阅读产品的呈现形态及接收方式，且对传播设备的依赖性极高。

传播策略，旨在实现作品信息传播效果的最大化，通过运用传播理论及技术，精准选择并灵活使用各类传播方式、方法及技巧。它包含了对作品信息如何进行精心包装与传递的技艺，对于传播原则的深刻理解和有效运用至关重要。

传播技术，是制定传播策略的重要基石；而传播策略，则是对传播技术的精准运用与升华。二者相辅相成，共同构成了传播决策的核心要素，推动着信息传播活动的不断优化与发展。

总体而言，在数字时代，媒介组织应该灵活应对读者阅读行为的变化，基于媒介融合采取策略，主要包括以下几个方面。

1.扩大信息流量

媒介组织应当追求快速、大规模传播阅读产品，这实际上是对作品信息在质量和数量方面的追求。信息质量和数量是媒体传播的核心，因为作品信息的广泛传播反映了媒介组织的功能和价值。信息传播范围越广，速度越快，媒介组织的作用就越大。因此，追求作品信息的大规模传播量是媒介组织的首要传播策略。

2.追求阅读价值

阅读价值是作品对读者产生的实际效应，包括社会、经济、历史、文化、学术、市场和阅读等方面的价值。作品的价值主要是指作品对读者满足其生存和发展需求的功能和效用。阅读价值评估是评价作品的最终价值，涵盖了作品的阅读价值。媒介组织在追求阅读价值时，应着重解决两个问题。

3.追求易读指数

易读性是对阅读产品信息编码方式的要求，以满足读者的接受需求和视听习惯。易读性不仅仅适用于文字作品，随着媒体形式的演变，它已经扩展到包括易听性和易视性在内的多个方面。媒介组织应关注作品信息的编码形式，以确保它符合读者的期望和习惯。

第四章 公共图书馆阅读推广实务

第一节 我国国民阅读现状

一、全民阅读率增长

2022 年，中国的城镇居民阅读率为 68.6%，而农村居民阅读率为 50.2%。

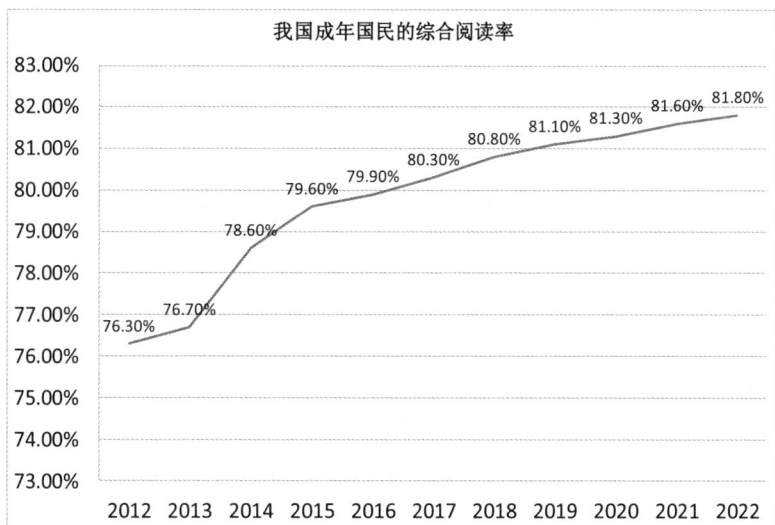

图 4-1 我国成年国民的综合阅读率

在第二届全民阅读大会上，中国新闻出版研究院发布了第二十次全国国民阅读调查的结果。由图 4-1 可见，2022 年，我国成年国民的综合阅读率，包括书报刊和数字出版物在内，达到了81.8%，相较于2021年的81.6%有了微弱的增长，增长了0.2个百分点。

如果延长观察时间段，我国国民阅读率逐年上升的趋势更加明显。在过去的10年里，从2012年到2022年，我国成年国民的综合阅读率从76.3%上升到了81.8%，上升了5.5个百分点。

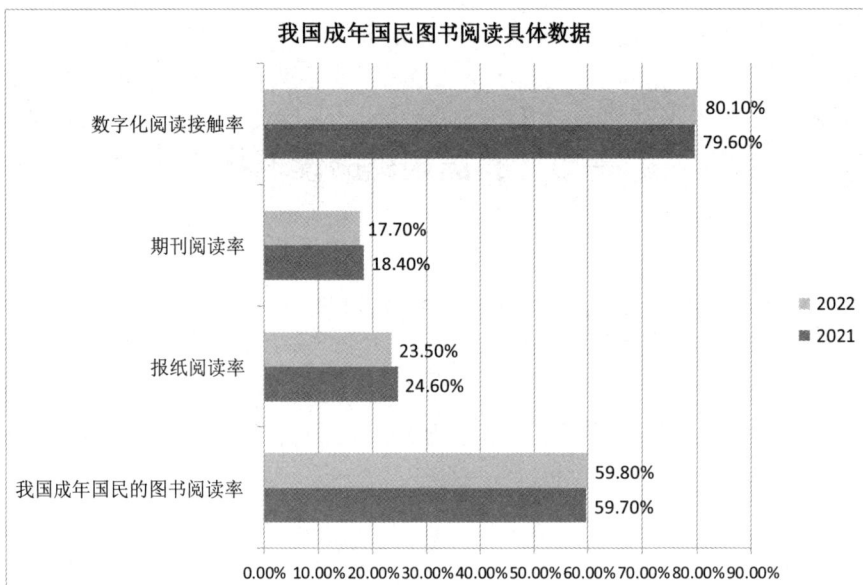

我国成年国民图书阅读具体数据

- 数字化阅读接触率：80.10%（2022），79.60%（2021）
- 期刊阅读率：17.70%（2022），18.40%（2021）
- 报纸阅读率：23.50%（2022），24.60%（2021）
- 我国成年国民的图书阅读率：59.80%（2022），59.70%（2021）

0.00% 10.00% 20.00% 30.00% 40.00% 50.00% 60.00% 70.00% 80.00% 90.00%

■ 2022　■ 2021

图4-2　我国成年国民图书阅读具体数据

图4-2显示，2022年，我国成年国民的图书阅读率为59.8%，略高于2021年的59.7%，增长了0.1个百分点。报纸阅读率为23.5%，较2021年的24.6%下降了1.1个百分点，期刊阅读率为17.7%，较2021年的18.4%下降了0.7个百分点，而数字化阅读方式（包括网络在线阅读、手机阅读、电子阅读器阅读等）的接触率为80.1%，相较于2021年的79.6%有了0.5个百分点的增长。

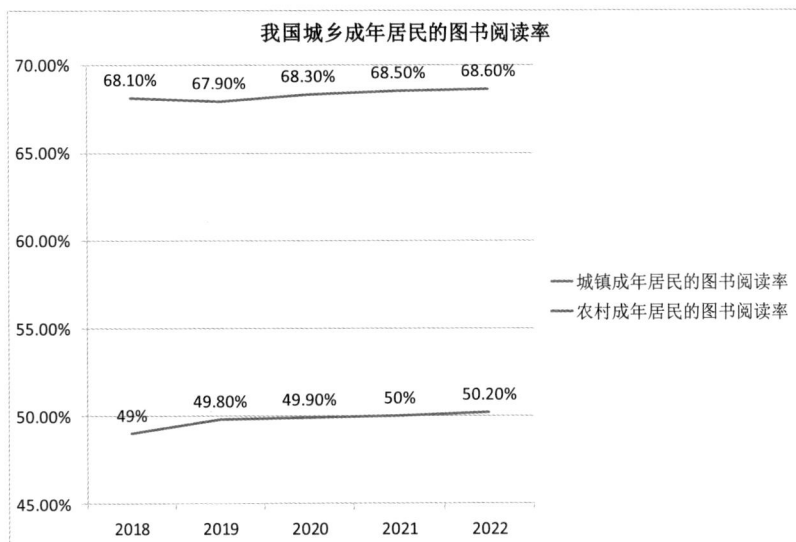

图 4-3 我国城乡成年居民的图书阅读率

由图 4-3 可知，2022 年我国城镇成年居民的图书阅读率为 68.6%，较 2021年提高了 0.1 个百分点，而农村成年居民的图书阅读率为 50.2%，较 2021年提高了 0.2 个百分点。

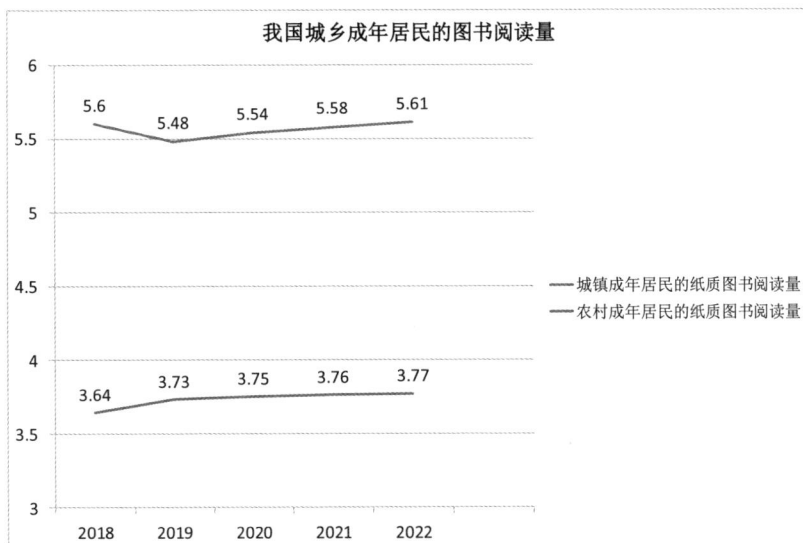

图 4-4 我国城乡成年居民的图书阅读量

图 4-4 显示，2022 年我国城镇成年居民的纸质图书阅读量为 5.61 本，比 2021 年增加了 0.03 本。而农村成年居民的纸质图书阅读量为 3.77 本，也略高于 2021 年的 3.76 本。

二、全民阅读制度与基础设施逐渐完善

国民阅读率的提升得益于多方面的有力推动。全民阅读相关制度的持续完善，以及全民阅读基础设施的日益充实，共同为国民阅读提供了坚实的制度保障和物质基础，为提升国民阅读率注入了强大动力。

自 2014 年以来，全民阅读已连续 10 年被纳入《政府工作报告》中。2016 年，首个国家级全民阅读规划《全民阅读"十三五"时期发展规划》正式印发。2020 年，《关于促进全民阅读工作的意见》发布。2021 年，"十四五"规划纲要明确提出"深入推进全民阅读，建设'书香中国'"。特别值得注意的是 2017 年 3 月 1 日，《中华人民共和国公共文化服务保障法》正式生效，而 2018 年 1 月 1 日，《中华人民共和国公共图书馆法》也正式实施。这两部法律均将全民阅读纳入其重要内容之中，并对全民阅读提出了明确而具体的要求。同时，值得一提的是，江苏、湖北、辽宁等共计 17 个省份已相继完成地方立法工作，成功将全民阅读活动纳入法律范畴，此举标志着全民阅读正逐步迈向法治化的新阶段。

在第二届全民阅读大会隆重举行的背景下，我们成功举办了阅读与乡村振兴论坛，并正式启动了旨在推动农村文化发展的 2023 年"新时代乡村阅读季"。此次阅读季以农家书屋为重要载体，精心策划了主题出版阅读活动及百种图书推荐等丰富多彩的内容，将农村地区的阅读工作推向了新的高度。

论坛还揭晓了乡村阅读推广人及最美农家书屋的荣誉名单，受到了社会各界的广泛关注。其中，河南内黄县李石村农家书屋"微光书苑"的创始人李翠利女士，凭借其十余年来在田间地头坚持推广阅读的执着精神，成为乡村阅读推广人的杰出代表。她表示："希望以我的努力和坚持，吸引更多有

知识、有能力、有爱心的有志之士关注和支持乡村阅读推广，为乡村文化建设助力、赋能。"这些具备优良环境、丰富图书资源及优质服务的阅读机构，不仅彰显了我国全民阅读基础设施建设的显著成效，也预示着我国全民阅读事业将持续向更高水平迈进。

第二节 宣扬阅读理念引导全民阅读

一、全民阅读倡议书的提出

2006 年，文化和旅游部、教育部、解放军总政治部宣传部、中华全国总会、技术协会、中作家协会等 11 个部门联合发出了倡议，将"世界读书日"和全民阅读活动联合起来进行宣传。这些部委呼吁全国各地区和各政府部门共同倡导全民积极参与，为构建社会和谐、全面建成小康社会而终身学习。同时，他们要求全国各地区的相关部门开展多样化的读书活动，以创造更加有益的读书环境，并推广"世界读书日"。

（一）主题明确，时代性强

第二十二届深圳读书月的主题是"打开一个新视界"，将在福田区的街道、社区、企业等场所举办 290 余场丰富多彩的文化活动。这些活动以"融合、阅读"为核心，强调福田的独有特色，旨在促进全民阅读的普及。

（二）政府牵头，社会资源共参与

1.各级政府加强指导

许多省市的各级党委和政府已经高度重视本地区的阅读活动，将其视为重要职责和长期任务。它们成立了领导机构和专门办公室，负责组织阅读活动，明确了领导责任和合作要求。这一做法应继续加强和推广。

2.社会资源协作推动

文化部门和图书馆可以根据不同需求和地域特点，组织各类阅读活动，提供指导和条件，以满足公众的阅读需求。此外，他们应促进送书进农村、送书进社区、送书到军营等活动，以便推动广大民众的阅读。出版部门和发行单位可推动更多高质量的图书出版和发行，以帮助读者提高阅读水平，同时结合农家书屋工程，推动图书的合理配送和赠送。新华书店等销售机构可展示精选图书并推动图书展销。教育部门和学校应通过多样化的阅读活动，鼓励学生参与，并确保阅读活动成为学生课外生活的一部分，尤其要注重培养学生的阅读兴趣和文学素养。

这些建议有助于推动和促进全民阅读活动，进一步提高我国的阅读率和文化素养。

3.读书活动形式富于创新

为鼓励广大市民积极参与阅读活动，组织者们精心策划活动内容，通过创新的方式吸引人们的积极参与。这些创新活动包括读书论坛、名家讲座、读书征文、经典诗文朗诵、演讲比赛和与阅读相关的各种评选活动以及图书捐赠活动。这些形式的创新能够吸引更多人积极参与阅读活动。

二、全民阅读网站的建立

（一）中国全民阅读网（www.nationalreading.gov.cn）

为了协助有关部门加快全民阅读工程的发展，中国全民阅读网于 2010 年 4 月 19 日正式启动。该网站在新闻出版总署的严格监管下，由中国新闻出版研究院主办，国民阅读研究与促进中心和中国出版网共同承办。其建立旨在全面深入地宣传阅读的价值与意义，旨在增强全民参与阅读的主动性和自觉性，从而不断提升国民的阅读水平。同时，该网站致力于推广各地各具特色的阅读活动，深入总结实践经验，积极创新活动形式，以期在全社会范围内营造崇尚阅读、终身学习的良好氛围。此外，该网站还积极发挥桥梁纽带作用，及时发布政府部门、行业协会以及相关组织针对不同读者群体推荐的优秀出版物和阅读书目，为全民阅读提供更加精准、更具指导性的资源支持，进一步提升全民阅读的针对性和实效性。

（二）中国文明网（www.wenming.cn）

中国文明网由中央宣传部、中央文明办主办，是全国宣传思想战线和精神文明建设系统的门户网站，宗旨是传播文明、引领风尚。主要栏目有镜头（经典名著的重要镜头）、活动动态、文件讲话、名家读书、每日一书（栏目特色）、文明讲坛、评论、学习园地、好书推荐、书评、书摘、典故、格言、论坛博文。

（三）全民阅读网（www.szsky.com）

作为重要的信息发布渠道和交流平台，全民阅读网在适应网络时代的阅读特征并顺应新的阅读趋势方面发挥了关键作用。它扩展了"读书月"活动的覆盖面，提供了深度和广度的信息，成为深圳市的首个新型公共服务平台，专门用于个人阅读活动。全民阅读网由"读书月"组委会办公室主办，书城电子出版物有限公司承办，其目标是创建一个引领市民阅读文化生活的门户网站，口号为"阅读那些事，尽在天空下"。它的主要目的是为市民提供全新的网络阅读体验，网站上设有论坛、圈子、空间等不同的版块，使读者能够即时反馈信息、分享阅读体验和发表个人见解，用户之间也可以进行在线聊天和发送站内信息。此外，该网站支持文字、图片、声音、动画、视频等多种传播方式，为用户提供全方位的阅读体验。

（四）全民阅读

全民阅读活动系由中国图书馆学会阅读推广委员会精心组织并承办，同时获得网络与数字阅读委员会提供强有力的技术支持。该网站致力于弘扬的核心宗旨在于确保每一位公民均能享有阅读的权益，并充分体验阅读的愉悦与启迪。其主要设置的栏目涵盖了资讯与动态、阅读与鉴赏、推荐与评论、技巧与方式（独具特色）、专家与读者互动、研究与出版成果展示以及委员会专栏等多个方面。

第三节　公共图书馆阅读推广活动的实施

一、读者俱乐部的组织实施

图书馆员在图书馆中发挥着至关重要的作用，他们负责为读者提供所需的信息资源。读者期望在图书馆找到他们需要的纸质或数字资源，因此，图书馆必须优先满足这些需求。这种服务不仅有助于建立读者对图书馆的信任，也能使图书馆成为读者获取信息的首选之地。通过有效地提供信息资源，图书馆员确保图书馆在读者心目中保持重要地位，持续吸引更多的读者前来利用图书馆资源。

为有效协助广大读者精准查找所需信息资源，图书馆员肩负着提供必要帮助的重要职责。信息资源的形式日趋多元化，特别是在数字资源领域，读者在筛选和甄别合适资源时往往面临困惑。在此背景下，图书馆员需具备迅速、精准地引导读者的能力，确保他们能够高效获取所需信息。

这一工作对图书馆员的专业素养及馆藏资源熟悉程度提出了较高要求。图书馆员需不断提升自身业务能力和服务水平，以最大程度地解决读者面临的问题，满足其多样化、个性化的信息需求。这不仅是对图书馆员工作能力的检验，更是对其专业素养和职业操守的考验。

此外，图书馆员还充当着阅读指导者的角色。对于那些有意阅读但不清楚自己需求的读者，图书馆员需要提供快速、专业的阅读指导。他们不仅要帮助读者找到适合他们的书籍，还需要指导他们如何使用图书馆的设备和网站，以便更方便地查找信息。有时，读者可能会感到对电子设备陌生，这可能会导致他们对图书馆产生疏远感。通过耐心指导，图书馆员可以帮助读者熟悉馆藏、设备和网站，从而增加他们使用馆藏资源的积极性。这一切都有助于提供更好的阅读体验和服务。

图书馆员在图书馆中扮演着规划者和宣传者的重要角色。他们需要思考如何通过活动激发读者对阅读的兴趣。图书馆曾经尝试多种形式的读书活动，包括征文比赛、朗诵比赛、演讲比赛、知识竞赛、读书报告、读书汇报会等，这些活动吸引了大批读者的参与，并取得了良好的效果。举办读书活动的关键在于如何迅速有效地将活动信息传达给读者，从而吸引他们的兴趣。图书馆员可以善用宣传策略，例如将通知发布到各个班级，广泛使用图书馆的网页、微博、微信等社交媒体平台，向读者提供最新的活动信息，以实现对阅读活动的宣传目的。此外，图书馆员还可以鼓励读者关注微博、微信等社交媒体服务平台，以便他们能够跟踪图书馆的动态，对新书和好书产生兴趣，并积极参与交流活动。图书馆员的态度和语言也非常重要，应该保持诚恳、谦和，用语亲切幽默，以更好地吸引读者的兴趣。此外，图书馆的交流平台需要快速有效地回应读者的信息，这将有助于读者更积极地与图书馆互动。

二、儿童阅读推广活动的组织实施

公共图书馆在推动少年儿童养成阅读习惯方面起着关键作用。婴幼儿时期和青少年时期是培养阅读习惯的重要阶段，因此，图书馆必须优先考虑少年儿童的阅读需求。有条件的城市应当考虑建设专门的青少年图书馆。以广州少年儿童图书馆为例，通过为数十万青少年读者提供服务，成功地满足了他们的阅读需求，取得了显著的社会效益。这种举措不仅能有效培养少年儿童的阅读兴趣和习惯，还为全民阅读的推广打下坚实的基础。

公共图书馆在培养儿童的阅读兴趣方面有着重要的作用。首先，图书馆应该创造适合儿童的阅读环境，以激发他们的阅读热情。这包括在服务窗口和阅览室的设计上，要充分考虑儿童的心理和生理特点，使用富有童趣和想象力的设计，以柔和的淡蓝色和温馨的淡黄色为主要色调。此外，阅览桌椅的高度和审美要符合孩子的需求，以创造一个令儿童感到愉悦和舒适的阅读环境，从而更好地激发他们的阅读兴趣。

其次，公共图书馆应该整合各方面资源，以推广儿童阅读。儿童阅读推广需要综合利用多方面的资源。图书馆应该与教育部门、文化部门、少年宫、科技馆、出版社、文学联合会等机构联系，打破仅以图书馆为平台的传统模式。可以请名人、名家和民间推广者与儿童互动，解读图书内容，或者利用当地文化资源如名人故居和文化遗址，举办"名人读佳作访故居"等活动。同时，可以在学校的读书节上普及图书馆知识和阅读技巧。这些方法可以积极引导家庭开展亲子阅读，因为家庭教育在儿童成长过程中起着重要作用，尤其在品德教育和习惯养成方面。父母对阅读的态度和行为对儿童具有深远的影响，如果儿童经常看到父母从阅读中获得乐趣，那么他们也会对阅读产生浓厚的兴趣。此外，家庭亲子阅读还可以加强家庭成员之间的情感联系。

三、青少年阅读推广活动的组织实施

青少年阅读推广的工作至关重要，它是构筑书香社会、提升全民阅读层次的基石，对于提升个人综合素养、促进国家长远发展具有不可替代的重要意义。青少年阶段的阅读数量与质量，不仅直接映射出个人的文化素养水平，更是关系到国家和民族未来的长远发展和文化传承。儿童时期是培养良好阅读习惯的黄金时期，一旦错过，后期再想形成稳固的阅读习惯将面临更大的挑战。因此，我们在阅读推广工作中，应把培养青少年阅读习惯作为重中之重，通过科学有效的措施，引导他们形成积极的阅读态度，掌握有效的阅读方法，为全民阅读事业的深入发展奠定坚实的基础。

每年举办"青少年走进图书馆"暑期夏令营系列活动，旨在丰富青少年的暑期生活，同时充分发挥图书馆作为文化场所和社会教育资源的作用。这些活动包括"读书交流活动""优秀视听文献赏析活动""绿色上网活动""我做图书管理员"社会实践活动等。通过这些活动，图书馆鼓励青少年走进图书馆，充分利用馆藏资源，享受图书馆的环境，从而激发他们的阅读兴趣，培养良好的阅读习惯。这种方式能够充分利用图书馆的丰富资源和宜人环境，有助于引导青少年积极参与阅读，帮助他们养成持续的阅读习惯。

四、社区阅读推广活动的组织实施

公共图书馆在推广全民阅读中承担着重要职责，需要通过扩展服务范围和建立基层服务网络来完善其服务系统。城市图书馆体系可以以市级图书馆为中心，区级图书馆为骨干，街道图书馆为节点，社区图书馆为服务网点，并辅以流动图书车等方式，形成一个全面覆盖的服务网络。深圳图书馆成功建立了这样的四级图书馆服务网络。天津图书馆则通过开设社区和行业分馆、流动服务汽车和网络图书馆等方式，将图书资源普及到全市。这些措施不仅提升了市民的阅读体验，还确保了每个市民都能便捷地享受到丰富的阅读资源，促进了全民阅读的广泛开展。

五、农民工、城市弱势群体阅读推广活动的组织实施

在推进全民阅读的过程中，公共图书馆需要特别关注弱势群体，尤其是残障群体等特殊群体的文化需求。这些群体往往因多种原因未能得到充分的图书馆服务，公共图书馆应提供特色服务，确保他们享有与其他人平等使用图书馆资源的权利。这不仅是联合国教科文组织《图书馆宣言》所强调的原则，也是公共图书馆的基本职责。通过积极发掘和支持这些隐性读者，图书馆能够践行普遍均等和知识最大传播的理念，为所有人提供公平的阅读机会，

真正实现全民阅读的目标。

第一，图书馆应坚持无障碍理念，确保残障群体在使用图书馆服务时能够方便、安全、舒适地获得所需信息。无障碍理念涵盖物理无障碍和服务无障碍两个方面。物理无障碍关注图书馆建筑和设施的无障碍设计，而服务无障碍则针对残障群体在使用馆员服务和获取文献资源时的特殊需求。通过这两方面的无障碍服务，图书馆能够为残障群体提供个性化、有针对性的阅读体验，使他们能够顺利地与图书馆建立联系，无论是亲自到访还是通过远程方式。这样的服务不仅确保了残障群体的身体和心理安全与舒适，还使他们能够获取知识、提升文化素养，满足其信息需求。这种全面的无障碍服务理念，不仅是图书馆履行社会责任的体现，也是实现平等、普惠信息服务的关键。

第二，残障群体在知识需求上有其特殊性，尤其需要康复、就业和福利等方面的信息，且由于教育程度的限制，他们更需要易于理解和实用的生活信息。同时，他们渴望培养自信和自力更生的价值观。因此，公共图书馆在现有藏书基础上，应特别关注这些需求，增设相关专题收藏，以吸引和服务更多的残疾读者。这不仅能有效满足残障群体的信息需求，提高他们的文化素养，还能帮助他们建立自信，逐步改变传统的依赖态度。通过这种方式，公共图书馆能够更好地履行其传播知识的职责，培养具备自信和独立思考能力的个体，从而更好地服务社会，实现其社会使命。

第三，个性化针对性服务是在无障碍服务和丰富文献资源基础上，公共图书馆为残障群体提供的特别服务。这种服务理念体现了图书馆坚持普遍均等服务的原则，注重人性化、科学化和创新，尤其对残障群体意义重大。通过提供个性化的服务，图书馆不仅能够更好地满足残障读者的特定需求，还能彰显对他们的关怀和尊重。这样，图书馆不仅成为知识的传播者，更是残障群体生活质量和文化素养提升的重要支持者，推动社会的包容性和公平性。

第四节　不同国家的阅读推广

一、美国的阅读推广

全民阅读对于提升国民素质和国家竞争力至关重要，是国家精神文明建设的关键途径。美国作为唯一的超级大国，不仅在经济领域拥有显赫地位，其文化软实力也同样具有巨大的影响力。美国在全球文化生产和传播方面展现出强大的能量，成为重要的文化输出国。这种文化影响力的背后，是美国人民对阅读的热爱和重视。阅读在美国社会中占有重要地位，推动了文化产业的繁荣和全球传播能力的提升。美国通过书籍、电影、音乐等多种形式，将其文化理念和价值观传播到世界各地，巩固了其在国际舞台上的领导地位。

美国在阅读推广方面，展现了全方位、多层次的深入活动，从国家层面的总统倡导，到文化领域的作家引领，从出版机构的积极推广，到书店的实体阵地作用，再到行业协会与非政府组织的广泛参与，均呈现出浓厚的阅读文化氛围。这一系列阅读推广活动，形式多样、内涵丰富，展现了美国在阅读推广上的全面布局和深远影响，给人留下深刻印象。

对于美国人而言，阅读推广并非单调的读书或写作活动，而是一场集知识获取、文化体验、心灵滋养于一体的阅读盛宴。他们通过参与各种阅读活动，不仅能够提升自己的阅读能力和文化素养，更能够在阅读的乐趣中感受到文化的魅力和生活的美好。

（一）政府

美国政府在推广阅读方面主要通过政策、法案、规定和项目等措施来实施。在1987年，前总统里根签署了一项文件，将该年宣布为美国的"读书年"，向中学生推荐了一系列优秀读物。自 1995 年以来，美国陆续推出了一系列项目，包括"美国阅读挑战"（America Reads Challenge）、"美国阅读项目"和"卓越阅读方案"（Reading Excellence Program），旨在提高民众的阅读率，协助他们培养阅读技巧，并唤起阅读意识。这些由政府支持的推广活动不断增强民众的阅读兴趣和能力，促进了全美文化氛围的提升。

1998 年，发布了一份题为《预防青少年阅读困难》的报告，这促成了"阅读高峰会"的设立。此后，美国教育部定于每年的 9 月举行"高峰会"，广泛邀请专家学者探讨解决青少年阅读问题的途径。

根据美国的相关报道，研究表明，如果学生在三年级结束前没有掌握基本的阅读能力，他们在今后的学习中可能会面临困难。全美阅读评估结果显示，美国内陆地区约有 70%的四年级学生在基本阅读能力方面存在较大差距。因此，为了应对这一挑战，2002 年 1 月，美国政府正式颁布《不让一个孩子掉队法》这一具有深远影响的教育改革法案。该法案的核心内容在于推行"阅读优先"政策，并为此拨出高达 50 亿美元的专项资金，旨在全面提升学生在四年级之前的基本阅读能力。同时，法案亦致力于赋予学校和地方更多的自主权，以便更有效地提升教师素质，加强学生的语言和阅读技能培养。

2006 年，前总统克林顿郑重发起"美国读书运动"，其核心理念在于确保每名年满八岁的美国儿童均能掌握基础阅读能力，此举亦被确立为美国教育发展三大核心目标之一。2009 年 2 月，奥巴马总统承前启后，继续深化全民阅读计划，在《美国复苏和再投资法案》中明确提及加强初级教育阶段阅读能力提升计划，并加大对教师和学校领导的培训力度。至 2011 年，美国政府教育部在其财政预算中专门划拨资金，用以扶持"阅读是根本"等非营利组织以及"写作工程"等机构，在提升全美读写能力方面开展丰富多样的活动。

2022 年 10 月 6 日，美国的罗德岛州参议员杰克·里德和亚利桑那州众议员劳尔·格里哈尔瓦共同提出了《阅读权法》议案。该法案旨在促进学生利用充足资源的中小学图书馆，通过授权拨款来满足学生对良好图书馆资源的需求，以提高阅读机会和素质。

（二）图书馆

图书馆一直在阅读推广活动中扮演重要的角色。美国的图书馆在推动阅读文化方面始终发挥着关键作用，它们积极响应国家的阅读推广号召，依托自身丰富的馆藏资源，不断创新阅读活动的形式和内容，为广大读者提供了多样化、高质量的阅读体验，为提升国民阅读水平做出了积极贡献。

美国国会图书馆作为美国文化与民主精神的璀璨瑰宝，既承载着服务国会与政府的重要职责，又敞开怀抱，向广大公众敞开知识的大门。它不仅提供了丰富的资源，更以其独特的地位，积极推动全民阅读活动，成为全国阅读运动的中坚力量和引领者。

在 1978 年，国会图书馆与哥伦比亚广播公司携手合作，共同推出了一则时长 30 秒的宣传短片，以"多读一读关于它的书！"（Read! More about it!）为主题。这一举措不仅打破了当时文化界中电视与阅读相互排斥的传统观念，更是开创了电视广告用于推广阅读活动的先河，为提升国民阅读意识、弘扬文化精神注入了新的活力。

自 1980 年以后，国会图书馆的图书中心相继推出了一系列阅读活动，例如 1981 年的"读书使我们不同"（Books Make Us Different）、1987 年的"全国阅读年"（the Year of the Reader）、1989 年的"青少年读者年"（the Year of Young Reader）、1991 年的"终身阅读者年"（the Year of Lifetime Reader）、1992 年的"探索新世界——阅读！"（Explore new worlds-Read!），以及 2001 年至 2004 年的"大家来说说美国故事"（Telling America's Stories）。这些活动获得了当时的美国第一夫人劳拉·布什的支持，她亲自担任了这些活动的荣誉主席。这些活动的举办旨在鼓励人们更多地阅读，推广阅读文化。

各公共图书馆积极举办面向当地社区的阅读推广活动。例如，1998 年，西雅图公共图书馆的华盛顿州图书馆中心主任南希·波尔推动了"假如西雅图民众共读本书"（If All of Seattle Read the Same Book）活动，这一倡议后来发展成为全美的"一城一书"（One City，One Book）阅读活动。类似的活动也在全球范围内开展，包括新加坡、台北等 200 多个城市都陆续举办了类似的阅读活动。2007 年夏天，芝加哥公共图书馆推出了"夏季成人阅读"项目，这个项目专门面向成年人，旨在鼓励整个芝加哥社区的人们积极参与阅读。2023 年，纽约公共图书馆在 92 个地点提供数千个免费项目，从作家讲座、表演到展览，通过广泛的免费活动、项目、课程、读书俱乐部等帮助纽约人民学习并与社区建立联系。

（三）教育机构

早在 1983 年，美国教育部便发表了一份具有里程碑意义的调查报告，该报告深入阐述了"阅读、写作、计算"这三种基础能力在学生成长过程中的核心作用。为此，美国的教育体系格外注重提高学生的阅读能力，众多学校积极投身于各类阅读推广活动中，或通过内部组织相关活动来激发学生的阅读兴趣。其中，备受瞩目的"卓越阅读方案"在国家的支持下，成为推动阅读能力提升的重要力量。该方案不仅旨在提升教师的阅读技能和教学水平，更致力于为学生制订个性化的阅读指导计划，以创造更加优质的阅读环境，助力学生全面发展。

一些美国学校会根据学生的能力和特点，制定相应的"阅读书单"，以激发学生的阅读兴趣并提高他们的阅读能力。学校通常会安排专门的教师在阅读课堂上传授阅读技巧和方法，同时布置相关的阅读作业，鼓励学生通过阅读来提高他们的阅读能力。此外，学校也积极与政府和当地图书馆合作，共同开展各种阅读推广活动，几乎每个面向学生的活动都能看到学校和教师的积极参与。这些努力有助于培养学生的阅读兴趣和能力。

（四）出版、媒体等文化机构

美国的出版和传媒界一直是阅读推广活动的积极支持者、参与者，甚至组织者，为顺利开展阅读推广活动提供了有力支持。这些领域也积极探索新的阅读模式，例如通过基于热点事件或热门电影的系列访谈节目，或将其改编成小说等书籍来推广阅读。其中，著名的例子包括"奥普拉图书俱乐部"（Oprah's Book Club）栏目和"阅读火箭"（Reading Rocket）。

1."奥普拉图书俱乐部"

自 1996 年 9 月首次亮相荧屏以来，"奥普拉图书俱乐部"每月向观众介绍一本书，并邀请作者参加节目与观众互动。每本书都是由奥普拉亲自挑选，不受商业因素左右。自节目开播以来，"奥普拉图书俱乐部"已连续推出了数十本畅销书，其中一些小说销售量达到数百万册。近 1300 万人定期观看她的图书俱乐部节目。有的出版商感慨道："奥普拉可以让一本小说大卖，拯救一家出版社，她是美国书业界最成功的广告人之一。"奥普拉不仅创下了图书销售的纪录，也掀起了一股图书俱乐部热潮。到了 1999 年，美国拥有 50 万个图书俱乐部，是 1994 年的两倍，其中大多数是以"奥普拉图书俱乐部"为典范。同时，其他电视节目也积极推崇这些图书俱乐部，如"早安美国"和"里吉斯与凯莉脱口秀"等节目都增加了以图书俱乐部为主题的读书讨论内容。这一现象在美国引发了广泛的共鸣。

2."阅读火箭"

"阅读火箭"是一个由美国教育部特殊教育计划办公室主办的多媒体文学素养教育活动。该活动利用电视和网络向人们提供信息和阅读资源，旨在教导孩子如何学习阅读，同时也向家长、老师和图书馆员等专业人士提供如何协助孩子阅读的指导。

"阅读火箭"由华盛顿公共电视台播出，并可在线观看或购买视频光盘版。这一资源面向广大家长、教师，以及各类专业人士。其中，"启动小读者"是"阅读火箭"在电视上播出的系列节目之一，专注于 7 到 12 岁年龄段的儿童。其中的一个节目由著名演员摩根·弗里曼主持，通过真实记录几个孩子学习阅读的过程，为家长和老师提供协助孩子阅读的实用建议。

二、德国的阅读推广

在德国，阅读被视为国民七大最受欢迎的休闲娱乐之一，德国人热爱阅读就如同他们对待啤酒一样司空见惯。无论身处何地的公共场合，你都能看到德国人随身携带书籍，他们更倾向于在公共场所大声朗读或者利用在线平台进行线上朗读，而不是仅仅参加书籍签售会。

根据德国书商及出版商协会所公布的详尽调研数据显示，有近三分之一的德国民众认为其年度阅读量达到"颇为可观"的水准，即每年阅读书籍不少于 18 本。此外，调查还揭示了一个引人瞩目的现象：在每四位德国民众中，就有一位拥有个人藏书量介于 200～500 本，更有高达 14% 的德国家庭设立了属于自己的"小型图书馆"。这些国民所展现出的优秀阅读习惯，结合近年来在全国范围内蓬勃发展的阅读运动，共同为德国在阅读推广领域取得显著成就奠定了坚实基础。

（一）德国阅读推广的文化背景

1.阅读文化的历史渊源

在 18 世纪末期，德国掀起了一场为期 25 年的"阅读革命"，其影响深远，足以与法国大革命和英国工业革命相提并论。这场革命标志着贵族文化的逐渐衰落，使读书不再局限于王公贵族和僧侣阶层，而是广泛惠及中产阶级。在此期间，文学沙龙和图书馆如雨后春笋般蓬勃发展，文化逐渐成为人民生活的重要组成部分，显著提升了德国中产阶级的文化素养。这场革命也激发了全社会对阅读的热情，为德国人打下坚实的阅读基础，为德国的文化繁荣做出了重要贡献。

2.阅读推广的文化沃土

在阅读推广工作中，出版业与图书馆均扮演着举足轻重的角色。德国出版业享誉全球，堪称欧洲乃至世界的领军者。据权威数据，德国目前拥有约2632 家出版社，每年能够推出约 8 万种各具特色的出版物，为市场注入了源源不断的活力。

法兰克福与莱比锡作为德国出版业的两大核心城市，每年均会举办盛大的图书展览会。特别是法兰克福图书展览会，已成为全球范围内规模最大、影响力最为深远的图书界盛会之一，对推动全球出版业的发展具有不可磨灭的贡献。

此外，德国的图书馆事业亦取得了长足发展。全国范围内共计拥有约1.4万座图书馆，无论是繁华都市还是宁静乡村，都能找到图书馆的身影。这些图书馆不仅为民众提供了丰富的阅读资源，还成为推广阅读文化、提升国民素质的重要阵地。

3.阅读面临的危机

尽管德国以其深厚的阅读传统和强大的文化驱动力著称，但近年来，随着社会结构和生活方式的改变，以及电视和互联网等新技术的兴起，阅读率有所下滑。如果这一趋势得不到遏制，未来20%的德国成年人可能会面临基本阅读能力的缺失，难以适应日益信息化和科技化的社会环境。因此，促进国民阅读，特别是推动儿童和青少年的阅读，已成为一项紧迫的任务。通过加强阅读推广和教育，德国可以确保其公民在未来能够具备必要的阅读能力，从而在复杂的信息社会中取得成功。这不仅是对传统文化的传承，也是对未来社会需求的积极回应。

（二）德国阅读推广的主要机构

1.德国促进阅读基金会

在德国，有200多个专注于阅读推广的机构和组织，它们的共同目标是激发公众的阅读兴趣，促进社会阅读的繁荣。其中最杰出的机构之一是成立于1988年的德国促进阅读基金会（Stiftung Lesen），该基金会的名誉主席一直由历届德国总统担任。

德国促进阅读基金会自称不仅仅是一个传统的全国性文化机构，还是一个开放的创意工坊，通过与社会各界的广泛合作，致力于宣传阅读文化、唤起阅读意识、倡导阅读理念、促进阅读事业的发展。

除了定期举办阅读推广项目以促进阅读，德国促进阅读基金会还设立了阅读和媒体研究协会，以开展与阅读和阅读推广相关的研究。协会的研究领域主要涵盖了阅读、阅读教育以及儿童读物等方面。

2.德国图书馆界

图书馆一直在阅读推广领域发挥着重要作用，德国也不例外。一方面，德国拥有众多密集分布的图书馆，为公众提供了积极的阅读环境和丰富的阅读资源。另一方面，德国的图书馆每年都举办各种多彩的阅读活动，这些活动有力地拉近了图书馆与民众之间的距离，促使阅读的理念深入人心。

（三）德国主要阅读推广项目分析

1."阅读起跑线"

德国的"阅读起跑线"项目，系由联邦德国教育与研究部及德国促进阅读基金会携手发起，并得到了地区州政府机构、儿童医院、图书馆、学校、出版商及社会各公益组织的广泛参与和积极响应。该项目作为德国最大规模的早期阅读推广自发倡议活动之一，其宗旨在于确保每位儿童均能享有平等的教育机遇，实现教育公平。

2.阅读测量尺

阅读测量尺是由德国布里隆市图书馆的馆长乌特·哈赫曼女士根据教育认知理论设计的。自从投入使用以来，得到了广泛的国内认可，甚至成为国际标准，在多个国家得到推广。阅读测量尺将不同年龄段的孩童分成了赤、橙、黄、绿、青、蓝、紫、粉红、桃红和橘红等10个阶段，分别对应着1到10岁的儿童。每个阶段都根据孩子的心理状况和发展特点提供相应的阅读材料、书籍和育儿知识。阅读测量尺通常会随着新生儿的阅读大礼包一起分发给家庭，因此在家中、学校、医院、图书馆以及其他公共场所都可以找到。父母只需使用阅读测量尺测量孩子的身高，就能了解孩子在特定时期应该阅读哪些书籍。

3.阅读俱乐部

阅读俱乐部的主要目标是激发儿童的阅读兴趣，提高他们的阅读技能，并培养良好的语言习惯。这些俱乐部通常设立在学校、图书馆以及其他儿童常去的地方，用于促进儿童的阅读。尽管阅读俱乐部的主要活动是阅读，但它是无压力的，不会对孩子们的阅读进行量化或评比。在这里，孩子们可以自由地追求他们感兴趣的事物，阅读他们喜欢的书籍，他们的天性得到了极大的尊重和解放。

三、加拿大的阅读推广

（一）加拿大从事阅读推广的主要机构

1.图书馆

加拿大拥有大量多样化的图书馆，包括公共图书馆、专业图书馆、高校图书馆以及中小学图书馆。全国范围内，有超过 3000 个公共图书馆、2600 多个专业图书馆、250 多个高校图书馆和 9700 余个中小学图书馆。

在加拿大的公共图书馆中，阅读活动从婴幼儿时期就开始了。例如，温哥华等地的社区图书馆每周都会举办适合 0～2 岁婴幼儿的读书会。在这些读书会中，图书馆员、家长和孩子一起度过 45 分钟的时间，他们会一同阅读、唱儿歌以培养孩子的阅读兴趣，并展示 1 至 2 本绘本图书。此外，很多公共图书馆还开设专门针对学前班孩子的读书会，旨在激发孩子对书本中知识的兴趣，为他们更顺利地过渡到小学阶段的学习做准备。图书馆还会为家长提供免费的材料，解释阅读对学龄前儿童的重要性，并指导家长如何引导孩子培养阅读习惯。此外，图书馆还会不定期举办与阅读相关的各种活动，如家庭故事会、睡衣故事会等，旨在培养孩子的阅读兴趣，同时促进他们的社交能力的发展。

每所小学都配备一个图书馆，至少有一名专职图书馆教师，致力于促进学生的阅读兴趣。从学前班开始，每位学生每周都有机会从图书馆借阅 1 至 2 本书，以带回家阅读。此外，每周学校都会开设图书馆课程，这门课程就像数学和科学一样，是小学生的正式学科之一。不同年级的图书馆课程内容和要求各有不同，但都旨在培养学生的阅读习惯和提高阅读水平。学生们还会经常参与跨年级的团队合作项目，这意味着不同年级的学生会一起组队，从而增加了阅读活动的趣味性。

2.学校

在课堂教学中，每天都有专门的时间段用于学生阅读。老师定期评估学生的阅读水平，然后为他们提供适当难度的阅读材料。学生们会被分成小组，其中成员的阅读水平相近，他们一起阅读同一本书，并进行讨论和交流，以加深对书中内容的理解。随着年级的升高，阅读要求也不断增加，即使是同一本书，不同年级的学生会有不同的要求，以推动他们的阅读能力和理解水平的提升。高年级的学生还需要撰写阅读报告，将阅读和写作融为一体。

此外，学校还举办其他鼓励阅读的活动，如向学生提供阅读资料和阅读记录本。针对每日坚持至少阅读二十分钟且参与至少三十分钟体育活动的学生，学校将予以表彰，并提供免费的体育比赛或音乐会门票作为奖励。同时，对于陪同的家长，学校亦将提供相应的折扣优惠。此举旨在将阅读与学生热衷的音乐、体育等领域紧密结合，进而有效激发学生的阅读兴趣，推动其全面发展。

3.非营利机构

除了学校和图书馆，加拿大还有许多非营利机构致力于阅读推广，以下是其中的主要机构。

（1）加拿大儿童图书中心（CCBC）：这是一个非营利性机构，主要旨在鼓励、促进、支持加拿大青少年的阅读、写作和文学理解能力，以及相关刊物的出版。CCBC 的使命是帮助教师、图书馆员、书店销售员和家长选择和出版最适合年轻读者的书籍，并不断提高这些书籍的质量和种类。他们为年轻读者提供了丰富多样的书籍资源，从而推动了阅读的普及。

（2）"让文字上街"：这是一个非营利性的慈善机构，致力于加强加拿大人的阅读和扫盲工作。他们的阅读运动旨在提高大众的阅读和识字率，提供机会给一般民众接触来自加拿大各地的书籍、报纸和杂志。除了大型出版商外，许多小型出版社、独立作家和写作协会也积极参与。每年，该活动吸引上千位民众参观，促进了阅读和文学的推广。

（二）加拿大主要的阅读推广项目分析

1.一年级读书赠送活动

自 2000 年起，加拿大的教育部门与各地的图书组织合作，推出了一年级赠书项目。每个一年级的学生都会收到一本由加拿大儿童图书中心免费发放的儿童读物。这个活动的目的是鼓励孩子和家长一起阅读，为一年级的学生提供了超过 50 万册的书籍，对他们的阅读启蒙具有深远意义。

2.读给我听

这是新斯科舍省的一个项目，旨在帮助家庭提高儿童的阅读能力。研究表明，儿童从出生到 3 岁的阶段是大脑发育速度最快的时期。项目通过向新斯科舍省每个新生儿提供书袋的方式，为家庭送去英语、法语、阿拉伯语、汉语等多语言的书籍，还为听觉和视觉障碍的孩子提供特殊材料。共有 11 家医院参与该项目，通常在婴儿出生后的 24 小时内完成书袋的分发任务，以促进早期阅读和儿童发展。

3.想象阅读

研究表明，阅读对婴儿甚至未出生的儿童的大脑发展有积极作用。在蒙特利尔，四所主要的儿童医院与魁北克省扫盲中心合作，开展了促进健康的阅读项目。每个未满 5 岁的孩子都会收到一本以其母语编写的书籍，并通过阅读来评估家庭的亲子关系。在医院的候诊室设立了"阅读角"，由志愿者为等待就诊的儿童朗读。即使在重症监护病房，新生儿的父母也会收到一本书，并被鼓励给他们的病弱婴儿读书，培养孩子的阅读习惯。

4."阅读和宣读"

这个项目旨在促进 50 岁以上的老人和儿童一起阅读。志愿者每周为孩子们讲故事，重点是通过故事激发孩子的阅读兴趣，并促进不同年龄群体之间的交流。该项目主要面向 4 到 8 岁的儿童。

5.男孩与文学

一项研究表明，12 岁女孩的阅读成绩比 12 岁男孩高出 30%。为了提高男孩的阅读能力，魁北克省的教育部门与体育部门合作推出了专门针对男孩的阅读推广项目，名为"男孩与文学"。该项目旨在拓宽男孩的阅读视野，提供各种各样符合他们兴趣的阅读材料。例如，一名三年级教师选择了旅游主题，学生们在课堂上阅读《八十天环游地球》，然后阅读了 80 本相关的旅游书籍，从而扩大了他们的阅读范围。其他学校通过邀请不同职业背景的人士，如校长、市长、当地商店老板等，来为男孩们讲故事，以激发他们的阅读兴趣。此外，鼓励父母，尤其是父亲，亲自与孩子一起阅读，并讨论所读内容，这也有助于培养批判性思维和分析思维。

6.指导阅读

在加拿大的小学教育中，语言艺术课程在课程设置中占据重要地位，强调培养孩子的阅读兴趣和阅读能力。一些学校发起了小学生与幼儿园学生之间的伙伴关系活动。例如，在一所小学中，四年级学生充当幼儿园学生的老师，选择他们自己感兴趣的故事来为幼儿园学生朗读。在一所中学中，学生们成立了一个"阅读委员会"，他们选择适合自己的图书，并指导更年幼的学生阅读。这些活动旨在培养学生的阅读兴趣和互助学习的精神。

第五章　大数据环境下的阅读推广

第一节　大数据环境概述

一、大数据概念

首次提出"大数据"时代来临的是麦肯锡，一家享有全球声誉的咨询公司。他们在报告《大数据：下一个前沿领域中的创新、竞争和生产力》中指出，数据已经渗透到各行各业和业务职能领域，变成了一个重要的生产要素。大规模数据的挖掘和应用预示着生产率和消费者盈余将迎来新一轮的增长浪潮。这种增长源于大数据独特的特性——数据集的规模已经超越了传统数据库工具所能处理的范围。换句话说，传统的数据获取、存储、管理和分析方法已经无法满足大数据时代的需求。他们同时明确指出，大数据不一定需要达到特定的 TB 级别才能被归类为大数据。大数据代表着在云计算和物联网之后，又一次颠覆性的技术革命。

（一）大数据定义

"大数据"被定义为具有海量、高增长率和多样性的信息资产，需要采用新的处理方式以增强其决策力、洞察力和流程优化能力。这是某项研究提出的对"大数据"的界定。

　　然而，大数据技术的战略价值并不在于仅仅获取大量的数据信息，而在于将这些有意义的数据进行专业化处理。以产业的视角看待，成功的关键在于提升数据的"加工能力"，从而通过"加工"来实现数据的"增值"。

　　综上所述，大数据是指那些无法在有限时间内使用传统软件工具进行获取、管理和处理的数据集合。这对于表现出海量、高增长率和多样性的数据来说是相当特定的。

（二）大数据的来源

　　1.企业内部数据

　　企业在日常运营过程中产生的各类数据，包括销售数据、库存数据、客户数据等。这些数据通常来自企业的各个部门和系统。

　　2.互联网数据

　　随着互联网的普及，互联网上产生了大量的数据，包括网站日志数据、社交媒体数据、搜索引擎数据等。这些数据可以通过爬虫、API等方式获取。

　　3.移动设备数据

　　随着移动设备的普及，人们在使用移动设备时产生了大量的数据，如位置数据、通话记录数据、应用使用数据等。

　　4.物联网数据

　　随着物联网技术的发展，各种传感器和设备可以实时收集和传输数据，如智能家居设备、智能交通系统等。这些数据可以通过传感器数据接口等方式获取。

　　5.公开数据

　　政府、学术机构、非营利组织等公开发布的数据，如人口统计数据、金融数据、气象数据等。这些数据可以通过公开数据平台或应用程序编程接口等方式获取。

（三）大数据的作用

1.对大数据的处理分析正成为新一代信息技术融合应用的结点

在大数据时代的浪潮中，数据的洪流正拓宽着信息技术的边界，催生出一系列革命性的应用和服务。随着数据量的爆炸式增长，如何有效地处理和分析这些数据，使之转化为有价值的洞察力和决策支持，成为企业和研究机构面临的首要挑战。大数据处理分析不仅是技术上的考验，更是模式创新和产业革新的关键。

新一代信息技术，如云计算、人工智能、机器学习、数据科学、物联网和区块链等，在大数据的背景下相互融合，形成了一个个技术的结点。这些结点像是数据处理分析网络中的枢纽，连接着数据的采集、存储、处理和应用各个环节。例如，云计算提供了强大的计算资源和存储能力，为大数据分析提供了坚实的平台；人工智能和机器学习算法则使得从海量数据中自动提取知识和模式成为可能；数据科学则提供了方法论和工具，帮助人们理解和解释数据背后的规律。

这些技术的融合应用正在各个行业中引发变革。在医疗领域，大数据分析帮助医生识别疾病模式，个性化治疗方案，提高诊断的准确性和效率。在金融行业，大数据分析用于风险管理、欺诈检测和个性化金融服务，提高了金融市场的稳定性和服务质量。在零售和电商领域，大数据分析用于消费者行为分析，优化库存管理和个性化营销策略，增强了用户体验和销售效果。

2.大数据是信息产业持续高速增长的新引擎

第一，大数据技术极大地提升了信息处理的效率和精度。传统的数据处理方式往往受限于数据量和处理速度，而大数据技术通过分布式存储和计算，能够快速处理海量数据，挖掘出有价值的信息。这种高效的数据处理能力，使得企业能够更快地做出决策，提高运营效率。

第二，大数据技术促进了信息产业的创新和升级。通过对大数据的深入分析，企业可以发现新的市场机会，开发出更加符合市场需求的产品和服务。

同时，大数据技术也为新兴产业的发展提供了支撑，如人工智能、物联网等领域的发展都离不开大数据技术的支持。

第三，大数据技术有助于提升信息安全和隐私保护水平。通过对大数据的分析，企业可以及时发现和预防安全威胁，提高信息系统的安全性。同时，随着数据隐私保护法规的完善，大数据技术也在不断发展出更加安全可靠的数据处理和存储方案。

第四，大数据技术的发展也带动了相关产业链的繁荣。从数据采集、存储、处理到分析应用，大数据产业链条上的每一个环节都在快速发展，为经济增长提供了新的动力。

3.大数据利用将成为提高核心竞争力的关键因素

第一，大数据利用可以帮助企业更好地了解市场和客户。通过对海量数据的收集、分析和挖掘，企业可以洞察市场趋势、客户需求和行为偏好，从而制定更加精准的营销策略、产品策略和服务策略，提高客户满意度和忠诚度。例如，通过分析社交媒体数据、搜索引擎数据和交易数据，企业可以发现潜在客户、预测市场需求和优化定价策略。

第二，大数据利用还可以提高企业的决策效率和创新能力。通过对内部数据的分析，企业可以发现问题、优化流程、提高效率和降低成本。例如，通过对生产数据、财务数据和人力资源数据的分析，企业可以发现瓶颈、减少浪费、提高生产力和改善员工绩效。同时，大数据技术还可以帮助企业发现新的商业机会、开发新的产品和服务，从而提高创新能力和竞争优势。

第三，大数据利用还可以提高企业的运营水平和风险管理能力。通过对实时数据的分析，企业可以实现自动化操作、实时监控和预测性维护，从而提高运营效率、降低风险和减少损失。例如，通过对传感器数据的分析，制造企业可以实现设备故障预测和预防性维护，减少停机时间和维修成本。

4.大数据时代科学研究的方法手段将发生重大改变

以抽样调查为例，它一直是社会科学中的基本研究方法。但在大数据时代，我们可以通过实时监测和跟踪研究对象在互联网上产生的大规模行为数据来进行深度挖掘和分析，以揭示出规律性的趋势，提出研究结论和应对措施。

（四）大数据技术

大数据处理技术正在革新当前计算机运行模式，对世界产生深远影响。它具备处理各种类型的海量数据的能力，包括微博、电子邮件、文档、音频、视频等，实现了实时、高效、可视化的数据呈现。利用云计算技术，计算任务可以分布在廉价资源池中的大量计算机上，使用户能够根据需求获取计算、存储、网络和信息服务资源。这使得大数据的采集、传输、处理和应用成为可能。

大数据处理技术是指一系列用于管理、分析和处理大量数据的方法和工具。大数据的特征通常被总结为五个 V：巨大（Volume）、快速（Velocity）、多样性（Variety）、不可靠性（Veracity）和价值（Value）。在这个领域中，常用的技术包括：①数据存储技术：如 Hadoop 分布式文件系统，非关系型的数据库等，用于存储大量数据。②数据处理框架：能够对分布式数据进行并行处理，快速执行大规模计算任务。③数据管理和工程：包括数据清洗、数据转换、数据规范化等过程，以便有效利用数据。④机器学习和数据挖掘：使用算法来发现数据中的模式和见解，进行预测分析。⑤可视化工具：用于将数据分析结果转换成易于理解的图表和报告。

二、大数据管理

（一）大数据的发展

1.运营系统阶段

随着数据库的出现，数据管理的复杂性显著降低。在这个阶段，数据库广泛应用于运营系统，如超市的销售记录系统、银行的交易记录系统以及医院的医疗记录系统等。人类社会数据量的第一次飞跃始于运营系统广泛使用数据库。此阶段的主要特点是数据通常随着运营活动而被动产生并记录在数据库中。

2.用户原创内容阶段

互联网的兴起催生了社会数据量的第二次飞跃，而真正的数据爆发发生在动态交互与用户参与的平台大量产生后，其核心特征之一就是用户原创内容的大量涌现。这类数据长期以来持续呈现爆发性增长，原因主要包括两个方面：首先，新型社交网络如博客和微博的快速发展激发了用户创造数据的意愿；其次，新型移动设备如智能手机和平板电脑的普及，使人们更容易便捷地在网络上分享自己的意见。在这个阶段，数据的生成方式是主动的。

3.感知式系统阶段

第三次社会数据量的巨大增长最终引发了大数据的涌现，而这一增长的根本原因在于感知式系统的广泛应用。随着科技的不断进步，人们现在能够制造微小但具备处理功能的传感器，并将它们广泛部署在社会各个角落，用于监测社会系统的运行。这些传感器不断产生新数据，这些数据的产生方式是自动的。

总的来说，数据的生成经历了被动、主动和自动三个阶段。尽管被动、主动和自动数据都贡献了大数据的数据来源，但自动产生的数据才是大数据兴起的根本原因。

（二）大数据的处理

1.流处理

流处理的核心理念在于数据价值会随时间推移逐渐降低，因此，快速分析最新数据并提供结果是流数据处理的共同目标。流数据处理适用于多种大数据应用场景，包括实时网页点击统计、传感器网络、高频金融交易等。在流处理模式中，数据被视为一个不断流动的数据流，新数据到达时立即进行处理并生成所需的结果。

2.批处理

批处理，又称批处理脚本，主要用于批量处理一组对象。大数据管理的核心理念是问题分而治之，将计算任务分发给数据而不是将数据传输到计算节点，以有效避免数据传输过程中可能产生的问题。

流处理和批处理都是处理大数据的可行方法，实际应用中通常需要综合使用这两种方法，因为大数据应用的类型多种多样。因此，在实际大数据处理中，常常采用流处理和批处理相结合的方式。

（三）大数据的分析

大数据的价值在于数据分析，分析从异构数据源提取和整合的原始数据。根据不同应用的需求，可以选择全部或部分数据进行分析。在大数据时代，传统的分析技术，如数据挖掘、机器学习和统计分析，面临新的挑战。

1.数据量大并不一定意味着数据价值的增加

数据量大并非总能增加价值。相反，大数据往往伴随着更多的噪声。因此，在进行数据分析之前，必须进行数据清洗和预处理，但这对硬件和算法都提出了严峻的要求。

2.大数据时代需要调整算法

首先，大数据应用通常要求实时性，因此准确性不再是唯一的指标。算法需要在实时性和准确性之间取得平衡。其次，云计算在大数据处理中发挥关键作用，因此许多算法需要调整以适应云计算框架，具备可扩展性。最后，在选择算法时必须谨慎，因为当数据量增加到一定规模时，适用于小数据的算法未必适用于大数据。

3.衡量数据结果的质量是一个重要问题

在大数据时代，数据量大且类型多样，人们对整个数据分布的了解有限，这使得设计衡量方法和指标变得复杂。得到分析结果相对容易，但如何评估结果的好坏成为大数据时代数据分析的新挑战。

三、大数据时代

当今社会被称为"数据无处不在的时代"。这一时代呈现出两个主要特征：首先，人们在日常生活、学习和工作中产生了大量数据，包括记录在数据库中的学习成绩、手机终端的信息行为等；其次，人们越来越依赖数据来支持他们的工作、学习和生活，例如基于大量实验数据的科学研究和基于数据统计的趋势分析。这使得社会进入了一个大数据时代，特点是数据类型多样、来源丰富、数量巨大、具有巨大的价值。因此，获取、管理和应用数据成为大数据时代人们必备的技能之一。

（一）大数据与数据素养

在大数据时代，数据已经深入人们的生活、学习和工作中。举例来说，在学术研究领域，研究材料和实验数据以数据形式存在，科研工作主要依赖于对这些数据的分析和研究，探索规律和趋势。这导致了数据密集型的科研环境，其中存储、检索、组织和应用大量数据是主要特点。这种环境虽然推动了社会发展，但也对人们的技能素养提出更高要求，包括如何有效地组织、分析和利用大量异构数据以及如何保护个人隐私数据。

数据素养概念是对信息素养等概念的延伸和扩展，包括以下五个维度：数据敏感性、数据收集能力、数据分析和处理能力、基于数据的决策能力以及对数据的批判性思维。在信息社会，人们需要的信息素养包括信息检索和组织技能。然而，在大数据时代，人们需要更高级别的素养，例如数据组织和数据分析技能等，以满足社会的发展需求。

（二）大数据时代的变革

1.人类思维方法、行为方式的改变

从人类思维方法和行为方式的改变来看，大数据时代使人们更加注重数据驱动的决策。人们越来越习惯于使用数据来支持自己的观点，而不是仅仅依赖直觉或经验。此外，大数据也改变了人们获取信息的方式，从传统的被动接受信息转变为主动搜索和分析信息。这要求人们具备更强的数据分析能力和批判性思维能力。

2.企业经营方面的变革

在传统企业营销中，常见的方法包括集中推销和广告宣传，甚至使用大量劳动力进行产品推销。然而，在大数据时代，企业可以利用大数据进行更为精准、高效且低成本的营销。

大数据时代的决策过程需要更高的技术和知识含量。有效利用大数据成为企业决策的关键因素。管理数量庞大的数据是一个挑战，因为如果企业无法找到数据，就无法收集和利用这些数据。因此，在大数据时代，企业需要具备数据的收集、分析、处理和利用能力。

3.公共部门服务管理的变革

大数据在政府和公共服务领域的应用已经被广泛验证，可以有效推动政府工作的开展，提高政府部门的决策水平，并创造巨大的社会价值。

第二节　大数据环境下的阅读推广概述

一、大数据环境对阅读推广工作的重要性

第一，大数据技术可以帮助图书馆更好地了解读者的阅读需求和偏好，从而更加精准地推荐图书和阅读活动。通过分析读者借阅数据、搜索历史、社交媒体数据等，图书馆可以发现读者的兴趣点、阅读习惯和阅读轨迹，并据此制定个性化的阅读推广策略。例如，图书馆可以根据读者的阅读历史推荐相似类型的图书，或者根据读者的搜索记录组织相关的主题阅读活动。

第二，大数据技术可以帮助图书馆提高阅读推广的效率和效果。通过大

数据分析，图书馆可以实时监控阅读推广活动的效果，及时调整策略，优化资源配置。

第三，大数据技术还可以帮助图书馆拓展阅读推广的渠道和方式。随着移动互联网和社交媒体的普及，读者越来越多地通过网络获取信息和进行社交活动。图书馆可以利用大数据技术，在社交媒体平台上开展阅读推广活动，吸引更多的读者参与。

第四，大数据技术还可以帮助图书馆加强与读者的互动和沟通。通过大数据分析，图书馆可以了解读者的反馈和意见，及时改进服务。

二、大数据环境下图书馆阅读推广活动中所存在的问题

（一）没有将阅读的机制构建起来

在大数据环境中，移动终端已广泛应用于图书馆，人们的生活节奏明显加快，时间似乎不够用。为了鼓励读者阅读，考虑到他们的碎片化时间，提供了一种"浅阅读"模式，受到了欢迎。这种模式迎合了读者的阅读方式，使他们能够在有限的时间内进行阅读，即使内容相对较浅，读者也可以在短时间内获得阅读体验。

尽管浅阅读模式受欢迎，但全民阅读推广工作在图书馆工作中的作用也是至关重要的。它应该包括各种多样化的活动，如图书展览、知识竞赛等，这些活动可以促进读者进行深度阅读和思考。

（二）图书馆对读者的阅读没有发挥导向作用

图书馆已经积累了大量的数据和信息，包括文献资源、系统信息、访问记录和读者信息等。这些数据资源需要运用大数据技术进行挖掘和整合。通过分析这些数据，可以将读者的个性元素纳入考虑，从而构建适合个体读者的个性化阅读模式。这有助于提高阅读推广活动的针对性。

然而，目前的图书馆建设情况存在一些问题。数据挖掘的运用有限，这些宝贵的信息资源没有得到充分利用，导致阅读推广活动的针对性不够明显。当前的阅读活动往往采用传统的形式，如书展和讲座，缺乏创新性，未能充分引导读者的需求。

（三）图书馆所开展的全民阅读推广活动中应用的媒体形式过于单一

在图书馆的阅读推广活动中，新媒体技术如微博、微信等起到了重要作用。然而，这些技术的应用通常仅限于宣传和活动信息的传播，而没有推动活动本身的进一步发展。此外，阅读推广活动的形式相对单一，缺乏与读者的充分互动。

第三节　大数据环境下的阅读推广模式

模式是从生产经验和生活经验中提炼的核心知识体系，用于解决特定问题的方法论。阅读推广模式是针对阅读推广工作的有效解决方案，包括活动主题、操作方法、运行程序和效果评估等核心指南。媒体平台在阅读推广中扮演着重要角色，特别是在大数据环境下，媒体平台的使用更加关键。随着数据信息急剧增加，媒体平台成为有效进行阅读推广的必要工具。

一、大数据时代的阅读

（一）我国的大数据时代

大数据时代是数字化时代的延伸，将信息数字化是数字化时代的核心特征。数字化时代涵盖了信息领域的数字技术在各个领域的广泛应用，包括通信领域的数字制式替代传统模拟制式。数字化时代是传媒领域中数字技术广泛应用的时代，数字技术已成为各类传媒的核心和通用技术。大数据时代有四个主要特征，即规模性、多样性、高速性和价值性。

中国有着悠久的文明史，为人类文明进步做出了巨大贡献。中国的文化传统、历史和国情都决定了中国必须选择适合自身特点的发展道路。在信息技术的发展推动下，教育应该进行改革和创新，建立网络化、数字化、个性化和终身学习的教育体系，构建一个学习型社会，让每个人都有学习的机会、条件和动力。

（二）大数据时代阅读的特点

1.阅读内容的特点

在大数据时代，社交传播和个性化推荐正在改变媒体生态，自媒体内容虽然传播广泛，但其真实性和权威性常不及传统媒体。面对这一信息过载的现象，如何筛选出有价值的阅读内容成为亟待解决的重要问题，影响着人们的信息消费和知识获取方式。

2.阅读方式的特点

大数据时代下，阅读方式因数字媒介的发展变得更加多样化，即时在线浏览逐渐成为主流。数字阅读具有融合多媒体元素、生动呈现内容的优势，使读者更易理解和更感兴趣。此外，数字书籍具备容量大、成本低、便携和传播快的特点，极大地提升了阅读的便捷性。通过移动设备，读者可以随时随地获取信息，满足多样化的阅读需求，充分体现了数字化阅读的优越性。

3.阅读环境的特点

随着大数据技术的飞速发展，阅读环境经历了从实体到虚拟的深刻转变。如今，阅读不再局限于实体书店或图书馆的静谧角落，而是可以在任何时间、任何地点通过在线平台进行。这种转变不仅极大地提高了获取信息的便捷性，还通过互动平台增强了阅读的社交属性。读者可以在虚拟空间中分享见解，参与讨论，使得阅读成为一种集体智慧的交流过程。

二、大数据环境下的阅读推广模式

（一）信息技术与阅读推广

1.信息技术环境

当前的信息技术环境已为阅读推广提供了强大支持，包括云计算、平板电脑、智能手机、社交媒体、在线教育等。这些技术可广泛应用于阅读推广工作，并逐渐向移动互联网和云平台发展。

（1）广泛覆盖

过去，阅读推广活动的参与者较为有限，主要针对图书馆的固定读者群体。但随着虚拟阅读平台的兴起，这种情况发生了根本性的改变。这些基于信息技术构建的阅读平台，可以吸引数以万计的读者，包括图书馆正式读者、社会公众以及图书馆同行。这大大扩展了阅读推广的受众范围，提高了推广活动的实际效果。

（2）高效率

信息技术构建的阅读推广系统和平台可以高效完成活动报名、推广、统计分析等工作，减少馆员的介入。此外，这些系统可以反复使用，提高了工作效率。系统还能迅速通知所有读者有关活动的各个方面，从而提高推广效率。

2.信息技术阅读推广模式

（1）大数据理念推广模式

现在的部分公共图书馆具备通过大数据的服务理念向读者推送个性化阅读服务，形成了以大数据理念为基础的阅读推广模式。

举例来说，上海图书馆每年向读者发送个性化的年度阅读账单，其中包括读者的阅读活动摘要。该账单会列出读者的阅读足迹，根据借阅书籍数量，读者将被赋予不同的标签，如文青、极客或书虫。该账单呈现了一系列关于读者行为和图书馆规模的详细统计数据。这些数据不仅揭示了每位读者平均借阅次数，还揭示了借阅次数最高的读者及其借阅量，以及哪些书籍在市中心图书馆的借阅频率最高。这些信息对于图书馆来说是一个宝贵的资源，能够帮助它们更准确地定位和提供服务，以满足读者的需求，并且为未来的服务策略提供坚实的数据基础。

（2）游戏式推广模式

游戏式推广以其高度互动性和吸引力，为图书馆阅读推广注入了新的活力和创新。该方法利用形式多元、互动性强的网络游戏与广大读者进行深入互动，凭借富有趣味性且独具个性的互动设计，有效激发了读者的阅读兴趣，并成功传递了图书馆的阅读推广信息，取得了显著的成效。

（二）移动新媒体与阅读推广

1.移动新媒体环境与阅读

随着新媒体的兴起，公共图书馆的传统阅读模式正经历着一场革新。新媒体不仅成为读者获取书籍资源和信息的主流途径，而且深刻改变了他们的阅读习惯和交流方式。在数字化时代，读者越来越多地依赖于新媒体平台，如移动应用和在线数据库，来满足他们的信息需求。这些平台提供了便捷的访问和丰富的内容选择，让读者能够轻松地从全球范围内获取知识，从而极大地扩展了他们的视野并增强了他们构建知识结构的能力。与此同时，在移动新媒体的引领下，碎片化阅读方式已经成为常态，重新塑造了人们的阅读思维。这种新媒体支持的阅读方式具有丰富的互动特性，用户可以通过一些平台如微信进行信息交流，同时也为阅读增添了更多的乐趣。

2.移动新媒体阅读推广模式

（1）电子阅读器数字阅读推广模式

电子阅读器数字阅读推广模式是一种利用移动设备进行数字阅读的方式。在这种模式下，电子阅读器通过数字版图书、电子新闻、学术论文等多种形式的内容，为用户提供了即时且便捷的阅读体验。这种模式的推广通常包括提供免费或低成本的数字资源，以及易于使用的应用程序，以及与图书馆的合作，如提供数字图书馆服务、数字借阅和在线讨论平台。

电子阅读器数字阅读推广模式的优势在于，它满足了现代人对即时、便捷和多样化的阅读需求。此模式还可以通过社交媒体、粉丝群体和阅读社区的合作来进一步推广，增加用户的参与度和阅读量。此外，数字阅读器可以通过数据分析来了解用户的阅读习惯和偏好，进而为用户提供个性化的阅读体验和推荐。

（2）移动图书馆数字阅读推广模式

随着智能手机的普及，移动图书馆作为一种新兴的服务模式，正逐渐改变人们的阅读习惯。用户通过简单的应用下载，即可随时随地享受图书馆丰富的数字资源，包括图书借阅和文献资源的申请。这种模式不仅打破了传统图书馆在时间和空间上的限制，还通过资源的整合和推荐，提升了用户获取信息的便捷性。公共图书馆积极构建移动图书馆平台，以用户为中心设计应用，提供个性化的阅读体验，并通过互动功能增强用户黏性。此外，图书馆还注重资源的多元化整合，以满足不同用户群体的需求。在宣传方面，图书馆利用微博、电子报刊等新媒体工具，扩大移动图书馆的影响力，提高用户对其价值的认可，从而推动数字阅读文化的普及。

第四节　大数据环境下的阅读推广案例

一、大数据时代下的阅读现状

（一）大数据时代的阅读

大数据时代的到来，使得数据处理更加迅捷，海量数据的产生为人们的生活、工作和学习提供了多样化服务，促进了社会的创新和发展。图书馆阅读推广也随之迎来变革，强调个性、自主和创意的阅读方式逐渐成为主流，大数据技术为图书馆阅读推广带来了新的契机。通过对读者阅读偏好、行为习惯等数据的挖掘和分析，图书馆可以更加精准地了解读者的需求，提供更加个性化、定制化的阅读服务，从而提升图书馆的阅读推广效果，促进全民阅读的深入发展。

（二）大数据技术在阅读方面的应用

1.大数据技术促进阅读发展

传统图书馆虽然是知识获取的重要途径，但受限于时间和空间，并且藏书更新不及时、分类混乱，难以满足现代读者的需求，导致其吸引力下降。大数据时代带来了现代信息科技的应用，通过电子图书馆和各种终端设备，读者能够随时随地访问和借阅书籍资料。这种多元化的阅读方式突破了传统图书馆的限制，极大地提升了阅读的便利性和灵活性，满足了人们在零碎时间内进行学习的需求。

2.大数据技术应用中的问题

第一，数据质量问题。大数据技术依赖于大量数据的支持，但图书馆在数据收集、处理和分析过程中，可能会遇到数据不准确、不完整、不一致等问题，这些数据质量问题会影响到数据分析结果的准确性和可靠性，进而影响到图书馆阅读推广的效果。

第二，数据隐私问题。图书馆在使用大数据技术时，需要收集和分析读者的个人信息和阅读行为数据，这可能涉及读者的隐私问题。如果图书馆不能妥善保护读者的隐私，可能会导致读者的个人信息泄露，引发读者的不信任和抵触情绪，影响到图书馆的信誉和形象。

第三，技术能力不足。图书馆在应用大数据技术时，需要具备一定的技术能力和人才储备，但目前很多图书馆在技术人才和基础设施方面还存在不足，这限制了图书馆在大数据技术应用方面的深度和广度，影响到图书馆阅读推广的效果。

第四，数据分析结果的理解和应用问题。大数据技术可以帮助图书馆获取大量的阅读数据，但如何正确分析和应用这些数据，则是另一个挑战。如果图书馆不能正确运用数据分析结果，可能会导致错误的决策和策略，影响到图书馆阅读推广的效果。

第五，数字鸿沟问题。尽管大数据技术可以帮助图书馆更好地了解读者的需求，但也可能加剧数字鸿沟的问题。那些缺乏数字技能和资源的读者，可能无法享受到大数据技术带来的便利，这会导致图书馆阅读推广效果的不均衡，影响全民阅读的深入发展。

二、大数据环境下阅读推广案例

图书馆作为阅读推广的核心机构在当前社会中扮演着至关重要的角色。随着大数据时代的崛起，传统媒体与新媒体逐渐融合，虽然多数图书馆的阅读推广活动仍以传统媒体为主要方式，但在当前网络发展的大背景下，积极融入网络，结合新媒体技术进行阅读推广是非常必要的。

（一）移动图书馆与阅读推广

1.移动图书馆发展背景

移动图书馆利用网络平台、手机、移动阅读器等新媒体工具，实现了在线文献和信息资源的无线下载，以及移动在线阅读和交流功能。

在如今手机等移动设备广泛普及的背景下，引入移动图书馆服务显得非常必要和可行。

首先，随着国民文化和知识水平的不断提高，阅读需求也逐渐增加。网络媒体充斥着娱乐和功利导向的浅阅读内容，图书馆阅读作为传播文化和知识的重要途径，需要占领国民知识阅读领域，引导人们在全媒体环境中进行更深入的阅读，提升文化知识和精神素养。移动图书馆的目标是在时尚文化消费中找到一席之地，以满足当今大众化阅读方式的需求。这表明了移动图书馆推广的必要性。

其次，手机的广泛应用使移动阅读成为可能，而不断增加的高端移动新媒体进一步扩大了移动阅读的受众。相较于其他机构的阅读推广，移动图书馆更注重知识传播、公益性质和无偿服务，提供更广泛、深入和准确的知识，更科学、专业的知识服务。

2.移动图书馆的功能

移动图书馆服务通过多种渠道为读者提供便捷的图书馆资源访问和互动体验。第一，移动联机公共检索目录系统使读者能够通过手机访问馆藏信息，并进行借阅信息查询和续借服务。第二，短信服务为读者提供了方便快捷的书目信息获取和提醒订阅服务。第三，无线应用协议服务使读者可以在手机上一站式检索和阅读电子期刊、学位论文和电子书等资源。第四，移动图书馆平台上的读者互动功能允许读者在阅读电子书和电子刊物的同时进行评论、批注、记笔记和发布微博等互动活动，为读者提供了更加个性化和动态的阅读体验。这些多元化的服务渠道和互动功能，为移动图书馆服务注入了新的活力和魅力，为读者提供了更加便捷、高效和互动的图书馆资源访问体验。

3.移动图书馆阅读推广发展

（1）移动服务能力

当前，移动图书馆服务的研究领域存在一个明显的不平衡，即对于服务模式的研究较为充分，而对服务能力和评价的研究则显得不足。认识到服务能力对于整体服务水平具有决定性影响的基础研究界和政策制定者开始呼吁加强对移动图书馆服务能力的研究。有效的移动图书馆服务不仅需要模式的创新，更依赖于服务能力的提升。这包括但不限于提高服务的效率，不断创新服务管理模式，建立具有影响力的服务品牌，以及发展一套科学的服务绩效评价指标体系。

（2）移动图书馆联盟

移动图书馆的发展不仅依赖于单个图书馆的服务能力，更在于图书馆之间的协同合作。移动图书馆联盟的构建，通过促进馆际合作，不仅可以有效分摊移动服务的成本，还能实现资源的优化配置和跨区域共享。

（3）移动图书馆服务质量

由于移动图书馆服务质量受到多种动态因素的影响，其复杂性和多变性要求我们更加关注服务质量的提升，确保能够满足用户的多样化需求。因此，研究和实践移动图书馆的服务质量提升策略，以及探索有效的合作模式和共享机制，对于推动图书馆服务的创新发展具有重要意义。

（二）电子阅读器与阅读推广

1.电子阅读器概念

电子阅读器是数字设备，用于显示数字版本的书籍、杂志、报纸和其他印刷物。它们通常具有便携性、低能耗和高分辨率等特征。一些电子阅读器还可以访问博客、网站和新闻等电子文档。这些设备专门设计用于文本显示，通常采用电子墨水技术，提供黑白可调整大小的文本，而不是液晶屏幕。用户可以在单个设备上存储书籍、做批注、划重点和设置书签。

电子阅读器改变了内容获取的方式，补充了传统文本购买和再利用模式。

它为更灵活的内容聚合方式提供了机会，促进了信息的更新，扩大了非传统发行渠道文章的涵盖范围，并为高度定制的课程资料提供了可能性。

2.电子阅读器外借与阅读推广

（1）电子阅读器外借服务

在信息时代，电子阅读因其海量资源和便捷性已成为无法阻挡的阅读趋势。它与新媒体的普及及现代生活方式和工作条件密切相关。

数字技术使多媒体信息交流成为可能，计算机网络使人们能够随时随地发布或浏览信息。在现代社会的快节奏生活中，人们更愿意选择便捷的数字阅读方式。上海图书馆推出的电子阅读器外借服务满足了当下数字阅读需求，因此受到广泛欢迎且需求量大。

（2）电子阅读器外借服务内容

首先，电子阅读器需拥有大容量存储，而其价格属于高端范畴，不是每个图书馆都具备外借电子阅读器的条件。为了使电子阅读器不再仅仅是一种工具，而成为一种"书籍"，必须积累大量电子书籍。这些电子书籍可以通过多种途径获取，如通过数字图书供应商购买、将馆内的纸质书籍数字化，或者下载整理一些公共资源。

其次，需要有一群愿意借阅电子阅读器的读者。相较于传统纸质阅读，电子阅读更加便捷。然而，并非所有读者都对电子阅读情有独钟。一些传统读者，特别是中老年读者，可能因不适应电子屏幕、电子阅读器的技术规范，以及纸质书籍更容易传达文字内涵等因素而难以接受电子阅读。此外，电子阅读器的借阅流程相对烦琐，因其价值昂贵，多数图书馆还设有押金制度。因此，图书馆若欲提供电子阅读器外借服务，必须认真考察并评估这两个条件。

最后，需建立完备而规范的电子阅读器外借服务制度，以确保该服务的正常运作并保护国有资产完整性。制度内容应包括员工和读者的培训计划、借还规则、违规惩罚措施、丢失或损坏赔偿规定等方面的规定。

（3）电子阅读器外借服务步骤

第一，需购买电子阅读器并储备资源。购置电子阅读器数量应基于图书馆经费和读者需求而定。购买数量过少会导致读者资源不足，引发抱怨和信任问题，而购买过多则不仅经济压力大，还可能浪费资源。存储数字图书资源需密切关注读者需求，包括一般读者和专业读者。由于电子阅读器拥有大容量存储空间，最大化资源储备是合理的。

第二，进行宣传和培训工作。需要为图书馆员和读者提供培训，以提高馆员的服务技能，使其能够进行操作演示、回答常见问题和排除故障。对读者进行培训，以确保他们能够高效地使用电子阅读器，同时避免因操作错误而损坏设备。此外，需要进行借阅规则的宣教工作。

第三，提供借阅服务。遵守借阅规则，实行预约制度和押金制度。

第四，通过反馈和调整建立良性循环。建立有效的沟通机制，允许馆员和读者进行交流，可采用电话咨询、在线咨询等方式，及时获取读者对电子阅读器外借服务的反馈和需求，解决问题，及时修正不合理的借阅程序，协助读者解决设备故障，以确保外借服务得以良好发展。

（三）绘本阅读推广

1.我国绘本阅读推广模式

随着图书馆领域对绘本阅读推广的日益重视，各地涌现出一系列杰出的绘本阅读推广活动示例。目前，常见的绘本阅读推广模式包括以下几种：

（1）绘本书目推荐活动

这是一种引导式活动，通过制作绘本书目推荐、绘本主题展览、绘本图书专架等方式，向读者推荐绘本，以实现信息传递、经典分享和好书推荐的目标。

（2）绘本故事会活动

这类活动是图书馆专门为绘本阅读受众群体开设的，以绘本为媒介，融入故事、游戏、表演等元素，旨在培养读者的阅读兴趣和引导他们进行阅读。

（3）绘本创意活动

这种活动通过创新形式和内容，达到增添趣味、传递知识和分享欢乐的目标，例如引导读者亲手制作有趣的绘本。

（4）大型综合性绘本阅读推广活动

这类活动主要包括绘本剧演出和绘本故事讲述比赛等竞争性活动，旨在通过广泛宣传引起社会的广泛关注。

2.国外绘本阅读推广模式

（1）英国"阅读起跑线"

该项目面对各单位工作人员，包括图书馆、医疗机构和早教机构，向 4 岁以下儿童提供与其年龄相符的阅读包，并组织亲子阅读活动，例如儿歌时间、故事时间、蓝熊俱乐部和全国活动周等，以帮助父母掌握培养良好阅读习惯的方法和技巧，激发儿童的阅读兴趣。

（2）美国"出生即阅读"

"出生即阅读"基金会、图书馆和健康医疗机构合作，提供"出生即阅读"大礼包（内含图书、婴幼儿早教资料、新生儿读者证、玩具、儿童用品等），派发纸板书，并为读写能力有待提高的低收入家庭以及未成年父母提供新生儿阅读资源和培训等多项服务，从而提高儿童的阅读和写作能力。

3.大数据环境下新的绘本阅读推广

在大数据时代，移动阅读环境的兴起为绘本阅读推广提供了新的机遇。广泛普及的移动互联网和智能终端使更多人可以随时随地阅读，而数字互动和新媒体的出现打破了传统文本和图像的限制，为绘本阅读推广提供了更多可能性。这些因素在不同程度上促进了绘本阅读推广的发展。

然而，移动阅读环境也带来了一些挑战。首先，人们在随时随地阅读的同时，可能会面临知识获取的不连续和碎片化，这引起了专家学者的担忧。其次，虽然移动环境下获取书籍资源更加便捷，但质量却参差不齐，需要更严格的法律法规来规范文化市场，社会各界需要共同努力创造更良好的阅读环境。最后，成长于数字环境的读者可能不适应甚至抵制传统纸质阅读，这需要进一步研究以推动绘本阅读的发展。

第六章　出版界与图书馆界全民阅读推广合作研究

第一节　相关概念概述

随着数字阅读的迅猛发展，传统的出版行业和图书馆界需要重新思考其在知识传播、教育普及和阅读推广方面的角色和职能。为了持续为广大读者提供服务，它们必须适应新的阅读时代，并积极探索合作的方式来推动阅读普及。本文旨在探讨这种合作方式对我国国民阅读事业的促进，以及对出版业和图书馆界繁荣的重要性。这一努力有望推动我国国民阅读事业迈向更高水平。

一、出版界阅读推广概述

全民阅读推广是出版界和图书馆界都肩负的重要责任。出版界广泛开展阅读推广活动，规模相当大，对推动全民阅读发挥了积极作用。下文将阐述出版界在阅读推广中的主导地位，并分析其作用。同时对目前我国出版行业的阅读推广状况做一个概览，以便为其后探讨出版与图书行业在阅读推广方面进行协作的必要性与可行性奠定一个良好的基础。

（一）出版界阅读推广的核心

为深入探讨出版行业的阅读推广，需要系统梳理出版领域的范畴，明确不同主体在推广阅读方面的侧重点。这些答案将有助于我们更全面地理解出版界的阅读推广。

传统出版单位正朝着出版传媒集团的方向发展，这是现代出版业的趋势。传统出版业的产业价值链通常包括内容创作、印刷和发行这三个环节，而出版领域的主要组成部分包括出版机构、印刷机构和发行机构。然而，在这个价值链中，印刷机构的地位相对较低，较不具竞争力。

随着时代的演进和信息技术的发展，数字化出版产业链逐渐崭露头角，使书籍的数字化成为一种常态。与此同时，媒体行业和其他领域的竞争对手也开始对出版业构成挑战。数字出版产业链中的参与者可分为三类：数字出版产品与服务提供商、数字出版技术开发商与平台提供商，以及数字出版产品与服务的分销商。

因此，出版业的业务领域变得更为广泛而含糊。在数字出版领域，技术开发者和平台提供者的作用日益突出，出版产业的主要格局也从最初的由出版机构与发行机构为主，转变为出版机构、技术平台机构与发行机构三足鼎立的格局。

然而，实际上，各主体之间的界限并不是很明显，存在着较大的交叉与重叠。因此，本论文的研究目的在于探讨出版机构、科技平台及发行机构三个层面上的参与方。除此之外，出版界、业界、政府等机构，也应引起足够的重视。应当指出，"农家书屋"是由原新闻出版总署进行的一项计划，它在促进阅读上有其独特的特点，所以它也应当被列入出版业促进阅读的主要对象之一。

出版行业的阅读推广主体多元化，因此推广形式和侧重点变得多样化。出版社作为内容资源的提供者，应注重内容资源的创新与整合，产品与服务的质量控制和形式创新，以提供高质量的文化服务。技术平台机构，作为技术开发者和平台提供者，主要致力于技术和平台的支持和创新，推动产业融合，以改善阅读体验。发行机构作为产品和服务的分销商，其责任在于促进销售、资金流通、市场反馈，以及内容提供者和读者之间的交流。这些机构在信息分发服务和信息服务领域发挥着不可或缺的作用。它们通过推广阅读文化提高人们的知识水平和文化素质，同时也促进社会的发展和进步。因此，这些机构应继续加强合作，共同推动阅读推广工作，提供更好的阅读服务。

发行机构的主要责任是确保公众方便获取阅读材料，同时提供高质量的服务。此外，出版协会和相关管理部门在阅读推广方面发挥着协调和管理的重要作用。农家书屋作为农村地区的阅读服务项目，对提高农村居民的阅读兴趣和素质起到了积极作用。这些机构的协同努力有助于更好地推广阅读，促进国民文化素质的提高。

（二）出版界在阅读推广中的作用

阅读和出版是紧密相连的，历史上阅读是出版的源头，而从文化生产和传播的角度来看，出版是阅读的母亲。这两者之间形成了相互依存、相互促进、相互制约的长期互动关系，也就是供需关系。出版行业在阅读推广方面发挥着多重作用，包括传承和创新文化、促进文化建设、形成阅读潮流、培养读者阅读兴趣等。

首先，作为传承和创新人类文化的使命担当，出版界的工作至关重要。它不仅要保护和传承人类文化遗产，还要通过编辑、出版和传播人类优秀文化来实现这一使命。这样的过程使文化得以广泛传播，被更多人所了解。出版界的工作不仅仅是将现有文化普及给更广泛的受众，更重要的是为未来的文化创新奠定坚实的基础。因此，对人类文明的继承与创新，是出版事业不可推卸的重任。

其次，出版机构有责任推动阅读，同时也承担着制作阅读材料和促进文化发展的使命。出版业与全民阅读之间构建了生产者和消费者的关系，出版业负责生产阅读内容，提供文化产品，促进文化建设。读者的阅读需求规模不仅影响出版业的发展水平，还决定了文化建设的水平。

再次，出版机构可以根据读者的兴趣和需求制定适宜的阅读材料，从而引导阅读趋势。选题和计划可以影响材料的选择和倾向，因此，在阅读推广中，出版业扮演着关键的角色。

最后，出版业在激发读者的阅读潜力和培养阅读兴趣方面具有重要地位。为满足全民阅读的需求，出版业应加强市场研究和听取读者反馈，以更好地理解市场和读者的需求。通过与作家联系，出版业可以提供个性化的阅读服务和高质量的阅读内容。此外，出版业还应注重出版精品和提供高质量的服务，以激发读者的阅读需求和兴趣，同时扩大阅读人群。这种相互促进的关系有助于营造充满阅读热情的社会氛围。

二、图书馆界阅读推广概述

随着时间的推移，图书馆服务已经不再是手工操作，而是变得更加自动化、网络化和移动化，服务范围也变得越来越个性化、多样化和便捷化。阅读推广已成为图书馆界不可或缺的一部分，图书馆为此开展了各种各样的活动。本文对图书馆在阅读推广中所扮演的角色进行了论述，并对目前图书馆界的阅读推广状况进行概括性的描述，从而为探索出版与图书馆界共同进行阅读推广工作的必要性与可行性提供了依据。

（一）图书馆界阅读推广的主体

我国图书馆的种类繁多，其具体的分类是根据权威机构或领导体制来进行的。主要可分为，公共图书馆（如国立图书馆、少年儿童图书馆、乡镇街道图书馆）、学校图书馆（包括大专院校、中小学图书馆/室）、科学院和研究机构的图书馆、工会的图书馆等。各类别的图书馆在推动图书行业中，都发挥了举足轻重的作用。同时，图书馆协会、社会团体、行政机关等也在其中扮演了重要角色。

不同类型的图书馆具有不同的特点和重点，因此需要根据自身特点、用户需求和职能定位来制定适当的阅读推广策略。例如，不同地区的公共图书馆面对不同的用户结构和需求。在发达地区，用户通常具有较高的学历、收入和更高的信息服务需求，因此需要提供更主动、灵活和及时的信息服务以满足他们的需求。此外，不同类型的图书馆，如学校图书馆和公共图书馆，也存在差异，包括读者群体、藏书结构和服务方式等方面的差异。因此，阅读推广策略应根据不同类型图书馆的特点和用户需求来制定，以取得更好的效果。

在图书馆领域，各种阅读推广主体之间存在明显差异，涉及用户结构、服务定位和效果等多个方面。因此，在进行阅读推广时，需要充分考虑读者的个人需求，根据各地具体情况采取相应的措施。这并不是简单地套用成功的经验和模式，而是需要根据实际情况灵活运用阅读推广工作。尽管各阅读推广主体之间存在差异，但它们都致力于共同目标——推动全民阅读。此外，图书馆协会和相关政府机构在协调图书馆领域的阅读推广工作方面发挥着重要作用，应承担推动阅读推广的责任。

（二）图书馆界在阅读推广中的作用

图书馆与读书有着密切的联系。图书馆的其中一项功能，就是免费向公众提供文化宣传、思想教育和科学知识普及等服务，从而提高国民的文化素质。因此，图书馆在推广阅读方面扮演着多重角色，如保存阅读资源、提供阅读场所、指导阅读技巧、保护读者权益以及提高国民素质等。这些职责相互交织、相互影响、彼此制约。总之，图书馆是一个重要的文化机构，为读者提供全方位的支持和帮助。

首先，图书馆是阅读推广的关键支持者，拥有丰富的馆藏资源。图书馆的根本任务是促进阅读，以满足用户的需求。这些馆藏资源必须得到充分利用，以免沦为无用的陈列物。为了实现可持续发展，图书馆必须不断增强自身实力，填补不足，并通过创新服务来满足用户的需求，以吸引用户的支持。

其次，图书馆是举办阅读活动的重要场所，负有国民阅读服务的重大责任。作为国民阅读的主要场所，图书馆可以反映国民的阅读水平。同时，作为一个公共空间，图书馆还承担着重要的社会责任，为广大国民提供高品质的阅读环境，并成为他们生活中的重要社交场所。因此，图书馆已经成为国民阅读的主要场所，具有不可替代的社会价值。

再次，图书馆是一个拥有专业知识背景的机构，其职责之一是引导国民阅读。图书馆是评估国民阅读水平、阅读流通量以及开展相关活动的重要参考来源。作为阅读推广的专业机构，图书馆积累了丰富的经验和专业知识，可以为国民阅读提供有益的指导。因此，图书馆在提高国民的阅读能力和水平方面发挥着不可或缺的作用。此外，图书馆具有公益性质，保障公民的阅读权益。作为国家的重要公共文化服务机构，图书馆的服务根本性质就是公益性的。其主要服务目标是服务读者，服务人类文明的传承和发展，这也是其最基本的责任。

最后，作为公共文化服务主体的图书馆具有教育服务的特点。由于目前国内的阅读水平和国外有较大的差距，图书馆的重要性越发显著。它可以激发国民的阅读兴趣并提高阅读能力，这对于提高国民综合素质至关重要。图书馆丰富的馆藏为教育服务提供了基础，并且它还能为教育服务提供资源保障和场地。事实上，图书馆所提供的教育服务就是为了推广阅读并进一步促进国民素质的提高。因此，图书馆具有不可替代的重要作用，它能够为国家的教育事业做出积极的贡献。

第二节　出版界联合图书馆界进行阅读推广的重要意义

一、在阅读推广方面，出版社和图书馆间的合作是必不可少的

随着物质生活的改善，越来越多的人开始重视精神层面的需求，其中阅读变得尤为重要。然而，我们不得不承认国内普遍存在国民阅读水平不高的问题。要推动国家的文化发展和社会进步，必须培养国民的阅读习惯，提高国民的阅读水平。全民阅读不仅是图书馆工作者的重要任务，也是出版工作者的重大使命。出版社的编辑和图书馆的工作人员应该积极合作，共同推动这一目标的实现。因此，出版部门和图书馆部门应该加强合作，以促进全民阅读。这不仅是现实需要，也是各方优势互补的客观要求。此外，出版界和图书馆界的合作还可以拓宽业务范围，共同提升阅读服务水平，构建健康的文化产业链，这是一个不可避免的趋势。

（一）提高学生阅读能力的实际需要

我国国民阅读率近年来未能随着经济的发展而提高，反而呈现下滑的趋势。造成这一现象的原因，一方面是长期以来缺乏阅读氛围的根深蒂固的问题，特别是家长缺少对儿童阅读的兴趣。其实，对于儿童来说，家庭才是最好的教师，如果家里有一个好的阅读环境和足够的书籍，那么就能有效地促进孩子的阅读习惯养成。反之，如果家庭缺乏阅读气息，那么也就无法培养出爱阅读的孩子。

另一方面是应试教育所带来的功利心理。在我国，学生时期要想应付考试，就必须埋头学习课本和辅导书籍，这不可避免地导致了国民对于阅读的抵触情绪。在接下来的生活中，这种心理则更加严重，很难产生阅读的乐趣，

也因此越来越少的人乐意去阅读。

为提高国民阅读率，可采取以下措施：首先，鼓励在家庭中培养阅读氛围，鼓励家长与孩子一起阅读，创造有利于孩子阅读的环境。其次，需要调整教育体制，减轻应试教育压力，鼓励学生在学习之余积极阅读，培养他们的阅读兴趣。最后，要加大阅读的宣传力度，促进阅读文化的普及。只有通过这些途径，我们才能有效地提高国民的阅读率。

目前，我国缺乏有效的阅读引导，全国范围内未形成良好的阅读氛围。尽管国家越来越重视提高国民阅读水平，但依然面临缺乏有效政策和措施的困境。没有国家政策和有效的措施来支持全民阅读，光有口号是不够的。为了真正形成全民阅读的氛围，我们需要通过阅读活动来引导国民积极参与阅读。

为提高国民阅读水平和改善阅读环境，出版界和图书馆界应该共同合作开展阅读推广工作。尽管国家已经采取了一些积极的措施，各个阅读推广主体也在积极参与，但分散的模式难以形成有效的合作，导致阅读推广效果有限，资源浪费。因此，需要协同各方力量，共同推进阅读推广。

出版界和图书馆界是阅读推广的重要主体，他们应该成为先锋，并承担时代的重任。他们应该共同制定有效的阅读政策和措施，开展阅读推广活动，为全民阅读提供更好的服务。只有这样，我们才能推动全民阅读，提高国民的阅读水平，促进国家文化建设。

（二）实现优势互补、避免劣势冲突是客观需求

在阅读推广上，出版业界与图书馆业界有显著的不同。出版行业在经费来源、推广范围、资源更新速度、丰富度、受众和宣传等方面，有着明显的优势。与此相应，图书馆界却有许多缺陷。

第一，关于资金来源，图书馆界相对于出版业界而言，资金来源显著有限。由于其公益性质，图书馆界通常主要依赖上级拨款，而多数县级公共图书馆甚至没有足够的购书费用，经费十分紧缺，难以满足阅读推广的需求。

相比之下，出版社和出版商属于营利性质，可以通过自身经营所得的资金支持阅读推广活动。此外，出版业的阅读推广活动具有一定的营利性质，通过售卖图书来获得资金，从而为活动提供更多经费来源。因此，从经费角度来看，出版业具备一定的优势。

第二，图书馆界在推广阅读方面面临更多的限制。一般来说，图书馆界的阅读推广活动局限于图书馆内部，受到藏书量特别是公有藏书的限制，而推广范围相对有限。相反，出版社可以在不同的场所，如广场和城市中心等户外场所，推动图书的传播和发展。

第三，在信息资源的更新和丰富方面，图书馆的信息资源相对于出版业界来说是比较落后的。图书馆的文献资料大部分来自出版机构，但新书需要多个环节才能被收入图书馆的馆藏，因此，文献资源在图书馆中的更新是比较缓慢的。同时，馆外活动也很难满足读者的需要，造成了文献资源相对于出版单位来说匮乏。因为图书馆的服务性质，它的受众面很窄，以本馆持卡读者为主。而出版机构则能够通过多种途径如出版机构、发行机构和农家书屋等机构，触及更广泛的受众，因此在推广中的受众范围更广。

第四，出版界在推广方面具有优势，而图书馆界则相对较弱。这是因为出版界拥有丰富的经验、优秀的推广人才和充足的资金，而图书馆界则缺乏这些资源。所以，在阅读推广的宣传计划中，出版社要做得更好，而图书馆仍需努力。

首先，图书馆在阅读推广方面拥有丰富的经验，作为公共文化服务的核心机构，它们长期以来一直积极参与并贡献于阅读推广，积累了丰富的经验，从研究到实践都具备显著优势。相对而言，出版界在这方面的经验相对较少。且图书馆具备促进资源自由利用的有利条件。因为图书馆的公益性质，它们有责任免费为民众提供服务。相较之下，出版业是以盈利为目的，因此在提供免费资源方面存在一定限制。

图书馆的阅读推广服务具有公益性质。由于出版发行机构的经营性质，它们的阅读推广服务可能带有一定的营利性质，而公益机构，如图书馆，能够保持公益本质，为读者提供更全面的服务。

最后，图书馆有更好的机会获取读者的阅读行为信息。尽管出版发行机构通过销售书籍可以与读者互动，并获得购买数据，但要精确分析读者的阅读行为，需要获取诸如借阅书籍的时间、次数、频率等数据，这些数据只有专业的阅读服务机构，如图书馆，才能获得。因此，从阅读推广的角度来看，图书馆相对于出版界具有更大的优势。

出版界和图书馆界都在致力于阅读推广，各自拥有优势和不足。然而，在现实中，双方未能有效合作，导致双方的优势未能叠加，因此难以弥补不足之处。要提高阅读推广水平，出版界和图书馆界需要精诚合作，充分发挥各自的优势，避免弱点。图书馆界单纯依靠专业背景，影响力不足，无法促进全民阅读推广的深入开展；而出版界单纯追求经济效益，难以保证全民阅读推广的可持续性。出版界和图书馆界的合作不仅能够带来更好的成效，而且能够在更广泛、更高层面上促进阅读推广的效果。

（三）拓展各自业务完善阅读服务的良好契机

出版社和图书馆都肩负着重要的文化使命，为公众提供重要的文化服务。图书馆一直秉承以读者为中心的理念，提供公益性文化服务。为了扩展服务范围，图书馆应该举办多样的读书宣传活动。这些活动不仅可以提高阅读兴趣，还鼓励人们借阅图书，享受公共文化服务。此外，通过与读者互动，图书馆可以获得宝贵的反馈，更好地了解读者需求，从而改进其服务质量。

尽管出版发行机构更加注重经济效益，但文化服务的本质仍然存在。阅读推广是图书馆事业发展的一项战略，以公益性为主导，商业性为辅助，有助于图书馆的持续发展。图书馆举办的多样阅读推广活动提供了更多阅读选择，激发了读者的积极性，培育了忠实读者群体，也为机构创造了潜在读者。此外，这些推广活动有助于更准确地了解读者需求，推动各机构更好地满足用户需求，提供更多受欢迎的高质量图书。这种以文化服务为核心的业务策略，在企业改革后仍然至关重要。

出版界与图书馆界可以相互合作学习，共同进步，促进两个行业向更好的方向发展。这样的合作为双方的企业扩大经营提供了很好的机遇，同时也是双方企业对自身发展和提高的共同诉求。业界已经达成了一种共识，那就是要重视协作和团结，积极地组织各种活动，提倡阅读，帮助人们培养阅读的习惯，甚至对阅读产生依赖。与此同时，出版业界与图书馆业界携手合作，共同推动读书活动，相互学习、互相促进。

二、图书行业和图书馆行业在促进读书方面的合作

在这一进程中，出版社和图书馆两个行业之间存在紧密联系。作为文化产业的关键组成部分，出版行业和图书馆行业都高度重视全民阅读推广，因此，它们之间的合作是互利共赢的。出版界和图书馆界都具有文化属性，追求共同的文化目标，这为它们在阅读推广方面建立了坚实的合作基础。此外，出版界和图书馆界都属于文化产业领域，根据国家政策的支持，它们合作进行阅读推广是非常合理的。

出版界和图书馆界的合作可以促进阅读的推广，这是双方互惠互利的。对于出版机构，阅读推广可以激发读者的阅读需求，推动文化产品的生产和营销。另一方面，全民阅读可以丰富人们的精神生活，增加对文化产品的需求。因此，出版行业需要不断努力，提高文化品质，改进生产和服务方式，以更好地满足国人对高品质文化的需求，从而提高自身水平。图书馆作为公共文化服务机构，一直坚持为提高全民阅读水平提供服务的理念。因此，图书馆应积极欢迎出版界加入其阅读推广事业，共同推动全民阅读的发展。出版界和图书馆界的合作可以为读者提供更多高质量的阅读资源，激发阅读兴趣，提高阅读水平。这不仅改善了国民的精神生活，也推动了文化产业的发展。

（一）出版界与图书馆界关系密切

第一，出版界是图书馆的重要合作伙伴。图书馆的目标是为读者提供全

面的知识资源和服务，而出版界则是知识资源的重要来源。出版界通过出版和发行各种书籍、期刊、报纸、音像制品等资源，满足了图书馆读者的阅读需求，促进了知识的传播和学习的深化。因此，出版界与图书馆界的紧密合作关系是图书馆发挥其知识管理和服务功能的重要保证。

第二，出版界为图书馆提供丰富多样的文化产品。除了传统的出版物外，现代出版界还提供各种数字化和电子化的文化产品。这些文化产品通过互联网和数字技术与读者联系起来，进一步拓展了图书馆的文化服务范围和深度。

第三，出版界与图书馆界的合作促进了知识产业的发展。随着信息技术和知识经济的快速发展，出版界和图书馆界的合作已经不仅仅是传统的出版物的流通与传播，而是涉及数字技术、知识产权保护和数字文献资源共享等更深入的合作。这种合作不仅促进了知识产业的发展，而且有助于推动数字化时代图书馆的转型和创新，进一步提高了图书馆服务的质量和效率。

（二）双方合作阅读推广互利共赢

当前，"阅读危机"已经成为一个广泛关注的话题。在许多国家，如俄罗斯、德国和日本，不同程度的阅读危机都有所体现，主要表现为阅读量下降和阅读质量减弱。这一现象的出现是由网络的迅猛发展、数字技术的不断更新以及功利主义导向的过度突出等多种因素所致。人们很容易在庞大、多样和复杂的信息流中迷失，因此过于追求娱乐和快餐式阅读，导致浅薄、肤浅和粗俗的阅读趋势。这使得阅读不再是一种内在的真实需求，而变成了一种形式化的象征。

在中国，阅读危机也是一种现实问题，其影响不仅局限于国民的文化素养，还波及各个领域，尤其对出版发行机构和一直以来肩负阅读推广任务的图书馆机构造成了影响。国民对阅读的理性需求不仅是促进图书馆事业健康发展的不竭动力，也是确保图书馆事业持续增长和繁荣的重要保证。

出版发行机构的可持续发展与国民对阅读的需求密切相关。国民阅读量的增加对出版发行机构的发展至关重要，而不良的阅读需求则对其产生负面影响。因此，我们需要改变国民的不良阅读习惯，提高阅读率，以支持出版发行机构的可持续经营。

阅读推广是一种有益的手段，可以帮助我们实现这一目标。尽管阅读推广更多的是一种公益性举措，但它也可以培养用户的阅读习惯和阅读消费行为，有助于促进出版发行机构的可持续经营。

同时，图书馆本身也是一个服务性组织，它的职责就是为读者服务。读者是图书馆的主要客户，他们的阅读需求直接影响到图书馆的服务质量。如果全民阅读的比例不高，那么图书馆将很少有人光顾，不能为人们提供文化服务。但是，如果有低俗化的阅读需求，就会对图书馆的公共文化服务秩序造成影响，阻碍文明进步和发展。

为了更好地维护自己的位置，促进自己的发展，出版社与图书馆应携手合作，制订一个行之有效的阅读推广计划。其实，出版社与图书馆共同推动阅读，其利益远不止这些，可以说是一场双赢。这样的合作对双方都有好处。

（三）顶层规划是协作的基础

近年来，国家各相关部门、行业以及组织都已认识到全民阅读对文化遗产的重要性。作为文化传承的关键组成部分，出版界和图书馆界有责任成为阅读推广的引领者。他们应该增强合作，共同推进全民阅读事业发展。

我国的出版界和图书馆界一直积极推动阅读推广。在这过程中，一系列全国性或国际性的高级会议发挥了关键作用。这些高级会议不仅提供了出版界和图书馆界交流与合作的平台，还为阅读推广事业的发展提供了有力支持。例如，国家图书馆、中国图书馆学会等机构近年来举办了许多重要会议，如"全国数字图书馆建设研讨会""中国数字出版创新发展论坛""国际数字图书馆大会"等。这些会议的召开不仅推动了数字时代图书馆的转型和创新，也促进了数字出版的创新和发展。同时，这些会议也为出版界和图书馆界的国际交流提供了重要机会，加强了国际的合作与理解。这些高级会议的积极举办，不仅促进了出版界和图书馆界的发展，还为阅读推广事业的进一步推动提供了坚实的基础和广泛的机遇。

尽管在过去，出版界和图书馆界已经展开一定程度的合作，但这些会议在以往合作经验的基础上进行了更全面的规划，从而使出版界和图书馆界的合作更加切实可行。这些会议也为双方提供了机会，共同探讨如何合作推动阅读推广，并制定具体计划和措施。通过这些会议，双方能够更好地协调合作，实现双赢的局面。

第三节　出版行业联合图书馆界促进全民阅读推广的模式

全民阅读推广是一个复杂的系统性过程，包含多个环节和要素。出版行业和图书馆界的合作可以促进社会文化事业的发展，提高国家的文化素质。在西方发达国家，这种合作模式已被证明是高效且重要的。我国也在积极尝试这方面的合作，并已取得一些成就，尽管与发达国家相比还有差距。

虽然学界已有一些关于出版机构和图书馆共同推进全民阅读的研究，但大多数都是基于经验的介绍，零散的著作，缺乏总结为其他合作模式提供参考的协作模型。因此，本文研究了国内外出版社和图书馆合作开展阅读推广的案例，并进行了分析。最终总结出了两种合作模式：联盟阅读推广模式和加盟阅读推广模式。

联盟阅读推广模式是指出版社和图书馆两个领域的组织平等合作，共同制订阅读推广计划，共享资源和信息，共同承担项目风险和成本。这种模式适用于合作伙伴关系和资源利用高度契合的合作项目。

无论是联盟还是加盟，都需要第三方组织的协助或领导。在联盟方式中，出版单位和图书馆单位都是联盟成员，而其他单位则协助合作。而在加盟模式下，至少有一方不是阅读推广合作的主体，可以分为三种情况：

第一，加盟模式 A：出版机构主导，图书馆机构协助。

第二，加盟模式 B：图书馆界主导，出版机构协助。

第三，加盟模式 C：第三方组织主导，其他出版和图书馆等组织协助。

需要注意的是，在加盟模式中，出版和图书馆机构的地位可以相同，也可以不同，而在联盟模式中，通常以主导型合作为主，出版和图书馆机构地位平等。

一、海外读书推广模型

发达国家的出版界和图书馆界一直在合作推广阅读，在这方面已经有了丰富的实践经验。其中包括英国、美国、加拿大等。下文对他们的合作模式进行了梳理，主要包括联盟模式和加盟模式。

美国图书博览会是全球最大规模的书籍展览，自 1900 年以来由美国书商联合会举办。每年的 5 月和 6 月，来自出版、图书馆、教育等行业的代表汇聚一堂，开展展示新书、洽谈版权、与读者交流等各项活动。

美国出版商协会每年都组织面向社会大众的推广阅读活动，得到书店、图书馆、学校等机构的大力支持，对推动美国国民阅读形成了积极影响。这些宣传活动形成了较大反响。

自 2001 年起，美国国家图书节已成功举办 23 届，该全国性阅读推广活动通常在每年 9 月下旬的第一个周末举行，旨在推广阅读、提高阅读兴趣。该活动得到图书馆、出版、新闻、教育和文学界人士的积极参与和支持，赞助方主要包括出版机构、书店和图书馆协会。

"阅读新加坡"是新加坡国家图书馆管理局每年举办的全民阅读推广活动。此活动旨在通过推广特定书籍，促进新加坡人的阅读兴趣，每年设定一个特定主题，并由非营利性出版社、书店和教育部等机构负责策划。学校、作者等多方代表也参与书评活动，以挑选适合新加坡国民阅读的好书。该活动高度重视公众宣传，充分利用了名人的作用，并通过各种媒体渠道广泛宣传。合作方式采用联营方式 B 和联营方式 C。联营方式 B 主要以图书馆和社会组织为主体，侧重社会公益。在联营方式 C 中，出版机构和图书馆以协助者的身份参与阅读推广活动。活动的营利性与具体的阅读推广方式有关。

"阅读起跑线"是一种以第三方为主的加盟模式 C 的典型类型，旨在为学龄前儿童提供阅读指导服务。该项目始于 1992 年，由四个主要组织共同发起，包括图书信托基金会、伯明翰图书馆服务部、伯明翰南卫生局以及伯明翰大学教育研究所。此外，儿童图书出版社也作为赞助商加入了这一项目。图书馆、出版社、社会团体等也采用了这种模式，这一模式已经在许多国家如美国、德国、韩国等地进行了推广。比如德国的"起点读书计划"就是图书馆和出版商合作的一种促进阅读的方式。这种模式在国际上具有广泛的影响力和示范作用。通过"阅读起跑线"模式，儿童可以在学龄前接触到丰富的图书资源和阅读指导，培养阅读兴趣和能力，有助于提高儿童的学习成绩和综合素质。

"赠书"和"购书优惠"是加盟模式 C 的两种重要形式。在 2002 年，美国国民城市银行启动了一个叫作"读书是通向成功的道路"的计划，这个计划由加州社区基金会，巴诺连锁店和其他一些组织赞助。该项目包括向学校图书馆赠送图书以及邀请作者讲座等多种活动，旨在促进阅读文化的传播。巴诺连锁书店作为支持方，学校图书馆则是受益方。

英国前首相布莱尔曾组织过"快速阅读"活动，这项活动汇聚了各方，包括图书馆、出版商、书店、政府机构、国家图书购买券合作商户、超市以及诸如英国广播公司等多个组织。学校、图书馆、康复中心、医院、阅读中心、幼儿园、看护家庭、旅店、军队和监狱等也积极参与了这一活动，旨在推动阅读，鼓励人们多读书，提高阅读速度和效率。

在加盟模式 C 中，阅读推广具有重要意义，包括阅读分享和书目推荐。这些活动鼓励人们培养阅读兴趣和能力，是一种全球性的推广形式。密歇根州的密歇根阅读（Michigan Reads!）活动是其中一项杰出的示范。得到哈珀·柯林斯出版社和密歇根图书馆基金等机构的大力支持，该活动已成功举办了 20次。它鼓励各大图书馆、幼儿园和中小学等机构开展各种阅读活动。此外，堪萨斯读书中心还推出了"堪萨斯经典书目"，供读者参考。该计划在 2008 年获得了美国国会图书馆布尔斯廷奖，并得到广泛认可。

在加盟商 C 中，读书竞赛也是一种普遍的推广方法。比如，加拿大公共福利机构"公民读书计划"，成立于 2012 年，已连续三年在全国范围内发起了"全民读书计划"，并在全国范围内发起了"全民读书计划"。这个机构在出版社、图书馆、教师，在包括作者和父母在内的所有方面的支持下，举行了一次一定规模的读书竞赛，成绩斐然。

二、我国阅读推广模式

我国的出版界和图书馆界在阅读推广方面已经积累了一定的合作经验。为了更清晰地了解这种合作模式的特点，可以对其涉及的联盟模式和加盟模式进行梳理。目前，国内的出版社、图书馆等机构在推进联合阅读方面，主要侧重于宏观层面的研讨会、论坛等活动，但缺乏对联合阅读的整体规划。此外，针对儿童阅读方面，推广的目标不够明确，缺少有针对性的儿童阅读促进计划，也未充分重视儿童的分级阅读。我国的阅读推广联盟模式更加注重以阅读材料为核心的活动，如书展、赠书等。然而，出版发行机构的优势并未得到充分发挥。此外，阅读推广工作通常局限于地区，以短期活动为主，缺乏持久性和长期性。

加盟模式 A。《图书馆报》是图书馆、出版和学术三方合作的纸媒平台，自 2003 年创刊以来逐渐发展成为全民阅读深入推广的重要渠道。它的前身是新华书目报的子刊《新华书目报·图书馆刊》。《图书馆报》为图书馆界和出版界提供了宣传渠道，同时也积极参与各项阅读推广活动，并取得了显著的成果。此外，"人民邮电出版社优秀馆藏图书馆评选活动"得到了全国数百家图书馆的热烈响应。这些活动加强了各图书馆之间的交流与合作，提升了公共文化服务水平，确保了全民阅读的质量。这些活动对我国的全民阅读产生了积极影响。

加盟模式 B。"十分努力"计划是立人乡村图书馆的一项加盟模式，旨在为出版社和作者提供合作机会。该计划于 2010 年启动，出版社和作者可以选择加入并支持立人乡村图书馆的事业。参与方须认同立人乡村图书馆的理念和运作，并承诺在每实际售出一本书时向立人捐出一角钱。该组织是一个民间教育公益组织，一直致力于推广阅读。立人乡村图书馆的努力得到了众多知名作家的认可，也吸引了其他机构和群体的积极参与，如网店、学者等。通过"十分努力"计划，立人乡村图书馆和出版社、作者等合作方共同为阅读事业做出了贡献。这项计划充分展现了各方对阅读的热情和对推广阅读的共同责任感，为促进阅读事业的发展做出了积极的贡献。

加盟模式 C。公益小书房是由儿童文学爱好者组成的公益团队，致力于推广儿童阅读。最初，该团队从漪然创建的儿童文学网站起步，并在艾斯苔尔、流火等人的协助下建立了一个互动社群，将其正式注册为"梦想之地"，成为一个官方网站。随着莫音和其他在线志愿者的加入，网站的内容逐渐增多。公益小书房得到了图书馆、出版单位等组织以及众多志愿者的大力支持，已在全国多个城市建立了旗舰站，可以说对促进我国儿童阅读做出了重要贡献。

然而，尽管我国出版界和图书馆已经参与了阅读推广，但对于儿童阅读的分级重要性却缺乏足够的重视。虽然计划和活动的推广范围和持续性得到了保障，但规模相对较小，小规模的加盟模式难以产生影响力，推广方式也相对传统，难以吸引足够的读者关注和发展。因此，需要更多地关注儿童分级阅读，创新推广方式，增强阅读计划和活动的规模和影响力，以促进读者的全面发展。

第四节　出版行业联合图书馆界促进全民阅读推广的

注意事项

一、图书出版界和图书馆界在进行阅读推广合作时应注意的问题

（一）公共利益与业务之间的冲突会阻碍合作

尽管我国的图书馆界在全民阅读方面拥有丰富经验和实力，但其推广方式存在着一些形式化的问题。具体而言，行政主管部门会发布阅读推广活动的动员令，随后自上而下督促工作人员参与这些推广活动，导致阅读推广的规模、资金和效果都被行政指令所决定。此外，参与推广的工作人员多数是临时抽调，缺乏可持续性的经验。这种方式使得全馆在短时间内过度推广阅读，对读者造成疲劳感，难以实现长期的阅读推广目标。

这种推广方式与图书馆的公益使命相关。尽管财政拨款不能显著增加图书馆的经费，但可能导致图书馆陷入等待拨款和不关心服务的困境。这对出版界和图书馆界的阅读推广合作十分不利。为了避免这种情况，图书馆应加强专业人员队伍的建设，制订长期的阅读推广计划，充分考虑读者需求和利益，注重推广效果的评估，提高推广活动的可持续性和长期性。同时，政府应该通过更具体的政策支持和财政拨款方式，加强对图书馆阅读推广的支持和监管，确保推广活动的质量和效果。只有这样，阅读推广活动才能成为图书馆的基本常态服务，真正为读者和社会做出贡献。

在全民阅读推广方面，我国出版行业拥有政府支持和充足的资金。然而，这一行业经常将促进读书活动与经济活动紧密联系在一起，重视经济利益而

忽视实质。这导致了我国出版行业在促进阅读方面存在一些问题，如偏向形式而轻视内涵，过度包装低质量书籍，以及在没有需求调查的情况下盲目推广阅读。这种做法不仅浪费资源，还严重削弱了人们对阅读的兴趣，损害了阅读生活。此外，它还不利于促进出版业和图书馆之间的阅读交流。因此，出版行业需要更多关注阅读质量，培养人们的阅读兴趣，以及加强与图书馆的合作，以推动更有益的阅读活动。

（二）合作受阻于互动和交流困难

为了有效地提供阅读服务，出版机构需要快速有效地向阅读服务机构（例如图书馆、农家书屋、书店等）传达图书信息。为了实现这一目标，合作交流平台成为出版机构发布新书信息和活动信息的重要渠道。在此基础上，出版社可以将其所要传播的信息传播给更多的读者，从而形成一个高效的信息传播渠道。

阅读服务机构可以定期分析用户的借阅和购买行为，然后将结果发布在合作交流平台上。这提供了有关读者偏好的信息反馈和需求指导，帮助出版机构更好地了解读者，从而调整内容规划以满足他们的需求。这种做法不仅可以避免由于错误决策而带来的损失，还可以提高出版物的质量和适应性，从而实现更好的阅读推广效果，满足人们的精神需求。然而，目前出版界和图书馆界之间缺乏信息沟通和反馈的平台，这限制了阅读推广的发展。因此，建立一个合作交流平台至关重要，它可以促进出版和图书馆之间的合作，更好地满足读者的需求。因此，图书出版业和图书馆业之间的合作和交流对于提供更好的服务至关重要。

（三）合作伙伴未充分分析受众需求

我国出版社和图书馆在阅读推广方面已经认识到了国民阅读需求的多样性和个性化。例如，长沙市图书馆与湖南省新华书店合作举办的"你的 Book 我买单"以及东南大学出版社与东南大学图书馆合作的"春之喜雨——东南大学出版社春季书展"和淄博市图书馆推出的"U 书快借"（线上"你选书 我买单"，读者通过微信公众号挑选心仪图书，若符合图书馆采购原则，由京东物流配送至读者手中，全部费用由图书馆承担，读者阅完后，将图书归还至图书馆）等活动鼓励读者参与馆藏采购和推荐，以满足读者的个性化阅读需求。这些实践表明，合作开展阅读推广已经取得了显著成效，值得肯定和推广。

　　然而，在阅读推广过程中，供给与需求之间的不匹配是很常见的问题。例如，陕西出版集团和陕西省图书馆联合举办的"百万书赠读者"以及出版界和图书馆界共同举办的"大赠书"等系列活动，未充分考虑读者的需求，缺乏充分的调查和分析。实际上，不同的阅读推广活动可能针对不同的受众，不能简单地依赖全国或全省的一般性调查或报告来判断读者的兴趣。因此，在进行阅读推广活动之前，必须进行针对特定活动范围内的受众的需求调查和分析，以确保提供符合读者真正需求的阅读服务，从而实现最佳的阅读推广效果。

二、为推动出版界与图书馆界间合作而采取的对策

（一）实施多元评价机制，提供资金保障

　　为了促进全民阅读，出版界与图书馆界在共同进行阅读推广的过程中，要避免出现形式化等问题，只有这样，阅读推广才能不再局限于完成任务式的固定模式，而是更加富有创造力。为了改善阅读推广的局面，我们需要采取措施加强监管，并推陈出新。评价机制是加强监督的关键，所以出版社、书店、农家书屋、图书馆、有关行业、行政机关等多方机构要积极参与。开展多元评估对推进我国阅读推广工作具有重要意义。

　　多元评价需要考虑评价方和被评价方的多样性。要实施多元评价，应该鼓励多个机构和个人的参与，包括主要责任方，如出版业和图书馆界，以及

其他与阅读推广相关的机构和个人。他们的积极参与既推动了图书馆界的文化传播工作，也有助于出版界的知识生产和传播。评估成员的具体组成可以根据不同活动的需要而变化。这种评价方法不仅有益，也是必需的。出版界和图书馆界都应该积极参与评估，以展示其在阅读推广中的责任。此外，其他机构和个人的参与也至关重要。政府机构、社交媒体、教育领域、广大读者等都应该包括在评估的范围内。从各个成员的角度进行评价可以更客观地呈现阅读推广的情况。不同成员持有不同的观点，有助于监督和促进出版业和图书馆合作进行阅读推广。这种评价无论结果如何，都具有益处。

在阅读推广的过程中，出版社通常关注经济利益而忽视社会公益。而在图书馆界，由于难以获得收入，他们的日常运营通常依赖政府资助，因此，资金不足成为他们推动阅读推广工作的主要困难之一。为确保双方的顺利合作，应建立以多元评估机制为基础的阅读推广基金。这样可以保障阅读推广的经济和社会效益。

要解决这一问题，有两种可行途径。首先，建立一个全国性的"全民阅读基金"可能是一个有效的措施。出版机构和图书馆可以共同提出阅读推广的合作计划，并向全国阅读基金申请资助。全国阅读基金会将负责审核、批准、监督和评估这些计划，以确保阅读推广工作的可持续性，并为未来提供参考。其次，出版业和图书馆业之间也可以建立一个"出版与图书馆业界阅读基金"，以弥补"全国阅读基金"的不足。这将为双方提供更多的资金来源，促进更多有益的阅读推广活动的合作。

国家阅读基金的资金主要来源于三个方面。首先，政府的财政拨款是国家阅读基金的主要经费来源。其次，社会捐款也是一种筹资方式。最后，支持阅读的组织可以通过慈善拍卖等方式筹集资金。这些资金的管理和补充由相关部门负责，旨在推动全民阅读。除此之外，出版业和图书馆界也是国家阅读基金的重要资金来源，包括公益性经营所得、图书馆机构筹集的资金以及其他公益机构提供的赞助资金等。合理管理和使用这些资金将有助于提高我国国民的阅读水平和文化素养。

（二）健全合作交流渠道，保证有效互动

图书出版机构和图书馆在信息交互上的隔阂，严重制约了图书出版机构和图书馆的推广工作，因此，加强图书出版机构和图书馆的协作和沟通，是解决该问题的根本。合作的最终目的是服务大众，而建立良好的交流渠道则是必要条件。通畅的交流渠道直接或间接地影响着阅读推广的质量与水平。因此，打造合作交流平台是建立健全合作渠道的有效途径。这样，出版界和图书馆界可以更好地开展合作，实现共同的阅读推广目标。

为了建立出版界与图书馆界的合作交流平台，需要全面考虑以下几个方面。首先，必须了解这两个领域的共同点和区别，以确保平台的设计能够符合使用者的需求和习惯。其次，为了实现这一目标，需要技术支持和高素质人才的配合。因此，技术和人才对该平台的成功至关重要。中国出版业协会、中国图书馆协会、新华书店等单位，是出版和图书馆领域合作与交流的重要平台。这些平台将把这两方面的信息资源进行整合，实现资源整合、信息发布、信息交流和互动、提供信息、通信等多项职能，形成了一个跨学科协作与交流的平台。通过该平台，出版界和图书馆界可以进行更加深入的合作，提高资源利用效率，促进行业的发展。

（三）满足个性化需求，数据挖掘受众

为了解决我国出版业与图书馆业在阅读推广活动中的供需矛盾，有必要进行有针对性的研究，以了解读者的阅读行为。在进行读书推广活动之前，需要明确调查的范围，调查并分析读者的阅读行为，以提高读书推广的效果。传统的问卷调查方式已不足以满足需求，而大数据分析和云计算技术的使用则成为必要。因此，建议建立一个基于云计算和大数据分析的系统来跟踪、分析和预测受众的阅读行为。该系统应整合社交媒体、电子书和阅读器等工具，以收集和分析受众的阅读偏好、行为和趋势，以确定哪些书籍更适合推广，以及在哪些平台上进行推广更有效。这种方式可以更深入地了解受众的

阅读兴趣、偏好和习惯，从而更好地满足他们的需求。

在大数据和云计算时代，通过数据挖掘来分析图书馆、农家书屋、出版社和书店等机构用户行为信息，可以实现对读者的阅读特性和需求的可视化分析。这种个性化的阅读推广服务是出版界和图书馆界合作的必然趋势。它可以避免盲目捐赠图书，提供更符合读者需求和偏好的阅读服务。

要满足读者的多样化需求，需要了解他们的阅读需求，并根据这些需求来设计和生产适合他们的阅读产品。这可以包括纸质书籍、有声读物和电子书等多种形式。数据分析可以帮助我们了解不同读者的喜好，以便为他们提供个性化的阅读推广服务。另外，随着数字化时代的发展，数字阅读变得越来越受欢迎，因此，出版和图书馆行业需要关注数字技术的发展，以提高数字阅读体验，并更好地推广数字阅读。

（四）搭建高质量的宣传平台，助力读者成长

在数字化阅读时代，建立一个卓越的数字阅读推广平台成为出版和图书馆领域密切合作的热门话题。该平台可以集合大量高质量电子图书，为读者提供更多便利。图书推广员可运用多种媒介，激发读者的阅读需求和兴趣，培养他们的阅读习惯，提供高质量的图书资料。与此同时，读者也可以通过此平台直接分享自己的读书心得，形成有益的反馈，促进出版和图书馆领域的合作，不断改进阅读推广工作。

这一高质量的数字阅读推广平台还有能力对用户的阅读需求进行调查，全面了解用户的兴趣和喜好，为用户提供个性化的阅读建议。此外，平台还能促使读者之间互相交流、互相学习，分享阅读经验，从而促进读者的持续发展。

构建数字阅读推广平台在推动阅读推广方面发挥着重要作用。为了实现这一目标，需要出版业、图书馆、读者和技术专业人才等各方通力合作，以满足各方需求并紧跟时代发展趋势。然而，值得注意的是，这个平台需要托管大量丰富的阅读资源，也会涉及知识产权等一系列问题，因此需要出版界和图书馆的高度关注。

第七章　新时期公共图书馆建设

第一节　公共图书馆品牌建设

一、图书馆品牌的概念

（一）品牌是什么

"品牌"这一词的来源可追溯到古挪威文字"brandr"，意指烙印，这是早期用于标记家畜和其他物品的方式。随后，这个概念在社会经济活动中逐渐演化，变成用来突出产品质量的标志，这一逻辑逐渐在市场中运行并得到广泛认可。早期的品牌通常以符号的形式表现，这种原始的品牌概念在西方和中国都有存在。

在我国，关于品牌的历史可追溯到西周时期，当时陶罐上所见的"物勒其工，以考其诚"等字样，实则为商标背后的雏形。然而，对于"品牌"这一概念的明确界定，却是在 20 世纪 50 年代由奥美广告创始人大卫·奥格威首次提出。至于我国，对品牌概念的应用则相对滞后，即便是在 1979 年，《辞海》这一权威辞书也尚未收录"品牌"这一词条。

关于品牌的定义，存在诸多不同视角与表述。大卫·奥格威深刻指出，品牌乃是一种复杂而多维的象征，它涵盖了名称、属性、包装、价格、历史、声誉、广告方式等多个方面的综合体现。而美国市场协会给出的定义则更为具体："品牌"指的是一个名称、名词、符号、象征、设计或其组合，旨在区分一个或一组卖方的产品或服务，进而实现与竞争对手的差异化。此外，《国际品牌标准化手册》亦对品牌概念进行了全面阐述，认为品牌是一个综合性概念，包含品牌的外部标识（如名称、术语、图案等）、品牌识别、品牌联想、品牌形象等核心要素。这些定义均从不同角度揭示了品牌的本质与内涵，有助于我们更深入地理解和把握品牌的价值与意义。

鉴于品牌概念的丰富性，其内涵可涵盖综合说、符号说、关系说和资源说等多元化阐释。无论采取何种分类方式，品牌均具备一些共性特质，如鲜明的标识性、良好的信誉、卓越的品质以及资产所有权等。在商业领域中，品牌不仅象征着产品质量的保障，更代表着市场份额的占有以及价值的实现，因此，品牌一直受到商界领袖和企业家们的高度重视与关注。

余阳明提出，尽管品牌似乎是由经营者创造和拥有的，但最终它需要经过市场检验。在评估品牌价值时，必须将公众的认知视为核心因素。品牌的存在和影响力源自公众的感知。

（二）图书馆品牌是什么

图书馆的品牌概念涵盖了商业标识和运营，同时深受其社会职能和使命的影响。品牌建设必须根据图书馆的职能、价值观和文化来进行，形成基于其定位、管理理念和组织文化的品牌。

市场化是图书馆品牌建设的基础，其核心评估标准是市场溢价率，即读者的参与和认同。图书馆品牌的塑造依赖于社会大众对其形象和服务的看法，包括便捷公益的服务、丰富的藏书、舒适的环境和多样的阅读活动。此外，图书馆员的职业使命也对品牌产生深远影响，如不拒绝任何读者的理念和追求卓越的专业品质。

二、图书馆品牌建设内容

（一）图书馆品牌定位

图书馆的品牌定位，作为品牌建设的核心，其关键考量在于精准把握目标受众。依据读者行为模式的深入分析，可将读者群体细化为休闲型、学习型与研究型三大类别。鉴于各类读者在需求与关注点上的显著差异，在构建品牌建设框架及投入资源时，必须因类施策，确保品牌建设的精准性与实效性。具体如表 7-1 所示。

表 7-1　三种目标人群的特征及需求分析

类型	目标	交流建立的可能性	环境和空间要求	资源要求	馆员要求
休闲型	不明确	高	优美舒适	休闲、流行	需要沟通能力
学习型	满足学习	一般	安静舒适	资源丰富	服务和保障能力
研究型	满足研究	低	低	资源丰富专业保障	需要文献和咨询专家

（二）图书馆品牌产品的组成

品牌不仅彰显产品的独特优势和鲜明特点，更深深植根于产品核心之中。依据产品的多元维度与特性，图书馆的品牌可大致划分为以下几大类别：

1.服务导向型品牌

这类图书馆侧重于提供优质的读者服务，包括便捷的借阅系统、专业的参考咨询和多样的文化活动。服务导向型品牌致力于满足读者的需求，打造良好的用户体验，以此来建立品牌形象。

2.教育和学术型品牌

这些图书馆注重支持学术研究和教育发展，提供丰富的学术资源和研究支持服务。它们的品牌形象关注学术权威性、信息资源的深度和广度，以及对知识传播和学术创新的贡献。

3.社区和公共服务型品牌

这类图书馆扮演社区中心的角色，关注社会公益和文化交流。它们提供社区活动、公共教育项目以及文化娱乐活动，旨在促进社会凝聚力和公民参与感。

4.技术和创新型品牌

这些图书馆在技术应用和创新方面走在前沿，提供数字化服务、虚拟资源和先进的信息技术支持。它们的品牌形象强调技术领先和创新能力，致力于推动信息科技与图书馆服务的融合发展。

5.文化保护和历史传承型品牌

这类图书馆致力于保护和传承文化遗产，包括珍贵的历史文献、地方文化资料的收藏与展示。它们的品牌形象强调文化保护、历史记忆和地方特色，为社区提供文化传承的重要平台。

这些类型相互关联，形成独特特征，但均指向图书馆服务和公共文化产品，这是其存在的原因和核心职能。这些品牌类型可结合形成综合品牌结构，包括主品牌和子品牌。主品牌代表图书馆，子品牌独立存在，满足读者需求，支持主品牌，塑造并巩固其形象。

（三）图书馆品牌的标识与运营

图书馆品牌的成功运营需要建立清晰的标识系统，并通过各种传播渠道强化其地域和阅读特色。运营过程中，关注内部文化建设和服务质量提升至关重要，同时不断创新引入新资源和技术，以适应快速变化的读者需求和市场竞争环境。图书馆员在品牌管理中扮演着重要角色，他们需要与用户保持密切互动，确保品牌定位清晰传达服务理念和价值观，从而持续提升品牌的影响力和社会价值。

三、图书馆品牌的属性和特征

（一）意识形态属性

作为传递人类文化知识和信息的重要场所，图书馆的品牌不仅仅是服务和文化的象征，更承载着影响读者和社会思想的重要责任。图书馆品牌的建立和运营需要紧跟时代潮流，顺应社会需求和政策趋势，设计出符合公众期待和文化发展的品牌项目和策略，以有效提升其在社会中的影响力和价值。

（二）领导力特征

安东尼奥·葛兰西认为，文化领导权实际上是在不采用暴力手段的情况下，合法化统治阶级的权益，主要体现在思想、文化、舆论领域。品牌建设成为一种有效的方法，用以构筑这种领导力。品牌的形成应该具有亲和力、吸引力和认同感，这有助于汇聚更多的读者和相关利益群体。

图书馆品牌不仅是文化传承的象征，更是社区共同利益的支持者和政府公信力的贡献者。通过引人入胜的品牌故事和服务的认同感，图书馆能够有效地团结社区成员，传递价值观念，并在文化领域展现领导力，从而成为社会和政府支持的重要文化表现者。

（三）公益属性

图书馆品牌与商业领域品牌的主要区别在于其强烈的公益性质，强调公平、公正和无须直接费用的公共文化服务。尽管如此，图书馆还是可以通过应用品牌概念和策略提供高质量的服务，为读者带来卓越的体验。

此外，通过文化创意的商业化运作，图书馆还能开发符合市场需求的创意产品，创造额外收入，这种商业行为与其公益属性并不冲突，反而能够支持图书馆的运营和发展。

（四）区域特性

区域性的概念有两个主要方面：其一，它表示品牌源自特定地区的文化和自然特征，具有独特的地方特性。这可以涵盖各种产品，如某种特定地区的农产品或传统手工艺品等。虽然这些产品具有地域性，但它们的市场覆盖是全球性的。其二，它指的是服务对象或产品的分布具有地域特征，而不是面向全体读者。

通常情况下，图书馆品牌受到当地文化的深刻影响，其服务主要面向本地居民。图书馆品牌的地域性可以包括上述两个方面的特征：它们的产品通常具有浓厚的地方特色，同时服务对象也具有明显的限定性。

地方文化对图书馆品牌的塑造至关重要，如湖南图书馆通过举办地方文化讲座等活动，深化了本地文化特色。图书馆行业以其独特的地方性资源配置，形成了多样化的品牌模式。尽管品牌间基本服务模式相似，但由于地域文化差异，各图书馆能够在内容设计和策划上展现个性化，从而避免了模仿和竞争中的知识产权问题，促进了图书馆品牌的多样性和发展。

四、建立品牌的路径思考

构建卓越的产品与服务，对于提升品牌影响力至关重要。品牌的核心，在于其出类拔萃的品质、精益求精的质量以及长盛不衰的优良信誉。唯有秉持最高标准的品质追求，品牌方能真正崭露头角，赢得广泛认可。

图书馆作为文化服务的重要载体，其服务必须全面满足读者的多样化需求，包括个性、文化及情感等多个层面，以实现读者价值的最大化。而这一切，均源自卓越品质的不懈追求。

图书馆的卓越性，不仅体现在文献资源的丰富性、建筑设计的艺术性、环境氛围的舒适性等方面，更体现在馆员的专业素养和服务质量上。通过文献、建筑、环境、馆员和服务的完美融合，图书馆能够为读者创造出愉悦、活力、启发、满足、平静、安心、健康、治愈、净化等多样化的阅读体验，满足读者在文化和情感上的多层次需求。

图书馆要建立成功的品牌，需要以读者为中心，持续提升服务质量并打造卓越形象。优秀的品牌管理团队至关重要，他们通过创新和有效管理保证品牌的健康发展和保护。持续的品牌创新也是推动图书馆走向成功的动力，利用地方文化和特色优势，创造出独特和个性化的新服务模式，建立共同利益体和社区参与的平台。

第二节　公共图书馆阅读推广品牌建设的创新策略

本节以 X 省图书馆为例对公共图书馆阅读推广品牌建设策略进行分析。

一、X 省图书馆阅读推广品牌化建设概况

X 省图书馆致力于满足视障人士的文化需求，推出了创新的文化助盲服务——"面对面朗读"。这一服务通过电话预约，为视障读者提供文学品位的机会。近年来，为进一步活跃阅读推广活动，增强其影响力，X 省图书馆已逐步建立起一套有机的阅读推广活动品牌体系。

基于不同读者群体的特性与需求，X 省图书馆积极发挥空间与馆藏资源优势，精心打造了一系列阅读推广品牌。这些品牌活动充分考虑到儿童、老年人、残障人士等各类读者的阅读特点和需求，旨在满足不同群体的文化需求。同时，还围绕古籍、地方文献、多媒体等专题方向，策划了形式多样的阅读推广活动，旨在弘扬传统文化、传承地方特色、丰富读者的精神文化生活。此外，X 省图书馆还注重提升大型活动的规模与影响力，使之成为图书馆的独特品牌活动。

X 省图书馆在阅读推广方面展示了显著的品牌发展成就，得到读者和社会认可。例如，2019 年成功邀请著名相声艺术家讲座，活动火爆，品牌影响力提升。特殊群体阅读推广也取得成果，2021 年特殊群体文化服务项目入选国家试点项目，并制定推进方案。图书馆积极利用展览空间，2020 年举办 120 余场展览，服务近 60 万读者。品牌"地方文献精品推荐"发布 60 余期内容，点击量持续增长，受到好评。其他阅读推广品牌也在不断提升影响力。

二、X 省图书馆阅读推广活动品牌化建设模式

（一）图书馆阅读推广品牌化与图书馆营销

图书馆在今天的文化和教育领域中，不仅仅是存放书籍和资料的地方，更是社区中心和知识资源的重要承载者。为适应社会的变化和读者的多样化需求，图书馆越来越注重将阅读推广工作品牌化，并将其纳入全面的营销战略中。阅读推广不再仅限于传统的借阅服务，而是通过精心策划的文化活动、主题展览、作家讲座以及在线平台的利用，打造多样化的阅读体验和知识分享平台。

图书馆品牌化的阅读推广不仅扩大了读者群体，提升了服务的深度和广度，还使得图书馆成为社区中不可或缺的文化中心。例如，通过定期举办的文化活动和讲座，图书馆能够吸引更多的社区成员参与，增强了其在社区中的影响力和知名度。同时，利用社交媒体和在线平台进行推广，图书馆能够实现信息的广泛传播，吸引更多年轻人和技术用户参与到阅读活动中来。

在营销方面，图书馆可借助数字化营销工具和社区合作伙伴关系，扩展其影响力。通过与学校、文化机构以及当地企业的合作，图书馆能够共同推广阅读文化，增强公众对其重要性和价值的认知。这种多方合作和创新营销策略不仅可以提高资源的共享和效率，也将为图书馆带来更广泛的社会支持和资金支持，进一步促进了其服务质量的提升和社会影响力的扩展。

因此，图书馆阅读推广的品牌化不仅仅是服务扩展的策略，更是为提升其在社区中的地位和作用，推动文化传承和教育发展的重要举措。通过不断创新和市场化运营，图书馆能够更好地满足社会需求，扩展影响力，为更多人提供开放、多样化的阅读体验，成为社会进步和文化建设的重要推动者。

（二）X省图书馆阅读推广活动品牌化建设模式

X省图书馆的阅读推广活动品牌化建设可划分为三个主要阶段：前期筹划阶段、中期实施阶段和后期完善阶段。前期筹划阶段主要聚焦于品牌理念的明确和整体方案的策划；中期实施阶段则侧重于活动内容的实际执行与宣传手段的拓展；后期完善阶段则强调在深入报道活动成效和收集各方反馈的基础上，持续推动品牌化建设的优化升级（见图7-1）。

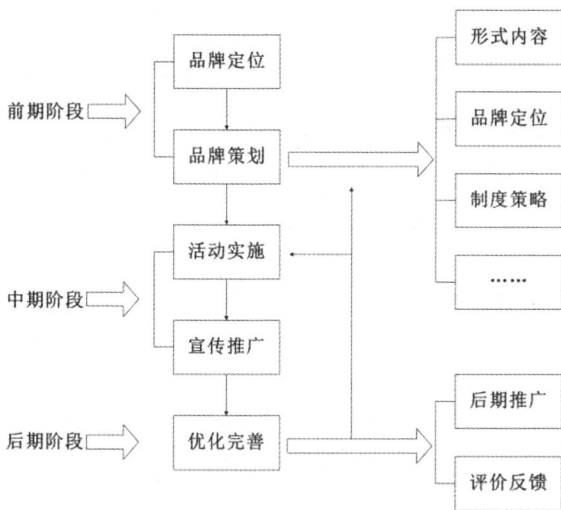

图7-1　X省图书馆阅读推广活动品牌化运营模式

1.品牌定位

X省图书馆品牌定位特点如下：

第一，年龄分层，为不同年龄段读者建立专属活动品牌，如"童阅乌托邦"针对少儿，"乐龄俱乐部"服务老年读者。

第二，以调研和馆藏为基础，如"乐·读"品牌通过调研确定音乐活动最受欢迎，结合馆藏资源形成音乐阅读推广品牌。

第三，与时俱进，抓取市场需求，满足个性化需求，推动"萃升书院""文溯书房·真人图书馆"等活动。

第四，立足实际工作，将系列活动做大做强，确立品牌地位。

2.品牌策划

品牌策划是塑造品牌形象的关键过程，特别是在阅读推广活动中，它涵盖了宏观战略的制定和详细计划的执行。策划过程中需要综合考虑资源配置、活动内容、实施能力和市场推广，以确保品牌活动的有效开展和持续发展。

X省图书馆通过系统的品牌策划，有效地规划和执行了多项阅读推广活动。从总体策略到具体执行计划，每一步都经过精心设计和领导层的审议，以确保活动与品牌形象一致并能有效地传达其文化使命。

3.活动实施

活动实施，作为品牌建设的核心环节，其成败直接关系到品牌定位和策划的实效。在此阶段，诸多因素如阅读环境、品牌服务等均可能对其产生深刻影响。因此，必须依靠强有力的组织领导和团队协作来应对各种挑战，同时务必关注每一处细节，确保活动的顺利进行。

在活动实施过程中，X省图书馆高度重视品牌服务、细节管理以及档案记录等方面的工作。通过提供优质的服务，精心管理活动的每一个环节，并详细记录活动过程和成果，X省图书馆确保了活动能够成功落地，进一步提升了品牌建设的成效。

4.宣传推广

宣传与推广作为品牌运营的核心环节，贯穿于品牌建设的全过程，涵盖前期策略规划、中期宣传执行以及后期持续追踪报道等多个阶段。依照罗瑟·里维斯的独特销售主张（USP）理论，宣传应凸显品牌的独特卖点，并通过持续不断地重复传播，深入受众心智。

X省图书馆在品牌宣传与推广方面，根据各品牌特色，采取多元化、多层次的宣传策略。一方面，充分利用传统媒体渠道，如海报张贴、电台广播、报纸刊登、电视播放等，实现广泛覆盖；另一方面，积极拥抱新媒体平台，通过微信、微博、抖音等社交媒体进行线上广告宣传，扩大品牌影响力。

此外，X省图书馆还积极探索自媒体宣传和名人代言等新型推广方式，借助自媒体平台的传播优势以及名人效应，提升宣传效果，实现品牌价值的最大化。

5.优化完善

优化与完善，是基于读者与社会各界的广泛评价与反馈，对活动进行持续深化改进和科学修订的重要过程。此环节不仅是提升读者"品牌忠诚度"的核心举措，更是确保品牌活动持续健康发展的关键环节。读者的高忠诚度，意味着每一位参与品牌活动的读者都有可能成为品牌的积极传播者，从而形成强大的口碑营销效应，有力推动品牌的传播与推广。

在优化与完善方面，X省图书馆始终坚持以读者为中心，通过精心策划后期报道，有效扩大活动的影响力，增强宣传效果，持续保持品牌的活跃度与关注度。同时，该馆还注重及时收集并精准分析各方反馈，将评估结果科学有效地反馈至品牌策划与活动实施的各个环节，以推动品牌的持续优化与完善。

三、公共图书馆阅读推广活动品牌化的思考

X省图书馆在阅读推广品牌化方面已取得宝贵经验，但也面临单一主题、宣传不足和创新不足等问题。为解决这些挑战，需要探索多元化主题设定、加大宣传力度、激发创新能力等策略，以推动阅读推广品牌化建设向更高水平发展，实现其促进全民阅读和建设书香社会的长远目标。

（一）品牌的构建有赖于全方位的制度机制保障

在阅读推广活动品牌化的过程中，建立完善的体系和政策是至关重要的。健全的组织结构、领导管理和统一工作标准，可以有效地协调资源和活动，避免冲突和浪费，提高馆员工作效率。同时，科学的评估和反馈机制帮助及

时发现和解决问题，推动品牌建设持续向前发展，确保阅读推广活动在社区中的稳定影响力和可持续发展。

（二）品牌的良性发展依傍于社会核心价值的体现

阅读推广不仅仅是传播文化，更是提升社会整体素质和促进社会融合的重要途径。通过针对特殊群体的品牌活动如"对面朗读"和"无障碍电影"，X省图书馆展示了其为视障人士提供均等服务的努力和成就。这些活动不仅满足了精神文化需求，也促进了社会志愿服务的发展，彰显了图书馆在社会教育和价值观传递中的重要角色

（三）品牌的持久发展需要专业团队与营销策划

为确保品牌的长期发展，品牌管理亟须依托专业组织及制定规范指南。以X省图书馆的少儿阅读推广品牌"童阅乌托邦"为例，该品牌以3~8岁少儿及其家庭为主要受众群体，通过绘本分享、国学讲读、手工制作、戏剧游戏、玩具体验、书目推荐、主题展览及儿童文化集市等多种形式的活动，全方位推广阅读文化。

在品牌营销方面，可采取"产品、价格、促销、渠道"等多维度组合策略，并由专业团队对品牌营销目标、内容、资源分配及潜在客户进行深入分析，确保品牌营销活动的高效实施。值得一提的是，该品牌还曾荣获国际图联第14届国际营销奖提名，充分证明了其品牌管理的专业性和影响力。

鉴于营销策划并非图书馆员的专长范畴，故宜积极引入外部社会资源以强化品牌建设。应主动与媒体建立紧密联系与合作关系，充分借助专业媒体渠道广泛传播，从而有效扩大品牌影响力。在此过程中，还需注重顶层设计，精心筛选合作伙伴，并持续优化资源配置，确保各方协同发力，共同推动阅读推广品牌实现更高质量、更快速度的发展。

第三节　公共图书馆新型阅读空间建设

一、新型公共阅读空间的内涵

新型公共阅读空间有各种不同的名称，尽管它们的名字各不相同，但它们共享以下特征：①灵活布局：这些新型空间根据具体地点和需求进行灵活规划，注重创造宜人的内部阅读环境，提供高质量的阅读服务。它们通常是当地公共图书馆总分馆体系下的二、三级分馆。②文化焦点：新型空间以书籍为基石，致力于推广公益性的文化阅读服务，并巧妙地融合了社会教育、文化创意产品展示以及生活服务等功能，使其成为民众日常生活中不可或缺的一部分。③高度适用性：这些空间采用智能化技术，提供高效便捷的服务，广泛服务社会公众，使人们能够随时随地享受愉悦的阅读体验。④多方协同合作：新型空间秉持共建共享的经营宗旨，积极吸引社会各界力量共同参与其建设与运营管理工作，以期让更广泛的群众受益于全民阅读的深入推广。⑤特色化服务举措：这些空间致力于提供富有个性化特色的阅读服务，精心营造别具一格的主题文化氛围，并打造适宜用户进行休闲互动的空间环境，以满足不同群体的多样化需求。

二、新型公共阅读空间建设现状

（一）主要成效

1.注入新动力于社会公共文化服务

这些精心打造的个性化阅读公共服务平台，从繁华都市到偏远乡村，均得到了广泛推广与应用，显著增强了基层公共文化服务网络的覆盖与效能。它们为营造全民阅读文化的浓厚氛围发挥了积极作用，为广大群众提供了便捷的就近阅读、夜间阅读以及随时阅读的机会，为地方文化的传承与发展提供了新的平台和支撑。以温州为例，已建成 101 个城市书房，同时在各个社区设立了 78 家"百姓书屋"，这些阅读空间的综合效能，经过评估，已相当于一座面积达到 1 万平方米的中型图书馆，充分展示了其在提升基层文化服务水平中的重要作用。

2.引领公共阅读的新理念

新型空间致力于深耕阅读文化、打造阅读品牌及培育阅读生活方式。该空间充分发挥资源优势，融合智慧城市、智慧图书馆建设、新技术应用推广、跨文化阅读交流、互联网教育普及以及行业社群发展等多方力量，借助智能阅读装置和文化创意设计等方式，实现空间功能的多元化与全面化，进而有效推动阅读文化理念的广泛传播与学习型社会的深入构建。

在新型空间的探索与实践中，涌现出诸多具有示范意义的典型案例。如江苏扬州市的城市书房和北京三里屯三联韬奋书店，它们以 24 小时智慧书房和不打烊书店的形式，为市民提供了全天候的阅读服务，成为新派阅读空间的杰出代表，为阅读文化的推广和社会文明的进步贡献着力量。

3.创新共建共享的运营模式

社会各界对公共文化服务的责任感日益凸显，新型空间的运营模式亦在不断探索与创新。当前，已涌现出总分馆模式、混合制模式以及公私合伙制等多种运营模式。值得注意的是，除公共图书馆单独设立与管理的空间外，众多新空间的场地选址、设计规划、硬件建设以及日常管理均由企业、社区及民营商业实体积极参与并提供支持。

以上海嘉定区的"我嘉书房"为例，该空间成功吸引了多元社会主体以多种方式参与其建设与发展。同样，浙江慈溪桥头镇的"秋雨书房"及其他乡村书房亦采用了众筹合作与多方共建的模式，实现了资源共享与互利共赢。在共享式运营模式的推动下，文化与旅游深度融合，已催生出"书香民宿"

阅读服务等一批新兴业态，为公众提供了更为丰富多元的文化体验。

（二）存在问题

1.文化品质形象待提升

鉴于建设主体存在多元化特点，且尚未形成统一且高标准的建设规范与形象标识，这在一定程度上导致了许多新空间在居民群体中的知名度相对不足。与此同时，随着社会企业资本的逐渐融入，实际管理方所持有的文化理念也在一定程度上影响了新空间的运营与发展，进而制约了其内在文化品质的进一步提升以及阅读服务功能的全面优化。

2.服务项目和内容丰富度不足

某些新兴空间在当前运行模式下受到一定制约，具体表现在竞争机制尚不规范、商业气息偏重、管理水平尚待精细等方面。这些问题使得阅读服务项目的种类相对单一，内容缺乏足够的丰富性，难以满足广大公众多样化的阅读需求，适合公众口味的阅读活动相对匮乏，难以持续有效地吸引广大居民的积极参与。

3.智能化服务需进一步完善

新型公共阅读空间的发展，离不开社会力量的积极参与和市场机制的有效运作。然而，在信息化、智能化设施的投入与后期维护方面，仍面临着诸多挑战。尽管合作方提供了场地支持，但空间的进一步发展仍需依赖政府或城市中心馆的协助，以强化数字阅读服务和智能自助系统的应用能力。这些因素相互交织，共同作用于空间的实际利用效率和社会影响力的提升。

三、新型阅读空间创新发展对策

（一）外塑新空间的社会形象

第一，建立一个一致的品牌形象。阅读，并不仅仅局限于文字之上，它同样涵盖了人的言行、历史的事件、建筑的形态以及自然的景观。这一理念应当作为新空间建设的核心指导原则，旨在激发广大民众对全新生活方式的追求与探索，同时也为文化传承和全民阅读提供更为丰富、深入的新体验。

第二，为了鼓励市民培养阅读兴趣，可以在一些地方引入新的文化空间，统一赋予它们优雅的名称。这些地方可借助本地名人、传统文化或地域特色，营造"向往阅读"氛围，增强城市吸引力、文化凝聚力和精神推动力。一些省份已有成功案例可供借鉴。例如，江苏常州图书馆建设 30 多座"秋白书苑"（以瞿秋白命名），扩大基层服务范围，传承红色文化，展示名人文化底蕴。江阴市命名 24 小时自助书房为"艺风书房"（以缪荃孙晚年"艺风"号命名），成为文化便民项目。

（二）营造新空间的主题文化

第一，图书馆作为城市文化的重要载体，可通过创新建筑设计、精细化的空间功能划分、与环境相融合的布局以及特色馆藏的打造，来不断丰富和提升当地文化内涵。以江南地区为例，图书馆在规划过程中可融入水乡拱桥等地域特色元素，以独特的建筑风格彰显江南文化的独特魅力，打造集传统文化精髓与现代科技应用于一体的共享式阅读空间，进而推动当地文化的传承与发展，并为市民提供高品质的阅读体验。

同时，对于拥有特色资源的图书馆而言，更应深入挖掘和利用其专业文献和内容资源的优势，创建更具专业性和独特性的总馆新空间。如上海图书馆东馆所设立的"音乐主题馆"，便成功将音乐与阅读有机结合，通过音乐与阅读的互动，为市民提供了更为丰富多元的文化享受，进一步提升了图书馆的文化吸引力和社会影响力。

第二，部分城市可依托其独特的地域特色，打造富含地理文化元素的特色空间。以沿海地区为例，基层图书馆的建设可紧密围绕国家海洋发展战略，精心设置海洋文化园、海洋体验馆、海洋科技馆等专题区域，构建别具一格的海洋主题空间与宜人的阅读环境。

第三，针对具备丰富旅游资源的城市，可积极探讨构建"图书馆＋景区"深度融合的主题阅读空间。除了民宿图书馆这一创新模式，各地应秉承"以文化为旅游添彩，以旅游为文化添翼"的核心理念，着力打造集知识性与趣味性于一体的阅读场所。

以重庆市武隆区为例，当地成功打造了浪漫书屋这一24小时自助图书馆。书屋内部设计巧妙融合樱花浪漫主题与树下场景，与景区所蕴含的爱情文化相得益彰，为读者提供了一处别具一格的阅读空间。

（三）提升新空间的服务内涵

在当前社会发展的新时代背景下，全民阅读作为一项群众基础广泛、参与度高的社会活动，已深刻影响并改变了社会大众的文化需求。随着公众进入社会公共阅读场所，他们普遍将"休闲"视为首要目标，其次追求"互动"体验，最后则是"知识获取"的需求。

这一变化对城乡公共文化服务网络中的阅读资源、阅读方式和阅读内容等方面提出了新的挑战和更高要求。因此，新型阅读空间的建设与运营，必须持续致力于提升阅读环境质量，同时不断创新思维和方法，以满足日益多元化的阅读需求，实现高质量的阅读服务发展目标。

（四）打造新空间的智能服务

1.构建中心枢纽智能服务体系

当前，多数城市中心图书馆均积极参与新型阅读空间的建设，并采用总分馆制的管理模式，为智能物联控制和资源共享提供了有力支撑。随着文旅融合和跨界融合的不断深化，应将更多类型的新空间纳入统一的智能物联控制平台之中。通过整合总馆的智能集成平台功能，可以有效实现区域内各新空间运营信息、图书资源、文旅文创资源以及用户信息的集中共享和可视化展示，从而助力政府和中心馆实现对新空间运营的智能化、全流程监管。

在新建总馆的过程中，建议引入智能密集立体仓储系统，打造一个高端信息服务平台，既可以充分利用物理空间，通过设置读者餐厅、文化超市、休闲书吧等配套服务设施，打造文化消费新亮点，又可以发挥总馆作为文献典藏中心和流转枢纽的作用，推动智能借阅服务在基层网点的广泛覆盖，进一步提升公共文化服务的质量和效率。

2.打造全方位感知的基层智慧空间有机体

通过构建智能物联控制平台，实现对分散新型空间的统筹管理，有效促进设备遥控运营和环境实时监测的实施。同时，利用用户行为数据的可视化手段，对空间运营状态进行综合评估，进一步优化用户线下体验，提升空间整体品质。

此外，为提升管理效率和服务水平，积极推行总分馆模式，并在部分阅读空间内建立全自助信用借阅服务体系。以潍坊市图书馆为例，其在山东省内创新设立了"东亚文化之都"信用借阅柜阅读专区，通过智能自助的方式，为广大读者提供了无需押金、无需办证、便捷高效的阅读服务新途径，有效满足了人民群众日益增长的精神文化需求。

第四节　公共图书馆红色文化空间建设及利用

一、公共图书馆红色文化空间及其价值

（一）图书馆空间的相关概念

现代图书馆不仅是藏书和服务读者的场所，其空间本身也成为重要的文化资产。学者们对图书馆空间的定义各有侧重，从布兰登的"空间管理和展示"到姜建军和郝书清的多维文化信息场所，再到联机计算机图书馆中心报告中的学习与社交场所，以及维克多·泽维斯基对物理综合体的定义，这些

观点共同描绘了图书馆作为文化传播和人际交流的重要平台。尽管印刷资源减少，但图书馆作为人们获取信息、提高素质、进行研究和享受免费网络的场所，其重要性与日俱增。图书馆的空间不仅承载着传统的阅读和保存功能，还融合了现代科技和通信活动，为公众提供了一个综合性的文化和信息交流平台。

图书馆物理空间包含藏书区、业务区如办公室、阅览室等。泽维斯基于2012年深化了概念，指出除实体空间外，还有网络服务器、电脑内存等虚拟图书馆空间，用于数字化资源利用。

随着信息技术的发展，大家开始区分实体空间和虚拟空间。实体空间包括外围和内部，外围是图书馆与环境的交汇区，内部是各功能区域，需合理布局提升效率。虚拟空间则主要辅助读者利用数字化资源和构建知识环境，使图书馆内部知识空间不断扩展。形成了"以人为主要中心，以泛在性知识信息服务为特色，并以专业知识信息管理为目的的交互式网络虚拟空间"。

（二）学习空间

现代图书馆正在从传统"收藏＋阅览"向多功能"学习空间"转变，此趋势受国内外学者广泛关注。美国高等教育信息化协会发布白皮书和专著《学习空间》，强调新教学方法和虚拟空间是转变的催化剂。斯科特·贝内特认为图书馆应促进教学和学习，张田力认为学习空间不受特定条件限制。在这种空间中，读者可获取先进知识、文化，进行讨论、交流、培训，享受多样化服务。图书馆不仅是知识储藏库，更是思想和知识的重要筛选器，传播重要知识。

（三）红色文化空间

红色文化是中国特色的进步文化，由共产党人、先进分子和群众共同创造，富含斗争精神和历史文化内涵。学习红色文化可增强对革命历史的认同感，传承革命精神，意义重大。

图书馆红色文化空间是汇聚、交汇、沉淀红色文化元素的学习空间，需涵盖实体和虚拟两个方面，对引导读者情感认同和内心追求有积极作用。物品使用功能非主要，重要的是传达红色文化知识和价值观。建立红色人文空间可唤起读者红色记忆，传播红色人文基因，整合红色资源，推动社会各界共同学习和研究红色经典文献，提高人民历史责任感。

二、公共图书馆红色文化空间发展现状调研

（一）调研方法

本文通过网络调研，详细研究了我国公共图书馆在红色文化空间建设方面的情况。研究过程包括在主要搜索引擎上使用关键词筛选相关报道，优先选择权威媒体的内容。调查对象集中在已建立红色文化空间的公共图书馆，并根据网页内容的独特性和相关性进行筛选，最终获取了41条有效信息。通过对这些信息的归纳总结，本文为深入了解公共图书馆红色文化空间的建设现状提供了数据支持和研究基础。

（二）调研结果分析

1.红色文化空间的建设模式

在全面梳理并筛选满足条件的信息之后，发现公共图书馆在红色文化空间建设方面，主要呈现出两种典型模式：一是以公共图书馆为核心，独立开展建设工作的模式；二是公共图书馆携手其他社会机构，共同推进建设的模式。而在第一种模式下，又可根据建设主体的不同，进一步细化为图书馆内部独立建设、图书馆外部联合建设以及图书馆内外联动建设三种具体形式。为了深入剖析这些模式的内涵与特点，下文特别选取了24家具有代表性的公共图书馆作为研究案例，各图书馆的红色文化空间建设具体情况已详细列入表7-2中。

表 7-2　各类公共图书馆红色文化空间的建设模式

建设模式		示例	建设主体
图书馆	馆内	新时代党建书房	山东省图书馆
		新时代红色学习空间	广州图书馆
		马克思书房	太原市图书馆
		红色书房	石家庄市图书馆
		红色文化阅读体验空间	宣城市图书馆
		红色文化阅读空间	南平市图书馆
		红色书房	常德市图书馆
		红书房	博尔塔拉图书馆
		红色文化空间	深圳市宝安区图书馆
	馆外	校园红色书屋	甘肃省图书馆
		徐家汇红色赵巷主题馆	上海图书馆
		红色活力站	苏州图书馆
		红色精神谱系专题馆	深圳盐田区图书馆
		红色书房	临沂市兰山区图书馆
		红色主题分馆	九江市浔阳区图书馆
	馆内＋馆外	红色图书馆	江西省图书馆
		新时代学习空间	长沙图书馆
		红色图书馆	瑞安市图书馆
		红色阅读空间	启东市图书馆
		红色图书室	常熟图书馆
图书馆与其他机构共建		延安火车站红色书屋	延安图书馆、延安火车站
		"金陵红 Bar" 书房	浦东图书馆、浦东新区旅游业协会
		红色记忆书屋	北京市门头沟区图书馆、斋堂镇马栏村
		智慧有声红色书屋	五华区图书馆、云南解放纪念馆

就建设方式而言，馆内的红色文化空间通常包括红色阅读区、红色文献

书架、红色数字图书馆等设施。公共图书馆通过馆外建设红色文化空间，形成了独具特色的服务网络。例如，苏州图书馆在轨道交通站点设立"红色活力站"，结合党建和图书馆功能，创新服务模式。江西省图书馆在南昌、瑞金、井冈山和萍乡等地建立了红色图书分馆及数据库资源，形成了广泛的红色图书馆网络。此外，公共图书馆还与其他机构合作，如延安中山图书馆在延安火车站设立红色书屋，让旅客在旅途中体验延安文化和精神。通过这些方式，图书馆不仅拓展了服务空间，还提升了红色文化的传播力和影响力。

2.红色文化空间的建设内容

当前，我国公共图书馆在推动红色文化空间发展方面，主要依托红色空间建设、红色资源建设以及红色主题服务建设三大路径。这一发展模式的实质，在于以丰富的红色资源为根基，以多维的红色空间为平台，致力于提供高质量的红色主题宣传与教育服务。

在红色文化空间的构建过程中，应注重实体空间与虚拟空间的深度融合。通过深入挖掘红色文化的应用价值与人文内涵，提炼其非物质革命精神的精髓，从而有效传承与弘扬民族文化精神。在展示形式上，可充分利用各类红色历史人物的经典语录、肖像、图片等特色展品，以直观生动的方式呈现红色文化的魅力。

公共图书馆红色文化空间内外建设有所不同。内部空间面积大，功能区域划分明确，除了图书阅览区，还包含其他特定区域，如长沙图书馆的新时代学习空间。外部空间面积小，功能分区简单，重在突出特色，如长沙图书馆的"红船初心馆"和深圳市盐田区图书馆的红色精神谱系专题馆。

此外，许多图书馆通过新媒体平台创新阅读方式，创建虚拟"红色空间"，如西安图书馆的"初心馆"，为读者提供红色历史的网络资源。这些创新举措有助于弘扬革命精神，推动红色文化的传承和发展。

资源建设主要侧重于纸质文献资源。红色文化空间内，以纸质文献为主，数字资源较少。这些资源包括领导人讲话、党史专著、红色文化书籍、杂志、报纸、宣传画册、音视频等。部分图书馆设有主题图书专区，如长沙图书馆有新时代学习图书专架和红色历史人物资料专区。

馆藏规模因图书馆面积而异，从几百本到几万本不等。馆内红色文化空间通常收藏规模较大，馆外则较小。例如，太原市图书馆收藏了 2.2 万册马克思主义文献，而江西省图书馆有万册红色图书和红色期刊，以及红色文化数据库。但县级图书馆的红色专柜可能只有 30 余册书刊。红色馆藏来源多样，包括购买、捐赠和私人收藏转为公共馆藏。

三、公共图书馆建设红色文化空间存在的问题

（一）空间设计元素单一，缺乏吸引力

我国许多公共图书馆的红色文化空间普遍采用相似的设计元素，导致设计单一、千篇一律，难以吸引不同受众。此外，设计元素往往仅作为装饰，未能真正传达文化价值。红色文化空间的整体布局也存在不合理之处，缺乏协调性，影响了其预期效果。

（二）数字资源开发不足，同质化严重

目前，在红色数字资源建设方面，多数公共图书馆尚显不足，资源同质化问题普遍存在，缺乏深入的个性化开发与应用。尽管许多图书馆已积极采购教育视频、红色文献及相关数据库，并借助技术手段进行资源开发，但能够结合自身特色进行独特资源开发并付诸实践的图书馆仍属少数，这在一定程度上导致了资源展示和传播的同质化倾向。

（三）服务的整体协调性不足

尽管公共图书馆致力于提供多元化的文化服务，但在红色文化服务领域，仍存在着整体性和协调性不足的问题。当前，红色文化服务的提供多由各图书馆独立开展，缺乏与外部资源的深入合作与联动，导致服务范围受限于各

自的文化馆藏资源。

此外，红色文化服务的建设往往呈现出片段化的特点，更多侧重于特定纪念日或大型活动时期的集中展示，而缺乏常态化、持续性的推进与深化。这不仅影响了红色文化服务的传播效果，也制约了其在公众中的广泛认知与深度理解。

四、公共图书馆红色文化空间建设与利用对策

（一）多主体参与，构建共建机制

红色文化是由中国共产党在革命中引导群众形成的积极文化，对党组织建设有积极影响。构建红色文化空间需合作社会力量，整合分散资源，实现优势互补。举办专题论坛可助力资源整合，讨论红色文化空间建设问题。如太原市图书馆举办的红色空间与红色专藏论坛，吸引了众多专家、学者参与，交流经验，为图书馆红色空间建设提供支持。

基层公共图书馆可与基层党组织合作，构建红色文化空间，创新服务模式。定制服务满足基层党组织需求，推广至基层社区，提高参与度。与专业研究团体合作，加强红色文化传播和认可度，提供专业指导，扩展服务领域。举办学术论坛，共同研究红色文化空间和资源开发，促进创新发展。多元主体参与有助于资源利用，发挥红色文化空间作用。

（二）体系化发展，实现资源共享

系统化的红色资源对于推进红色文化阅读的广泛传播和深化公共图书馆红色文化空间建设具有极其重要的意义。尽管红色文献资源极为丰富，但当前这些资源分散存放于多个机构之中，包括但不限于地方志办公室、地方文化研究中心、党史研究机构、图书馆、档案馆、博物馆以及革命纪念馆等，这些单位均收藏有相当数量的红色资源。同时，还应注意到，一部分珍贵的

红色资料被私人收藏者所持有，这同样是红色资源宝库中的重要组成部分。然而，仍有一部分资料的下落尚待查明，这无疑增加了红色资源系统化整合的难度。

对此，公共图书馆可以通过与各种收藏机构合作，采取资源交换、复制、征集、购买和募捐等多种途径，来获取丰富的红色文献资源。此外，通过采集文字、口述和视频资料，将分散的红色资源整合在一起。在平台建设方面，可以联合编目并整合多个机构的红色资源，建立统一标准的数字资源平台，实现红色文献资源的集中管理和共享。另外，建立公共图书馆红色空间建设联盟，推动资源共享、活动合作和人才培养，促进公共图书馆红色文化空间的综合发展。

（三）跨系统合作，形成持续性推广

公共图书馆红色文化空间建设需跨领域充实资源。图书馆、博物馆、档案馆等为红色资源主要保管者，承担文化传承与公众服务角色。为提升阅读推广效益，各机构可合作建立跨机构阅读推广中心，共享资源、人力和场地，减少成本。活动可包括巡回展览、专家讲座、联合目录等。整合文化旅游资源，创建红色阅览路线，提升传播效果。邀请学校、书店等参与，培养红色文化氛围。如开封市图书馆与地方史志研究室、高校等合作，打造红色文化研学基地。跨机构合作可充分利用资源，推动红色文化空间建设。

此外，在红色文化空间的建设过程中，应保持高度的持续性和连贯性，切忌搞集中性、片段化的建设，以免造成资源的浪费和效益的降低。唯有通过持续不断地建设和宣传，才能真正有效地传承红色传统、弘扬红色文化。例如可依据不同的主题内容，如红色人物、红色事迹、红色书籍等，逐步构建起一系列内容丰富、形式多样的红色文化空间，从而全面展示红色文化的多元内涵和深厚底蕴。同时，要确保这些空间的建设和推广工作具有持久性和稳定性，避免一阵风式的短暂热潮。

在常态化建设过程中，媒体的作用不容忽视。应充分发挥主流媒体在舆

论引导和宣传报道方面的优势，通过专题报道、深度解读等方式，提高红色文化空间的知名度和影响力。同时，也要积极利用新媒体平台，拓展宣传渠道和受众范围，形成线上线下相结合的宣传格局。通过建立媒体矩阵，可以有效整合各类媒体资源，形成合力，共同推动红色文化空间的建设和发展。有助于更好地传承红色基因、弘扬红色精神，为实现中华民族伟大复兴的中国梦提供强大的精神动力和文化支撑。

第八章 公共图书馆的阅读推广服务

第一节 公共图书馆阅读推广服务的发展趋势

一、公共图书馆阅读推广服务的设计

公共图书馆服务广泛,吸引各阶层人群。须确保平等开放,不受年龄、地域或地位影响。让更多人享受高质量服务,融入日常生活,提高素质,创造公平阅读环境,丰富资源,提供阅读推广服务。

不同用户需求各异,工作人员需深入了解,积极互动,提高积极性。采纳用户建议,做出合理调整。图书馆是终身学习场所,需营造良好环境,满足基础设施和卫生要求,创造愉悦氛围。维护学习环境,吸引更多人参与,提高国民素质。

二、公共图书馆阅读推广服务的开展

在信息时代的浪潮中,公共图书馆作为知识的共享高地,肩负着推广阅读文化、满足用户多元化需求的重大使命。构建完善的推广服务框架,通过专业化的团队运作和丰富多彩的活动形式,深化用户参与,拓宽服务领域,点燃公众的阅读热情,是公共图书馆推广工作的核心使命,也是其在社会发

展中展现重要价值的关键所在。

三、公共图书馆阅读推广服务的创新

在今日科技进步日新月异之际，高新技术已逐渐成为公共图书馆推广工作的重要载体，有效吸引广大民众参与其中，从而提升服务的有序性、专业性和全面性，以更好地服务于社会大局。图书馆方面应定期组织开展深入调研，全面掌握图书馆运行状况，以更精准地推广研究成果，满足人民群众日益增长的文化需求，激发阅读兴趣，充分发挥公共图书馆在文化传承与创新中的重要作用。

具体而言，图书馆可以采取以下措施：一是选拔和培养一批具备高素质的专业人才，充分发挥其才智和创新能力，推动阅读推广工作的深入开展。二是加强与不同社会领域的交流与合作，及时了解和掌握最新发展动态和趋势，不断拓展阅读推广的广度和深度。三是积极与其他图书馆和高校等合作，共享资源，协同发展，形成合力，提升阅读推广的整体效果。四是运用多媒体技术手段，如图片、影片、音乐等，丰富阅读推广的内容和形式，激发读者的阅读兴趣和热情，使阅读成为一种美的享受。五是引入计算机自助服务系统，方便读者自行借阅和归还图书，提高服务效率和质量，促进读者的自主学习和阅读习惯的养成。六是招募志愿者参与图书馆的图书整理、装订和分类等工作，通过实践活动培养读者对图书馆的热爱和对阅读的热情。

综合来看，公共图书馆的推广任务是一项持久且关键的战略性工程，必须坚持不懈地加以完善。在此过程中，应深化机制改革，积极学习借鉴其他图书馆的先进经验，共同促进阅读事业的蓬勃发展。同时，还应努力提升全民的文化素养，着力解决资源分配不均的问题，不断探索创新阅读推广的新途径和新方法。此外，建立一支专业化的推广团队，提升图书馆的阅读推广服务品质，同样是至关重要的环节。

第二节　公共图书馆特殊群体阅读推广服务

一、公共图书馆为特殊群体服务的现状分析

（一）对服务特殊群体的理念认知不够

在公共图书馆的实务运行中，对特殊群体应当秉持平等对待、精心关爱、深度尊重及公正无私的态度，以切实保障其享有与众人同等的阅读环境与优质服务。这是公共图书馆所应肩负的庄严社会职责，更是推进文明社会与和谐共建的题中应有之义。特殊群体理应享有与其他社会成员相平等的政治参与、经济发展、文化享有以及教育提升的权益。

然而，在现实生活场景中，部分公共图书馆或存在对特殊群体权益的轻视态度与惰性思维，这无疑是对社会公平正义的侵蚀。对此类问题，必须予以正视并着力解决，从制度层面与实际行动上切实维护特殊群体的合法权益，确保其在社会生活中得到应有的尊重与保障。

（二）服务特殊群体配套设施不完善

随着我国经济与科技水平的持续进步，我国公共图书馆的整体实力正逐步增强。在各项建设工作中，无论是服务设施的完善还是人才队伍的培养，均取得了显著的成效。然而，尽管我国公共图书馆已经取得了明显的进展，但与当前社会对精神文化日益增长的需求相比，仍需认识到存在的差距，并不断努力提升。

当前，我国公共图书馆在人均藏书量方面尚显不足，同时，在图书采购及分类分配环节亦有待优化提升。这一问题的根源在于，部分图书馆在采购

图书时，更多地面向广大社会群体，未能充分考量特殊群体的阅读需求。此外，公共图书馆相关的意识不足、基础设施建设滞后以及资金投入有限等因素，亦对图书馆的藏书建设和服务水平构成制约。

在特殊人群服务方面，部分图书馆同样存在短板。这主要是由于公共图书馆相关服务标准尚不完善或执行不够严格，以及部分工作人员在服务特殊人群方面存在认识上的不足。这些问题导致公共图书馆在满足特殊群体知识需求方面存在明显差距。

（三）服务方式与特殊群体需求不适应

截至目前，我国中小型公共图书馆仍沿袭传统的运营模式，服务方式相对滞后，这引发了读者与图书馆工作人员面临的一系列问题，如效率低下、服务被动以及工作重复等。尤为值得关注的是，特殊群体因健康或其他限制因素，对公共图书馆的知识获取需求尤为迫切。然而，部分工作人员对特殊群体的认知尚显不足，难以满足其多样化需求。

鉴于此，公共图书馆工作人员亟须提升自身综合素养和职业道德，增强对特殊群体的关注与支持。当前，部分公共图书馆存在缺乏会手语和盲文技能员工的问题，且缺乏专门为特殊群体提供服务的人才，这在一定程度上制约了服务水平的提升。

二、提升对特殊群体的阅读推广服务的有效措施

（一）扩大宣传

在现实社会生活中，相当数量的特殊群体对于公共图书馆所提供的公平服务尚缺乏足够的认知，因而鲜少主动前往图书馆进行阅读和学习活动。这一现象在特殊群体与公共图书馆的互动过程中，无疑造成了一定的隔阂与冷遇。深入分析其成因，主要在于公共图书馆在社会层面的宣传推广力度尚显

不足，未能有效拓宽其服务信息的传播渠道，进而使得更多潜在用户群体对其服务内容知之甚少。

为提升特殊群体读者对公共图书馆的认知度，激励他们走进图书馆，获取所需知识信息，图书馆管理方应加大宣传力度，合理配置资源，拓展宣传途径，并根据实际情况开展调研工作。在宣传内容上，既要发挥电视、广播、报纸等传统媒体的覆盖面广、影响力强的优势，也要积极利用网络媒体，实现宣传信息的多元化传播，让特殊群体读者能够更加便捷地了解图书馆提供的各项服务。

当前，随着网络媒体的蓬勃兴起，其覆盖面之广、受众群体之众已日益凸显，诸如抖音、公众号等网络平台，已成为广大人民群众获取信息、交流思想的重要渠道。在此形势下，公共图书馆应深刻认识并充分利用这一时代机遇，积极融入各类宣传渠道，将宣传内容与网络平台深度融合，以打造高效优质的宣传模式，进一步推动公共图书馆事业的稳健发展。

（二）采集特殊群体所需求的信息

为满足特殊群体的多样化阅读需求，公共图书馆在启动服务之前，必须进行细致深入的调研工作。工作人员应充分利用各种渠道和方式，全面了解特殊群体中不同个体对服务的独特需求，以确保在实际服务过程中能够采取更加贴合实际、富有针对性的方式，进一步拓宽服务领域，提升公共图书馆的利用率和服务质量。

为了有效服务特殊群体，公共图书馆应当指派具备专业素养的人员开展采集工作。通过深入了解特殊群体的特征和成员构成，确保所采集的数据具有针对性和实用性。鉴于特殊群体可能存在的敏感性，工作人员在调研过程中需采取温和且尊重的沟通方式，与特殊群体进行友好交流。在沟通过程中，应选用恰当的语言，充分关注其心理感受，确保信息收集过程不会对其情感造成伤害。所收集的资料必须真实可信，以便公共图书馆能够依据这些资料为特殊群体提供优质的服务。

（三）丰富馆内学习资源

为提升服务水平，公共图书馆应重视增强和拓展文献资源，特别是为特殊群体如盲人读者提供盲文书籍等特色资源，以丰富阅读推广服务内容。这不仅有助于践行公共图书馆的社会责任，也能促进社会更广泛的文化包容与参与。

（四）开展特色服务

作为公益性机构，公共图书馆应不断创新和改进服务，以多元化和细致的方式满足特殊群体的阅读和学习需求。通过与学校、社区等合作，实现更广泛的服务覆盖，包括设立流动图书馆、提供上门服务及心理辅导等，为社会各界提供有效的教育支持和文化传承。

公共图书馆作为社会公共资源，理当致力于满足不同群体的多元需求。尤其对于特殊群体，应提供更加专业的咨询服务，其中便包括法律援助等内容的深入解读与指导。

尽管越来越多的特殊群体已经意识到法律在维护自身权益方面的重要性，但仍有部分群体对法律知识的了解尚显不足。鉴于此，公共图书馆应当积极发挥自身优势，定期开展法治宣传活动，通过邀请法律领域的专业人员，为广大特殊群体普及法律知识，帮助他们更好地了解法律、运用法律，从而更加有效地维护自身合法权益。

第三节　公共图书馆少儿阅读推广服务实践

一、新时期公共图书馆开展少儿阅读推广的重要意义

根据《中华人民共和国公共图书馆法》第三十四条的规定，"政府设立的公共图书馆应当设置少年儿童阅览区域，根据少年儿童的特点配备相应的专业人员，开展面向少年儿童的阅读指导和社会教育活动，并为学校开展有关课外活动提供支持。"这一法律条文明确了公共图书馆在保障少年儿童阅读权益方面的法定职责，要积极履行少儿阅读推广工作。此外，2021 年 7 月，中共中央办公厅和国务院办公厅发布了《关于减轻义务教育阶段学生作业负担和校外培训负担的意见》，提出了减轻学生作业负担和鼓励学生参加课外活动的要求。公共图书馆作为推广阅读文化的核心阵地，应紧密围绕国家政策导向，主动开展丰富多彩的少年儿童阅读推广活动，为少年儿童提供更为丰富的阅读资源，优化阅读体验，进而有效促进他们阅读能力和文化素养的全面提升。同时，家长作为孩子成长道路上的首任导师，亦应肩负起引导孩子积极参与阅读和文艺活动的重任，努力营造积极向上的家庭阅读氛围，为孩子的全面发展与健康成长奠定坚实基石。

少儿阅读推广对营造浓郁的少儿阅读文化氛围、充分发挥书籍的育人功能具有积极作用。通过举办形式多样的推广活动，能够有效激发少年儿童的阅读兴趣，培养他们良好的阅读习惯，进而提升语言表达、逻辑思维和创新能力。

同时，公共图书馆作为文化资源的聚集地，其丰富的藏书和文化资料为少年儿童提供了接触经典文学作品的宝贵机会，有助于他们拓宽视野、提升文化素养。此外，少儿阅读推广活动还能为家长们提供阅读指导和家

庭教育建议，推动家庭教育的积极发展，促进和谐家庭关系的构建。

二、公共图书馆开展少儿阅读推广活动面临的困境

（一）少儿阅读推广的宣传力度不够

阅读不仅是知识的获取途径，更是培养思维能力、拓宽视野的重要手段。然而，如今公共图书馆少儿阅读推广的宣传力度还不够。尽管有许多优秀的童书和阅读活动，但很多家长和孩子仍然缺乏足够的了解和参与。缺乏足够的宣传意味着很多宝贵的阅读资源和机会未能被充分利用，限制了孩子们阅读兴趣的激发和培养。因此，需要加大少儿阅读推广的宣传力度，通过多种渠道和形式，向社会各界传递阅读的重要性和益处，激发家长和学校的关注与支持，让更多的孩子能够享受到阅读的乐趣，从而为他们的成长和未来奠定坚实的基础。

（二）公共图书馆工作人员专业能力有待提高

作为文化服务的核心承载者，图书馆工作人员的专业水平直接影响到服务的质量和效果。目前，虽然许多图书馆工作人员具备基本的图书馆学知识和服务技能，但在应对现代化、数字化和多样化服务需求方面，仍存在诸多挑战和提升空间。

（三）缺乏有效的激励机制和评估体系

实践中可发现，公共图书馆在推动和组织各类活动时，缺乏能够有效激励和奖励工作人员的措施，也缺乏能够客观评估活动效果和员工表现的体系。这种情况可能导致活动策划和执行过程中的动力不足，以及无法有效衡量活动对读者和社区的实际影响。公共图书馆需要解决这一问题，以提升活动的效果和参与度，同时激励员工的创新和积极性，从而更好地履行其文化和教

育使命。

三、公共图书馆少儿阅读推广的策略

（一）加大公共图书馆工作宣传力度

这一策略的核心在于通过有效的宣传和营销手段，提升社会对公共图书馆少儿阅读活动的认知和参与度，从而促进阅读习惯的养成和传播文化的目标。

1.多渠道宣传

利用传统媒体（如报纸、电视、广播）和新媒体平台（如社交媒体、网站、移动应用），定期发布关于少儿阅读推广活动的宣传内容。通过多样化的信息发布渠道，覆盖更广泛的受众群体，提高活动的曝光度和影响力。

2.精准定位受众

根据目标群体的特征和需求，精准定位宣传内容和渠道。例如，针对家长群体，强调阅读对孩子成长的重要性和公共图书馆提供的服务优势；针对学校和教育机构，突出图书馆的资源支持和合作机会。

3.活动营销策略

设计有吸引力和互动性的推广活动，如阅读主题展览、读书分享会、作文比赛等，吸引目标受众参与。同时，通过线上线下结合的方式，扩大活动的参与范围和影响力。

（二）提升公共图书馆馆员的专业能力

1.持续的培训和学习机会

为馆员提供多样化的培训课程和学习资源，涵盖儿童心理学、阅读推广技巧、多媒体资源利用等方面。通过定期的内部培训和外部专业研讨会，不断提升馆员的专业知识和能力。

2.专业化岗位设置

根据馆员的兴趣和专长设立专业化岗位，如儿童阅读推广员、数字资源管理员等，使其能够深入专业领域，提供更专业化的服务和支持。

3.引进先进的阅读推广技术

引入和应用先进的技术工具和软件，如虚拟现实、增强现实技术等，创新阅读推广的形式和内容，提升服务质量和体验。

4.建立知识分享平台

建立内部知识分享平台或在线社区，促进馆员之间的经验交流和合作学习。通过分享成功案例、资源和实践经验，共同提升阅读推广的效果和影响力。

5.评估和反馈机制

建立有效的评估体系，定期对馆员的工作表现和专业发展进行评估和反馈。根据评估结果制订个性化的发展计划，帮助馆员发现和克服专业发展中的挑战。

（三）完善少儿阅读推广的长效机制

（1）政策和法规支持：①制定专门的法律法规或政策文件，明确公共图书馆在少儿阅读推广中的职责和义务，包括经费支持、资源分配、活动举办等方面。②设立专项经费用于购书、活动组织、设施更新等，确保推广工作的持续性和稳定性。

（2）资源投入和管理：①确保足够的资金和物质资源投入少儿阅读推广项目中，例如购买优质儿童书籍、多媒体设备更新、活动场地的准备等。②设立专门的资源管理机制，保障资源的有效利用和长期维护。

（3）社会化合作机制：①建立与学校、家庭、社区等相关方的紧密合作关系，形成多方参与、资源共享的合作模式。②开展跨机构的合作项目，如学校图书馆联动计划、社区阅读活动等，共同推动少儿阅读兴趣的培养和文化传承。

（4）持续评估和调整：①建立定期的评估体系，包括定量和定性评估方法，评估推广活动的效果和影响，了解读者参与度、阅读习惯改变等情况。②根据评估结果及时调整推广策略和活动内容，以适应不同时期和社会需求的变化。

（5）创新技术和内容应用：①引入和应用新技术，如虚拟现实、增强现实、人工智能等技术，创新推广活动的形式和内容，增强互动性和吸引力。②开发适合不同年龄段和阅读水平的数字阅读资源，提供多样化和个性化的阅读体验。

（6）建立长期跟踪机制：①建立和维护读者档案和长期跟踪系统，记录少儿阅读者的阅读历程、兴趣偏好和成长变化。②根据跟踪结果提供个性化的阅读建议和服务，激励和维持少儿的阅读动机和习惯。

第四节　公共图书馆的文旅融合服务

一、公共图书馆的会展旅游

随着中国改革开放的深入，中国的公共图书馆已融入国际图书馆事业。随着中国对外开放，图书馆的发展逐渐与国际接轨，参与全球图书馆交流，紧跟世界图书馆的发展趋势。国家图书馆和一些省级图书馆已经举办了国际性图书馆会议，并进行了国际主题的研讨活动，为全球图书馆事业增添了中国元素，也使中国的图书馆事业走向世界。上海国际图书馆论坛已经成功举办了多届。上海市旅游局于2006年首次引入"上海会议大使"制度，上海图书馆馆长曾多次获得该荣誉。国际会议的举办为图书馆推广中国文化提供了新途径，展现了中国文化的国际影响力。图书馆和旅游产业结合的会展旅游方式也是一种新合作方式，它在旅游中促进了文化传播，增加了旅游的趣味和知识性，提高了游客的体验。

2016 年 11 月，广州图书馆携手广州市图书馆学会及中山大学图书馆，隆重举办了国际学术研讨会，主题为"创客空间：图书馆里的创造力——人人参与的创客空间"。此次论坛汇聚了来自中国、美国、英国、丹麦、加拿大、新加坡等国家及香港地区的 600 余名嘉宾，共同探讨了图书馆在推动创造力发展方面的重要作用。此次国际会议的圆满举办，不仅展现了中国图书馆事业的蓬勃发展实力，有效促进了中国文化的广泛传播，更从国外图书馆中汲取了先进的文化宣传方式和管理经验，为提升我国图书馆服务水平提供了有益借鉴。

值得一提的是，在推进国家"一带一路"倡议的进程中，中国公共图书馆发挥着不可替代的文化桥梁和纽带作用，为沿线国家文化交流互鉴提供了重要平台。

此外，2018 年 5 月，由中国国家图书馆等机构主办的"丝绸之路国际图书馆联盟成立暨'阅读·城市·文化'图书馆、书店融合发展学术研讨会"在四川省图书馆成功召开。此次盛会吸引了来自 20 余个国家的联盟成员馆馆长和文化官员，以及美国、英国、澳大利亚、法国、德国、波兰等国家的图书馆界代表和驻华使节，国内专家学者亦齐聚一堂，总计超过 300 人共襄盛举。会议围绕图书馆与书店融合发展、城市文化建设等议题展开深入研讨，为推进丝绸之路沿线国家文化交流与合作注入了新的活力。

会议发表了《成都倡议》，发表了图书馆、书店融合发展联盟宣言，还签署了图书馆、书店融合协议，成为"一带一路"倡议在文化领域的最新成就。

中国的改革开放政策为图书馆的国际化发展提供了制度支持。随着经济的增长，人们的文化需求呈现出多元化和国际化的趋势，这也影响了图书馆的业务发展。举例来说，1997 年 7 月，香港中环大会堂举办了"上海图书馆古文献精品展"，这一展览为香港民众提供了一个了解祖国传统文化的机会。展览获得了广泛的好评，香港知名学者饶宗颐在参观后表示："香港还有一个文化回归的问题。"此外，许多省级图书馆也积极参与国际文化展览，以传承中华文化为目标，为中华文化的传播贡献了自己的力量。

天津市滨海新区图书馆代表了中国图书馆建设的先进水平。它占地 3.3 万平方米，全年无休，每天开放 11 小时，大大满足了人们对文化的需求。该图书馆不仅提供传统服务，还开创了文旅融合发展的模式，成了一个国际知名的图书馆。它每天都吸引了众多访客，领先全国。天津市滨海新区图书馆以其先进的多媒体技术和图书馆系统吸引了国外图书馆的关注，许多国外图书馆前来参观和学习。同时，它还与媒体机构和单位合作，产生了众多杰出的现代文化创作。《时代周刊》对天津滨海图书馆进行了高度评价，将其列为全球最美丽的地方之一。天津滨海新区图书馆以其象征性的"眼球"外观和内部壮观的书架设计，成为世界各大媒体和书籍爱好者的热议话题。它不仅展示了建筑的创新性，还承载着推动城市发展和知识普及的使命，是一个集结书籍和文化交流的现代地标。这种设计为阅读者带来了巨大的便利，有效地节约了阅读时间和成本。图书馆的空间规划与系统有机结合，使读者能够轻松获取图书馆的文化资源，涵盖了有形的纸质文献和无形的数字资源，无不展示了先进的现代化图书馆管理技术的应用。因此，天津滨海新区图书馆凭借其出色的外观设计和内在的技术应用，已经成为人们参观的热门景点，并形成了强大的品牌影响力，吸引了其他图书馆学习效仿。

二、公共图书馆研学旅游服务

公共图书馆通过研学游等方式，将文化与旅游相融合，为青少年提供了实际的体验，使他们能够在旅行中学习，实现了"读万卷书，行万里路"的理念。这不再仅仅是旅行或学习，而是一种融合文化元素的过程，通过趣味性的旅行体验，影响了青少年的文化观念和社会价值观。因此，图书馆的研学活动应具有趣味性，根据游客的不同年龄特点，设计相应的互动文创产品，以激发他们的兴趣。随着人们对文化生活需求的增长，研学游不再仅限于学生，各个年龄段的游客都渴望获取知识。由于不同年龄段的知识需求各不相同，因此图书馆的研学游市场潜力广阔。

国家和相关政府部门已发布一系列政策，支持和促进研学游的发展。这些政策包括《国民休闲旅游纲要》《国务院关于促进旅游业改革发展的若干意见》《中小学学生赴境外研学旅行活动指南（试行）》《推进中小学生研学旅行的意见》《中国研学旅游目的地和全国研学旅游示范基地的通知》以及《实施中华优秀传统文化传承发展工程的意见》等。这些文件均高度关注和提供政策引导，以支持研学旅游的发展。2017 年，教育部发布了《中小学综合实践活动课程指导纲要》，将研学旅游列为义务教育和普通高中的必修课程。2018 年 3 月，文化和旅游部的成立实现了文化与旅游的有机融合，这是国家层面对文旅融合的一项重要举措。

在国家政策的支持下，研学游市场逐渐崭露头角。然而，在研学游的实践中也存在一些问题，如竞争混乱、文创产品单一、学习效果不明显等。因此，研学游的关键在于确保青少年能够真正获取知识，而不是匆匆而过。为了促进研学游的健康发展，需要深入拓展研学游产品的类型，注重文化内涵的实际应用，以满足图书馆研学游的需求。现代教育制度要求学生更多地了解和学习传统文化，而图书馆作为提供公共文化服务的机构，研学活动成为其业务之一。如何让学生积极参与研学活动呢？其中，趣味性的设计环节不可或缺，因此将研学和旅游相结合是适应时代要求的做法。图书馆的研学游不仅丰富了旅游市场的产品类型，还提供了文化知识的传播途径，因此得到了国家各部门的支持和鼓励。早在 2011 年，国家图书馆就敏锐地捕捉到研学游的趋势，推出了"阅读之旅"等研学旅游服务项目。目前，我国一些公共图书馆已经积极开展研学游项目，与旅游业相结合，以传播卓越的文化资源。

（一）公共图书馆和研学旅游具有天然一致的理念

研学旅游与传统学校教育方式有着明显的区别，它打破了课堂的空间限制，不再依赖应试教育的成绩导向。研学游根据学生的兴趣和个人特点，提供多样的研学项目，注重培养创造力，尊重个体差异，因此取得了良好的教育效果。联合国教科文组织的《公共图书馆宣言》强调了"以人为本"的服务理念，而中国图书馆学会的《图书馆服务宣言》则明确了"对社会普遍开放、平等服务、以人为本"的基本原则。因此，图书馆开展研学游活动是符合图书馆服务理念的一种延伸。

（二）公共图书馆具备开展研学旅游服务的文献信息资源

图书馆拥有丰富的馆藏资源，这为研学游项目的开发提供了丰富的素材，使文化以多样的方式呈现。因此，相较于旅行社，图书馆凭借其文化资源在研学游项目的开发方面更具优势。举例来说，国家图书馆拥有珍贵的"四大镇馆之宝"以及天津图书馆的周叔弢捐赠和国内独有的《棠湖诗稿》刻本，这些都是宝贵的研学旅游资源。其他地方的图书馆也各有特色的馆藏。国家图书馆已经将阅读与旅游相结合，开发了一种结合阅读和旅游的研学游方式，通过在旅行中进行阅读，将阅读理念融入人们的心灵，从而实现了研学游的目标，让人们通过阅读了解世界的知识。

（三）公共图书馆具备开展研学旅游服务的专家资源

中国自古以来一直有游学的传统。在古代，学生会随着有学问的老师到处旅行，通过实际经验来领悟知识和道理。然而，随着现代社会的到来，学生们主要在学校内固定地点学习，缺乏实地实践的机会。研学游的兴起填补了这一不足，使学生能够在旅行中进行实地学习。不过，研学游需要教师的指导，而图书馆拥有丰富的专业知识资源，因此可以为研学游提供有力的支持。这样，图书馆的专家资源也在推动研学游的发展。

（四）公共图书馆研学旅游服务的受众广泛

图书馆的使命是提供公共文化服务，因此服务对象是广泛的公众。联合国教科文组织在《公共图书馆宣言》中明确指出："公共图书馆应不分年龄、种族、性别、宗教、国籍、语言或社会地位，向所有的人提供平等的服务。"

因此，图书馆的研学游项目也应该对所有人开放，而不仅仅限于特定年龄段的人。例如，国家图书馆的"阅读之旅·北京中轴线"研学活动吸引了各年龄段和不同职业背景的参与者，证明了研学游是一项广泛面向公众的服务项目，不受年龄或职业等因素的限制。

（五）公共图书馆具备开展研学旅游服务的合作体系

图书馆拥有强大的服务网络，为研学游提供了有利条件。图书馆可以巧妙地利用其网络资源，将研学游打造成一项有影响力的文化创意项目。一方面，图书馆可以吸引外地游客前来参与研学活动，充分利用自身的资源优势。另一方面，图书馆也可以积极学习其他地区和国外成功的研学游经验和运作模式，不断提升自身的研学游品质。这种双向的推动有助于研学游的进一步发展。

（六）公共图书馆的性质是进行公共文化服务

图书馆的非营利性质有助于防止研学游变成以纯经济利益为导向的商业活动。商业动机有时会改变研学游的本质，将文化传播目标掩盖在以促销和销售为主导的商业模式下。这些现象可能会让消费者感到犹豫。因此，图书馆应坚守公益性质，提供可信的公共服务，确保研学游的正常发展和道德经营。这将有助于保持研学游在正确轨道上运行。

三、把握公共图书馆文旅深度融合的发展机遇

（一）树立文旅深度融合的新理念

旅游业与图书馆深度整合，为旅游行业注入新活力，并反映了国家政策方向。国家文化和旅游部的领导人在 2018 年 9 月的文化和旅游专题论坛上强调了文化与旅游之间的密切关系。他们强调文化是旅游的核心，而旅游是文化的传播工具，因此文化与旅游的深度融合是不可避免的趋势。自从文化和

旅游部成立以来，他们一直积极探索文化和旅游之间的协同发展规律，促进文化资源的保护与旅游发展的有机结合。这些政策和措施为图书馆和旅游业的深度合作提供了政策支持，促进了双方的共同进步。随着经济的发展，人们对旅游的需求不断增长，对旅游体验的期望也不断提高。文化元素的融入满足了游客对"高文化"的需求，因此文化和旅游的结合实现了双赢。深度整合的机会正在到来，中国的公共图书馆服务正在不断扩展，而旅游业也迎来了爆发式增长。中国公共图书馆正在推动"全域服务"，而旅游业则在积极践行"全域旅游"，这两者正好交汇在一起。自从 1987 年北京图书馆新馆落成以来，全国各地也相继兴建了多个标志性的图书馆。各种类型的图书馆都在文化创意设计领域涌现出众多创新产品，这进一步推动了发展。因此，图书馆与旅游业的深度整合是不可避免的趋势，符合历史发展潮流。在这种整合模式下，图书馆为旅游业提供了文化支持，而旅游业为文创产品提供了发展机会，双方相互促进。通过各地图书馆文创产品需求的数据分析，消费者对文化的渴望不断增加，这需要图书馆不断创新发展模式，提供更好的服务。

（二）培育文旅深度融合的新机制

当前，图书馆和旅游产品的合作发展正处于文化创意产品的宣传阶段，属于初级发展阶段。要实现更广泛和深入的合作，需要国家和相关部门的充分关注和支持。2017 年 3 月 1 日开始执行的《中华人民共和国公共文化服务保障法》和 2018 年 1 月 1 日开始实施的《中华人民共和国公共图书馆法》为文化单位和旅游单位的合作提供了法律保障，为深化双方合作提供了制度框架，使各种合作细节都能够明确合规。国家和各级政府需要加强对文化和旅游深度融合的协调，确保图书馆的各种文化创意活动与旅游业实现有机结合。不同的图书馆应根据自身发展情况，结合旅游业的特点来考虑合作方式和深度。此外，在合作过程中，应明确各方的权利和义务，以及利益分配问题，以防止过度开发图书馆的文化资源，避免滥用资源以牟取经济利益。应确保图书馆和旅游业的深度融合得以真正实施，建立健康的合作机制，促使二者有机结合，共同发展。

（三）探索文旅深度融合的新路径

中国旅游学界于 1987 年提出了旅游六大要素，即"食、住、行、游、购、娱"，被誉为旅游业的文化支柱。1991 年，学者们对这六要素的次序和措辞进行了调整，变成了"住、食、行、游、购、娱"，成为广泛接受的旅游业标准。图书馆在与旅游产业的融合过程中，应该按照这些构成要素逐步发展文化创意产品。

在"住"这个领域，文化因素已经融入了住宿体验。各类酒店业不断推陈出新，提供各种主题文化的住宿选择，有些强调当地特色文化，而有些则致力于传承古籍文化。游客在住宿期间能够深刻感受到浓厚的文化氛围。

至于"食"，不少图书馆还推出了文化餐饮服务，允许游客在品尝美食的同时了解食材的来源和当地风土人情，丰富了饮食文化的内涵。此外，一些古籍中的食谱也经过现代烹饪工艺的改进，成为新潮流的美食。游客还可以亲身体验传统的食物制作方式，亲手制作古法美食。这种文化与旅游产业的融合不仅促进了深度合作，还为双方带来了经济效益和文化传播效果，推广了当地文化并吸引了更多游客的光临。

在"行"领域，文化已经成为城市的象征，每座城市的名人、历史文献、经典建筑等都在人们的日常出行和常去之地显现，为游客留下深刻的文化印记，刺激着他们的购物欲望。

至于"游"，图书馆凭借其丰富的文化资源吸引了大批游客，有些图书馆甚至已经成为城市中必游之地。其中，各种亲身体验的活动也吸引了众多游客。

在"购"方面，图书馆将文化资源开发成各类文化创意纪念品或体验型文创产品，激发了游客的购物欲望，丰富了旅游体验。

至于"娱"，图书馆推出的众多文化创意产品兼具文化内涵和娱乐性，将文化知识融入娱乐活动中，使消费者在旅行中享受到文化娱乐，成为普及和宣传独特文化的极佳方式，深受游客们的喜爱。

　　图书馆和旅游产业的协同发展已突破了地理界限，文化创意产品不再受限于图书馆内部。这些产品能够在旅游产业的各个环节与游客产生联系，文化传播贯穿整个旅程。服务范围也扩展到旅游路线上的各个景点。这使得图书馆和旅游产业的结合为文化创意产品创造了更广泛的市场，拓宽了潜在客户的地理分布。图书馆在发展文化创意产品时应积极主动地探索与旅游产业的合作机会，巧妙地将文化创意融入旅游体验，以一体化的方式传达文化和旅游给消费者，提升旅游品质，同时扩大文化创意产品市场。

第九章 全民阅读赋能新时代健康生活方式

第一节 我国心理健康数据统计与调查

一、数据统计与调查

辛弃疾在他的词中写道："叹人生，不如意事，十常八九。"方岳也表达了类似的情感，他说："不如意事常八九，可与语人无二三。"这些古人的诗句简洁而深刻地勾勒出了人生的曲折性质。在生活中，我们都会面临各种困惑和问题。一些人能够轻松应对这些挑战，似乎毫不费力，而另一些人可能会深陷其中，难以自拔。此外，一些人可能因遗传或环境因素而患上不同程度的心理疾病。

中国精神卫生调查显示，我国精神障碍的终身患病率为16.6%，意味着有2.3亿人一生中会罹患精神障碍。未满18岁的未成年人中，有大约3000万人受到各种学习、情绪和行为障碍的困扰。在大学生群体中，16%至25.4%的人受到心理障碍影响。世界卫生组织在2017年发布了关于抑郁症的全球统计报告。报告指出，在2005年至2015年的十年间，受抑郁症影响的人数增加了18%，造成的经济损失超过一万亿美元。其中，女性的发病率为5.1%，男性为3.6%。老年群体中，75%的患者是女性，55%是男性。在国际范围内，抑郁症病例占人口比例5.5%以上的国家包括美国、澳大利亚、巴西、爱沙尼亚、芬兰、希腊、葡萄牙、俄罗斯等，乌克兰的比例超过了 6%。中国的比例为 4.2%。根据我国《国民抑郁症蓝皮书（2022—2023）》的调查结果显示，目前我国已经确诊的抑郁症患者约有 9500 万人。抑郁症已经成为中国第二大疾病负担，预计到 2030 年将超越其他疾病，成为世界疾病负担的头号。

截至 2021 年底，全国登记的严重精神障碍患者人数达到 660 万，管理率高达 92%。这 660 万患者主要包括精神分裂症、分裂情感性障碍、持久的妄想性障碍（亦称偏执性精神病）、双相（情感）障碍、癫痫所致精神障碍、精神发育迟滞伴发精神障碍等六种严重精神疾病。在这些登记的严重精神障碍患者中，贫困率高达 55.3%。

早在 2014 年底，我国登记的严重精神障碍患者达到 429.7 万人。这表示，七年内增加了 230 万例登记患者。在这些患者中，男女比例为 1.07∶1，有家族精神疾病史的患者占 4.67%，初中及以下文化程度的患者高达 83.6%；而劳动年龄人口（18 至 59 岁）占总人口的 76.1%。

根据中国疾控中心的数据，我国目前有大约 1600 万名重症精神疾病患者；约 70% 的人处于精神健康状态不佳，大约 1.9 亿人需要接受专业的心理咨询或心理治疗。根据 2021 年国家统计年鉴，我国城市居民的主要疾病死亡率及死因中，城市男性精神障碍死亡人数占总死亡人数的 0.42%，而城市女性精神障碍死亡人数占总死亡人数的 0.7%。

2016 年，由中华医学会健康管理学分会主导，与国家卫计委科学技术研究所、中国医师协会整合医学分会、北京健康管理协会等多方专家学者合作，启动了"中国城镇居民心理健康大数据挖掘"项目。2018 年 4 月 29 日，发布了《2017 中国城镇居民心理健康白皮书》。通过 PEM 心理健康管理系统，收集了来自全国 566 家医疗机构的数据，包括 46 家体检中心和 174 家综合医院的部分临床科室，覆盖了 2012 年 2 月至 2017 年 5 月的数据。分析结果揭示了中国城镇居民的心理健康状况不容乐观。目前，73.6% 的人处于心理亚健康状态，16.1% 的人存在不同程度的心理问题，而只有 10.3% 的人心理健康。主要的心理问题包括强迫症状、敌对情感、抑郁、人际敏感、焦虑、偏执、躯体化、恐惧和精神病性疾病。女性的心理健康水平明显低于男性，30 至 39 岁年龄段的人群心理健康状况最差，而 60 岁以上年龄段的人群相对较好。丧偶者的心理健康状况最差，已婚者的最好。受教育程度最高和最低的人心理健康较差，而高中/中专程度的人相对较好。此外，心理健康与躯体健康密切相关，躯体健康状况越差，心理问题发生的概率越高。在甲状腺结节、乳腺良性病变、子宫肌瘤、肥胖和失眠等亚健康人群中，心理亚健康的比例在 54.7% 到 64.7% 之间，心理问题的发生率在 24.3% 到 37.3% 之间。此外，患有慢性疾病的人心理问题的伴发率极高，包括肿瘤、脑梗、心梗、糖尿病、高血压、冠心病等慢性疾病，其中只有 5.1% 的人的心理健康状况良好，44.8% 的人属于心理亚健康状态，50.1% 的人存在不同程度的心理问题，尤其是抑郁和焦虑问题突出。

总之，心理健康问题、心身疾病以及与心理相关的慢性疾病已经成为我国的重要公共卫生和社会问题。政府和个人都应高度重视这一问题，积极采取行动和干预措施。

二、困惑与应对

我国的心理学研究主要关注以下几个主要人群的心理健康问题，包括独生子女、学生、职业人群、特殊群体和网民。这五个类别涵盖了我国各个年龄层和多层次的人群，因此具有代表性。

关于独生子女，他们是家庭中唯一的孩子，没有兄弟姐妹。独生子女问题已引起广泛关注。一些独生子女可能因为在家庭中处于特殊地位，接受过多的宠爱和优待，而在心理健康方面出现问题。这些问题包括独立性较差、过分依赖、缺乏自主生活能力、心理脆弱、意志不坚定、抗击打能力较弱、叛逆、唯我独尊、自尊心强以及社交孤立等。

学生群体也受到心理健康问题的影响。家庭教育和学校教育在学生的心理健康方面都扮演着重要角色。在目前社会价值主要以分数为导向的情况下，学生和家长都过分注重学业成绩，这导致了学生面临严重的心理健康问题。

这些问题包括：①学业压力过大，导致焦虑，厌学，以及一系列身体不适。②人际关系问题，包括与老师、同学，以及亲子关系。不良的人际关系，如果学生不擅长解决冲突，可能对心理健康造成伤害。③青春期心理问题，这是生理和心理变化的时期，学生可能难以适应，表现为逆反心理、情绪波动和心理脆弱。④挫折应对问题，学生会面临多种挫折，包括学业、人际关系、兴趣爱好和自尊心等方面。如果学生的心理健康出现问题，他们可能会对挫折过度反应。

职业群体：职业人群心理健康出现问题并不罕见，工作压力、环境影响、企业文化和个人性格都是影响职业群体心理健康问题的因素。面对巨大的工作甚至生存压力、快节奏的生活、复杂的人际关系、工作与家庭难以平衡等，都会导致职业群体出现焦虑、抑郁等问题。

特殊群体：诸如灾后群体、少数民族、外来务工人员、农村妇女、残障人士等群体，由于经济、文化、受教育程度、生理问题等各种原因，特殊群体的心理健康问题也十分突出。

网民群体在中国已经达到了惊人的规模。根据中国互联网络信息中心（CNNIC）发布的《第 51 次中国互联网络发展状况统计报告》，截至 2022年 12 月，我国的网民数量已经达到 10.67 亿人，较 2021 年 12 月增长了 3549万人，互联网普及率达到了 75.6%，较 2021 年 12 月提高了 2.6 个百分点。这一庞大的网民群体已经成为社会不容忽视的重要力量。然而，尽管互联网带来了便捷的信息获取和社交交流机会，但同时也对网民的社会生活和心理健康带来了一些不利影响。

在这五个主要群体所面临的问题中，许多人都曾经有所接触。那么，人们是如何应对这些问题的呢？外国学者将应对反应分为三种类型，包括积极的行为应对、回避性应对和积极认知应对。1984 年，重新划分了这些反应，将它们分为三种：面向评估的应对、面向问题的应对和面向情感的应对。还有学者将应对方式分为情感导向的应对和问题导向的应对。

应对压力和困境的方式可以分为情感导向应对和问题导向应对。情感导向应对与情感体验和表达有关，例如哭泣、发脾气、自我安慰等。而问题导向应对则包括对问题的分析、思考，以及解决压力根源。以下是几种具体的应对方式：①解决问题：采取积极的认知和行为来解决问题或消除压力源。②求助：寻求情感支持，例如与亲朋好友交谈、商讨，以寻求理解和支持。③回避：对问题采取回避态度，或者消极地看待问题，而不是积极地解决。④发泄：通过各种途径来宣泄不愉快的情感和经历，以减轻挫折和压抑感。⑤幻想：通过想象和虚构来逃避现实中的烦恼和困难，沉浸在虚拟世界中。⑥忍耐：采取忍受的方式来处理烦恼和挫折。研究还发现，男性更倾向于采取积极的应对方式，如解决问题和积极认知，而女性通常更多地使用消极的应对方式，如回避和幻想。在情感导向应对方面，女性更频繁地使用情感表达方式，例如哭泣和发泄。当寻求外部支持时，女性更倾向于寻求亲属的帮助，而男性更倾向于向朋友、同学等非亲属关系的人寻求帮助。在理解和关怀的两种帮助模式中，女性更偏好前者，而男性更偏好后者。

一种通常采用的方法是通过倾诉来发泄情感，或者用当下的流行术语吐槽。人们常常通过与家人、朋友、同事，甚至陌生人进行沟通，包括与心理医生交流，以有效地释放情绪、缓解心理问题。在学校开设心理学教育也至关重要。研究表明，学生对心理学教育课程的需求很高，他们希望了解有关心理学的生理基础、感觉知觉、记忆等知识，并渴望学习与心理健康和心理咨询相关的内容。

此外，阅读也是处理心理问题的方法之一。阅读疗法，也被称为图书疗法或读书疗法，最早由美国学者塞缪尔·麦克乔德·克罗色尔斯于 1916 年提出。1966 年，美国图书馆学会确认阅读疗法作为医学和心理健康疾病的辅助治疗方法，通过图书馆员提供适当的阅读建议，帮助读者应对心理和情感问题。具体而言，阅读疗法运用生理学、医学和读者心理学的原理，通过有针对的阅读材料和指导性阅读，协助读者处理心理障碍和情感问题，调整心理状态和行为方式。

第二节　全民阅读赋能心理治疗

根据心理学的常识，人类的基本心理过程包括三个关键环节：认知、情绪、意志。专家指出，这三个环节相互影响。一方面，认知活动影响情绪和意志，因为深刻的理解可以激发情感，而知识可以影响意志和行动。另一方面，情绪和意志作为重要的心理因素，同样对认知活动产生深远影响。积极的情感状态和坚定的意志品质能够有效推动认知活动的深入开展，为个体的认知过程提供有力的动力支持。然而，负面情感和消极情绪则可能成为认知活动的阻碍，限制个体的思维深度和广度。

在人生中，情绪通常可以划分为愉快和不愉快，意志可以分为坚强和不坚强，行动可以分为积极和不积极。当情绪、意志和行动处于不愉快、不坚强、不积极的状态时，生活和工作可能表现出懒怠、软弱和消极。这种状态可能伴随着厌烦、焦虑、郁闷、无力感和缺乏自信等心理问题，通常伴随着对他人的冷漠。相反，如果情绪处于轻松、愉快、喜悦等积极状态时，人们更有可能表现出乐意帮助他人的积极心理倾向。

尽管每个人都怀揣着对美好生活的热切向往，憧憬在工作中实现自我价值和获得满足感，然而，我们必须清醒地认识到，在通往理想生活的道路上，不可避免地会遭遇各种烦恼、困扰，甚至是突如其来的不幸和挫折。香港作家颜纯钩提到："除非隐居山林，孑然一身，否则只要与人相处，便难免受点委屈。"他强调："人生本就不圆满，做人的难处，也就是在这种不圆满中寻求最大的快乐……"开卷阅读被认为是一种有效的方式来缓解负面情绪，帮助改善心情。

梁实秋提出："快乐是一种心理状态。内心湛然，则无往而不乐……求即往往不得，转为烦恼。"他强调"湛然"是一种清澄的内心状态。他深刻地认识到："所谓快乐幸福，乃是解除苦痛之谓。没有苦痛，便是幸福。再进一步看，没有苦痛在先，便没有幸福在后……有时候，只要把心胸敞开，快乐也会逼人而来。"如果人们不阅读，他们可能会沉溺于世俗的烦恼，受到名利等束缚，经历烦恼和不快。无独有偶，美国文学史家约翰·梅西也强调："头脑健全的人，仅仅是为了愉悦的快感，或者为了满足某一方面的好奇心而阅读。"

俗话说："好读书，读书好，增智博识学问多；乐读书，读书乐，养心安神气自华。"在众多追求愉悦的方式中，从幼年时期就开始学习阅读，获取知识、培养文化修养、明智道德，不仅能够汲取前人的经验和智慧，还能够了解历史的教训，从书本中获得文化的滋养和精神的愉悦，这对个体来说是一件极为幸运的事情，被认为是人生愉悦的源泉。

近年来，国内图书馆在全民阅读大背景下迅速转变，不再仅限于传统的图书借阅服务，而是积极创新，以阅读疗愈为重点服务方向。这种疗愈模式不仅包含阅读推广和指导，更突破了图书馆传统服务的束缚，以个性化、智能化的方式与读者互动，帮助他们与馆内外资源建立联系，尤其关注特殊群体的需求，打开了知识与心灵的双重窗户。这一变革不仅拓展了图书馆的业务范围，还提升了图书馆在社会中的影响力，为阅读与文化建设贡献了新的可能性。

下文将阐述阅读疗愈的依据，总结英国、美国一些个体的个人阅读疗愈体验，并展示中华文化传承和社会实践的相关成果。积极推广"书方子"与"情感疗愈指导书单"活动，是当前提升个人情感管理能力、加强心理建设工作的有效手段，也是深化全民阅读、拓宽阅读领域、实现阅读创新的重要途径。因此，呼吁图书馆读者服务工作者和阅读推广者，积极组织并参与以"阅读疗愈"为主题的各类活动，共同推动全民阅读事业迈向新的发展阶段。

一、图书馆开展阅读疗愈服务的依据

（一）阅读疗愈概念

阅读疗愈（Bibliotherapy）是一种利用阅读书籍、文章或其他文字材料来促进心理健康和情感康复的治疗方法。通过与文字内容的互动，人们可以找到共鸣、获得新的视角和理解，并由此减轻心理压力，解决情感困扰。

阅读疗愈的过程通常包括选择适当的文学作品或主题书籍，这些材料能够引发读者的共鸣，使他们能够从中看到自己的影子或找到类似的情境，从而获得情感上的安慰和心理上的支持。文学作品中的人物和情节可以帮助读者更好地理解自己的情感体验，提供新的处理问题的方法，并增强解决困境的信心。这种疗法不仅限于专业的心理治疗环境，普通人也可以通过自我引导的阅读来获得类似的益处。通过阅读，个人可以在文字中找到同伴，感受到不孤单，从而减轻孤独感和压力。文字的力量能够启迪心灵，带来治愈的力量。

阅读疗愈的效果源于人类对故事和文字的天然亲近感。故事具有强大的情感感染力，能够让读者沉浸其中，忘却现实中的烦恼。同时，阅读过程中的思考和内省也能促进个人的自我认识和成长。因此，阅读疗愈不仅是一种缓解压力和情感困扰的有效手段，也是提升心理韧性和促进个人发展的重要方法。

（二）图书馆的社会使命决定了其具备开展阅读疗愈服务的义务

《柳叶刀》周刊发布的研究数据表明，我国当前精神疾病患者数量已高达 1.73 亿，其中竟有 1.58 亿患者尚未获得专业治疗，这一严峻的现实凸显了心理问题在现代社会的普遍性和严重性。随着生活节奏的加快，许多中国人正面临着日益严重的心理困扰，然而他们寻求自助和求助的途径却相对有限，这成了一个亟待解决的社会问题。

作为满足大众文化需求的公共场所，公共图书馆因其开放、平等、无偿的特点，更应紧跟时代步伐，积极关注并回应公众的心理健康问题。这不仅是图书馆履行社会教育职能的题中应有之义，也是新时代对图书馆提出的更高文化建设要求的体现。阮冈纳的图书馆五定律中的第二和第三定律为阅读疗愈提供了明确的实践指导，强调了图书馆在此领域的重要性和影响力。

阮冈纳的图书馆五定律中的第二定律强调图书馆员应了解读者需求、推荐适合书籍，与阅读疗愈的核心理念相符。这要求图书馆围绕个性化荐书导读转变服务方式。第三定律突出强调了每本书籍均具备潜在的读者群体，因此有必要向广大读者充分展示馆藏资源信息，进而提升资源的有效利用水平。这一理念与阅读疗愈实践中编制精准有效的疗愈书单方法不谋而合。在推进图书馆智能化服务的过程中，其核心要义在于深入理解和把握馆藏资源的特性与价值，并致力于协助读者高效、便捷地获取所需资源。通过积极践行这两大定律，图书馆将能够更好地承担起阅读疗愈的重要使命与职责，为广大读者提供更加优质的服务。

二、英国文人学士有关读书与情绪疗愈关系的个人体验

在西方文化脉络中，"阅读疗愈"思想可追溯至古希腊时期。据史书记载，在底比斯城邦的神庙图书馆门上，刻有"疗愈灵魂之地"的箴言，这充分展现了阅读对于心灵的滋养和治愈作用。在中世纪，欧洲的医师亦常借助朗读《圣经》或《古兰经》的篇章，帮助病患舒缓情绪，促进身心健康。由此可见，阅读疗愈的理念自古流传，历久弥新。

著名的英国文艺复兴时期哲学家和文学家弗朗西斯·培根在他的作品《论读书》中提到："孤独寂寞时，阅读可以消遣……处世行事时，正确运用知识，意味着才干。"他认为，"求知可以改进人性，而经验又可以改进知识本身。人的天性犹如野生的花草，而求知学习好比修剪、移栽。"弗朗西斯·培根还强调，"读书使人充实，讨论使人机敏，写作则能使人精确。"他认为，

阅读历史可以让人变得更明智，阅读诗歌可以让人更聪明，数学可以让人更精密，哲学可以让人更深刻，道德可以让人更崇高，逻辑和修辞可以让人变得善辩。培根认为，"知识能塑造人的性格"，并且可以通过学习来改进思维和知识的不足之处。

英国诗人约瑟夫·鲁德亚德·吉卜林曾经写下这样的诗句："我们会有沮丧、失望和一般性精神不愉快的时间、心情、时段……这时候，一个人尤其是容易受到一本书的影响。"他指出，在这种情况下，人们通常不希望接触到会扰乱他们思绪、加剧不快的事物。此时，书籍，无论是被认为是经典还是普通作品，都有能力在某种程度上缓解内心的痛苦。

英国文学家威廉·萨默塞特·毛姆也曾提到："培养读书的习惯就像为自己建造了一个避难所，这个避难所几乎可以避开生活中的所有困难和磨难，当然，这不包括饥饿和失恋这两种特殊痛苦。"他认为，阅读可以作为一种精神的避难所，帮助人们应对生活中的各种挑战。

温斯顿·丘吉尔，曾担任英国首相，也曾表示，"对长期担当重任、工作过累的人来说，避免焦虑和解脱过度心理压抑的方法很多。有人建议锻炼，也有人建议休息；有人建议旅行，也有人建议疗养；有人说独处好，也有人称狂欢妙。毫无疑问，此间诸法针对不同情况，各有其作用。这些方法有一个共同点，那就是求变。求变是关键，""最常见的消遣方式是读书，千千万万的人都能从丰富多彩的阅读活动中找到精神慰藉。图书馆是最能使人变得可亲可敬的地方"。

三、美国医师和学者对"阅读疗法"的执着探求

现代科学意义上的"阅读疗法"最早由美国提出并发展。19 世纪初，著名医学家本杰明·拉什就前瞻性地指出，精神病医生在制定治疗方案时，应包含有益于患者精神康复的阅读材料，以此作为辅助治疗手段。1848 年，美国医学界的杰出代表 J.M.高尔特在美国精神病学年会上发表了题为《论精神病

患者的阅读、娱乐和消遣》的学术论文。高尔特从病理学的专业角度深入分析，指出通过精心挑选的阅读内容、适度的娱乐方式以及合理的消遣活动，可以有效地促进精神病患者的康复进程。他进一步强调了"阅读疗法"的重要性，并提出除了宗教文献外，还应广泛引入历史、传记、旅游、小说等多样化书籍，以满足患者不同层次的精神需求。这篇论文被广泛认为是"阅读疗法"领域的第一篇科学文献，为后续的研究和实践提供了重要的理论依据和参考。

1916 年，美国作家塞缪尔·麦克乔德·克罗瑟思在《大西洋月刊》上发表了题为《一家文学诊所》的文章。在这篇文章中，他首次将希腊语中的"书籍"（biblio）与"治疗"（therapy）两个词结合，创造了"图书治疗"（bibliotherapy）这一新术语。

1939 年，美国图书馆协会医院分会成立了一个专门委员会，正式认可了"阅读疗法"这一概念。这项活动最早在北美地区的图书馆中展开，随着时间的推移，其影响力逐渐扩大。到 20 世纪 50 年代，美国已经有了数百篇关于阅读疗法的研究文章，这表明该领域的学术研究已经初具规模。1961 年，"阅读疗法"一词首次被收录在 P.B.戈夫编辑的《韦氏新国际英语词典》中，这标志着这一疗法在主流语言和文化中的正式确立。

1946 年，E.B.艾伦发表了一篇名为《图书治疗实践》的文章，提出了"图书治疗学"。

瑞亚·乔伊斯·鲁宾，毕业于美国威斯康星大学麦迪逊分校，拥有心理学和图书馆学的背景。他在该校任教期间，将"阅读疗法"作为主要的教学和研究方向。1975 年至 1979 年间，担任美国图书馆协会医院分会阅读治疗委员会主席一职，为该领域的发展做出了重要贡献。鲁宾的著作《阅读疗法应用：理论和实践指南》和《阅读疗法参考书》在出版后，迅速成为美国"阅读疗法"领域的权威参考书，并广受欢迎。这些书籍目前已被翻译成中文，并计划由国家图书馆出版社出版。

目前，世界上最大的图书馆——美国国会图书馆馆藏中有 20 余种关于阅读疗法的专著。这些书籍包括《阅读疗法：方法与材料》《公共、医院和机构图书馆的阅读指导和阅读疗法》以及《对年轻人进行阅读治疗：图书馆员与心理健康专家合作》等。这些专著涵盖了阅读疗法的各种方法和材料，探讨了在公共图书馆、医院和机构中如何进行阅读指导和治疗，还关注了图书馆员与心理健康专家合作，为年轻人提供阅读治疗的实践。这些文献不仅展示了阅读疗法的广泛应用和研究成果，也为图书馆员和心理健康从业者提供了重要的参考资源。

正如美国兰登书屋的创始人贝内特·塞尔夫所强调的，阅读被视为一种心灵的愉悦，它的价值在于让你的内心得到放松和充实，而不仅仅是获取信息。因此，综合了来自东西方文人和学者的不同观点，我们可以得出结论，使用书籍作为一种"药物"，根据个人的情感状态来选择阅读材料，有助于改善情绪和提供心灵慰藉。这种阅读方式可以产生特定的情感舒缓效果。

四、当代中国人士对欧美"阅读疗法"的理念接受和本土化实践

1966年，美国图书馆学会正式将"阅读疗法"视为医学和精神疾病辅助治疗的重要手段。此后，国际图书馆协会联合会在1974年设立了关于"图书治疗"的工作计划，强调了"阅读治疗"在病人康复中的关键角色。10年后，国际图联医院分会进一步细化了《图书馆为医院病人和残障群体服务纲要》，要求医院设立的图书馆必须提供适宜的阅读资源，以帮助患者应对情感挑战和促进康复。这些举措实质上将"阅读治疗"正式纳入了图书馆的服务体系，为其在促进心理健康和疾病治疗中的应用开辟了新的可能性。

"阅读治疗"作为一种独特的心理治疗手段，已经引发了广大中国心理医师与图书馆界专业人士的浓厚兴趣，他们纷纷投身其中，积极探讨相关理论并深入开展实证研究工作。在权威著作《图书馆学和情报学百科全书》的第二卷中，由美国匹兹堡大学图书馆学情报学研究院和知识利用系统中心联合编辑的内容中，对"阅读疗法"进行了严谨而规范的阐释，阅读疗法，即

一种运用图书及相关资料治疗疾病的特定方法。这是一种与阅读紧密相关的、具有选择性的活动形式。在实施过程中，该方法必须在专业医师的指导下进行，确保治疗过程的目的性、引导性与控制性，以便更好地处理涉及情感以及其他层面的问题。

图书馆作为公共文化服务的重要阵地，其使命在于阅读推广的深化与拓展。图书馆致力于广泛推介那些能够带给人们心灵慰藉和疗愈力量的文献图书和信息资源，以满足社会大众多样化的精神需求。同时，积极鼓励读者根据个人兴趣和需要，自主选择适合的读物进行深度阅读，或寻求专业的"阅读疗愈书目"咨询服务，从而在阅读的过程中实现心灵的滋养与成长。

（一）国人对欧美"阅读疗法"的接受传承和本土化社会实践

1991 年，陈信春提出了一项有关文献治疗的观念，强调通过提供针对特定疾病的书目供患者借阅文献，如忧郁症和心理变态症，可以产生治疗效果。他认为图书馆应将文献治疗视为读者服务的一部分，这一观点引入了业界。在 1994 年，沈固朝在《世界图书》杂志中发表了文章《图书，也能治病》，并在 1996 年的《中国心理卫生》杂志以及 1998 年的《图书情报工作》杂志中发表了关于西方图书治疗的作用和机制的讨论，标志着我国学者开始对"阅读疗法"进行系统研究。

此外，值得一提的是，北京大学图书馆的王波博士于 1998 年在《中国图书馆学报》第 2 期上发表了一篇深入探讨图书疗法在中国的研究论文。在这篇文章中，王波博士对我国历史上有关"图书疗法"的理念和案例进行了详尽的梳理与分析，为这一领域的研究提供了宝贵的资料。10 年后，王波博士的学术专著《阅读疗法》由海洋出版社出版。该专著系统总结了图书疗法的研究成果，并提出了许多具有创新性的观点和建议，进一步推动了图书疗法领域的发展。

1998 年起，泰山医学院图书馆的宫梅玲女士便积极投身于"大学生心理问题阅读疗法"的深入探索与研究。在不懈努力下，她于 2006 年成功打造"书疗小屋——大学生建心房"网络服务平台，定期发布阅读疗法书目推荐及专业建议，广泛分享大学生阅读疗法的实践成果与典型案例，为广大学子提供了新颖且有效的心理健康教育途径。

经过长期积累与深入研究，宫梅玲女士于 2018 年隆重推出专著《读祛心病》。作为首部聚焦大学生阅读治疗案例的著作，该书精心筛选了 39 个具有代表性的心理问题案例，涉及抑郁、焦虑、强迫、社交恐惧等多个方面。每个案例均包含案例描述、书籍推荐、治疗效果跟踪、阅疗体会及文献分析等多个维度，全面展示了阅读疗法在大学生心理健康教育中的独特作用与显著成效。

1999 年，《江苏图书馆学报》第 6 期发表了黄菊屏女士的文章，她提出高校图书馆应引入"阅读疗法"服务，并呼吁设立"图书疗法阅览室"。

同年，知名学者王万清博士撰著的《读书治疗》一书由台北心理出版社精心策划推出。在书中序言部分，王博士深入阐述了图书在促进儿童心智成长及情绪疏导方面所发挥的不可或缺的作用，凸显了图书作为重要教育工具的深远意义。他认为，当儿童沉浸在故事中时，他们可以将自己投射到故事情节中，与主角一起经历情感的波动、挫折、解决问题的过程。这种体验对儿童的发展和丰富他们的生活视野有积极影响。他还指出，在台南师范学院附设儿童咨询中心接受"读书治疗"的儿童通常表现出思维、情感和行为方面的积极发展趋势。

大约在 2000 年，台湾大学资讯管理系的陈书梅博士，起初研究图书馆馆员的情绪管理，后来扩展到社会各层人群，分析不同年龄段的情感需求。她的研究聚焦于"情绪疗愈"，并撰写了一系列专著，包括《儿童情绪疗愈绘本解题书目》《从迷惘到坚定：中学生情绪疗愈绘本解题书目》《从沉郁到淡定：大学生情绪疗愈绘本解题书目》《从孤寂到恬适：乐龄情绪疗愈绘本解题书目》以及《图书馆书目疗法服务指引》。

2011 年至 2014 年间，湛佑祥、陈界、刘传和、夏旭等人合著的《阅读疗法理论与实践》、南京师范大学心理学院季秀珍的《儿童阅读治疗》以及王晓鹏、王景文、李树民等人的《阅读疗法实证研究》相继问世。这些著作显示了中国学者在"阅读疗法"领域的理论研究和社会服务实践方面的显著进展。

（二）以传记图书阅读的"阅读疗愈"内涵为例

"书方子"是"阅读疗法"的一种关键方法，其中包括精心策划的书籍推荐列表。这些书籍列表类似于中医中的"方子"，因为它们被用于"以书为'药'，对症'荐'书"，因此有些学者采用了中医术语来称呼它们。

"书方子"是由经验丰富的阅读疗法专业人士精心策划的书籍名录，旨在有针对性地协助那些正面临负面情绪困扰、亟须心理调适的人群，挑选适宜的阅读素材，以辅助其实现心理健康的积极构建。需要指出的是，尽管这些书单最初面向需要情感帮助的人，但它们对于没有情感问题、已经心理健康的人也有一定的阅读价值，因为阅读有助于预防情感问题和保持心理健康。

从事"阅读疗愈"并不容易。这是因为"疗愈文献"虽然主题明确，但涵盖了多种文体和广泛的知识领域。更重要的是，某本书是否具有"阅读疗愈"的人文内涵或审美接受价值需要经过专业人员的试读实验才能确定。在各种书籍中，人物传记、小说、散文、诗歌等被认为是适合"阅读疗愈"的文学形式。

以传记为例，陈衡哲在她的自传体作品《一个年轻中国女孩的自传》中，细述了十四岁时在上海独自求学的心路历程。文中特别提到，一本日文汉译的《穷学生》对她产生了深远的影响。在她人生遭遇困境、倍感无助之时，正是这本书给予了她巨大的精神鼓舞和力量，成为她记忆中不可或缺的一部分，珍贵无比。

这种情感和经历并非独有。叶灵凤分享过她对书籍的深刻钟爱，强调它们提供了精神上的慰藉。她认为阅读书籍让她忘记了自己，同时更深入地理解了自己。在困难时刻，她将自己闭锁在她的书房里，这个由她倾注心血建立的避难所。她可以随意选择几本书来排遣情感，使书籍成为她唯一的默默伴侣。书籍让她寻找欢笑和哀愁，无怨无悔。

阅读作家的传记同样具有价值，因为它们可以加深对作家和他们作品的理解，提供宝贵的教训。举例来说，王尔德去世后留下了"唯美派"头衔，但只有通过阅读他的传记，人们才能了解他在生前所承受的社会压力和贫困。屠格涅夫的作品也反映出他在思想上的苦闷，这些都可以从他的传记中找到线索。

范存忠也分享了自己的阅读经历。在他十五六岁的时候，他阅读了富兰克林的《自传》的汉译本。尽管富兰克林出身贫困，但他一直在追求自我改进，这在《自传》中有清晰而具体的记录。富兰克林的自我要求在个人品格方面表现得非常具体和严格，他善于总结经验并勇于改正错误，这吸引了范存忠的注意。这对他产生了深远的影响，使他关注自己的言行，避免空谈和冒进。他力求按部就班，不急不躁，这种生活方式贯穿了近七十年的生活。

徐开垒先生在回忆自己的学生时代时，特别提及了意大利杰出作家亚米契斯所著的《爱的教育》一书，并表达了自己阅读时的深切感受。该作品巧妙地采用意大利市立小学三年级学生安利柯德的日记形式，细腻入微地记录了一个学年的点滴生活，包括各种人际互动和事件发展。在这所学校里，爱无处不在，它像一股暖流，温暖着每个人的心田。书中生动展示了人们在日常生活中所展现出的各种情感：贫困者得到无私援助，弱势者受到悉心照料，勇敢者获得赞誉与鼓励，正直者赢得尊重与敬仰，而那些调皮捣蛋的孩子也在爱与关怀的熏陶下逐渐改邪归正。阅读这本书让人感到人与人之间的爱是如此温暖和美好。

毕淑敏提到，生活中不可避免会有很多意外事件，而应对这些不速之客是人生的必修课。因为这些客人是无法拒绝的，抱怨和埋怨无济于事。明智的做法是平静地处理问题，以尽早地将这些客人送走，这才是高明的主人之道。

她强调，广泛阅读书籍是提升个人素养的有效途径，特别是深入研读人物传记，能够深刻领悟他人在逆境中展现的坚韧不拔精神，这是理性应对人生低潮期的重要策略。此外，她还提出以下几点建议：一是要学会安静地等待与休憩，如同冬眠的熊一般，积蓄力量以待时机。二是要注重身体健康，强健的体魄是应对各种挑战的基础，无论是身处低谷还是迎接高潮，都离不开良好的身体条件。三是要积极寻求与知心朋友的交流，共同回忆美好时光，增强彼此的情感纽带，同时要注意避免过多抱怨和牢骚，保持积极向上的心态。

研究发现，毕淑敏女士的文学作品具有鲜明的艺术特色和深刻的人文关怀。其散文作品如《素面朝天》《再选你的父母》《孝心无价》等，小说作品如《女人之约》《拯救乳房》《女工》《生生不已》《花冠病毒》《女心理师》《提醒幸福》《预约死亡》等，均以其平实的叙述、细腻的情感和积极进取的精神风貌而广受赞誉。

毕淑敏女士凭借其丰富的医学和心理咨询经验，将人文关怀与心理疏导相结合，使作品在提供文学享受的同时，也为读者带来了心灵的慰藉和力量。她被誉为"文学心理疗愈师"和"文学界的白衣天使"，其作品对于促进读者心理健康、提升精神境界具有不可忽视的积极作用。因此，建议将毕淑敏女士的相关作品列入推荐阅读书目，并作为公共图书馆和学校图书馆"心灵书吧"的精选读物，以进一步推动文学阅读在提升国民精神文化素养、促进社会和谐发展。

林华在所著的《女子看书》中明确指出，在30岁之前，个体应当完成一项至关重要的阅读使命，即广泛涉猎经典名著。此举不仅是对个人精神世界的深刻洗礼，更是为日后的阅读生涯奠定坚实而高远的基础，对提升个体的鉴赏能力、审美观念以及评价水平具有不可或缺的重要意义。

她还指出，各种书籍具有不同的作用，有些用于扩展知识面，有些用于提升个人修养，有些用于情感宣泄，还有一些用于提升悟性。选择适合需求和心境的书是一种本领，也是一门艺术。

林华建议，在职业生涯的早期，有志向和抱负的人应该阅读大量的人物传记。此外，她认为与人交流至关重要，最好将朋友与书友结合起来。了解朋友最近在阅读的书籍，不仅可以找到共同感兴趣的话题，还可以获取更多信息，例如朋友的近况和情绪状态。通过阅读内容，可以更好地了解朋友的内心和处境，因此，在朋友之间相互支持是一种责任。

阅读，特别是深入研读传记等书籍，在提升个人知识素养、拓宽思想视野、修身养性、明智润心、促进冷静思考等方面发挥着不可替代的作用。我们必须深刻认识到，家庭作为社会的基本细胞，承载着维系社会和谐稳定的重要功能。人类具有鲜明的家庭遗传和社会互动特性。在家庭和社会这一复杂而多元的环境中，个体从儿童时期到青少年时期，再到成年后的社会生活，都会不可避免地面临各种压力和挑战。这些压力既包括与生俱来的心理压力，也涵盖家庭亲情所带来的责任与期望，以及社交和时代变迁所带来的种种考验。因此，虽然我们的生活中充满了欢乐与幸福的瞬间，但同样无法避免情感低谷、情绪低落、心灵疲惫的时刻的出现。如果我们不能及时有效地调整受到生活压力影响的情绪，或者无法迅速恢复内心的平衡，这些负面情绪就有可能逐渐积累，进而形成心理问题，甚至演化为严重的心理疾病，导致我们失去理智，发生不可挽回的悲剧。

20 世纪中叶，法国著名的传记作家安德烈·莫洛亚指出："我们没有一个人有足够彻底了解别人的个人的经验，甚至连彻底了解自己的那种经验也都没有。'我们在这个广大而无反应的世界上，人人都有孤独之感'，我们因此而感到痛苦，我们为世间的不平，人生的困苦而感到心痛。但是从书上，我们得知他人，比我们伟大的人们，也和我们一样，感到痛苦，而仍在奋斗……一本伟大的书，一定可以使读者在读过之后，变成一个更优秀的人。"

斋藤孝在《阅读的力量》中也指出："一个有着失恋、亲人故去或考试落榜等人生经历的读者，当他从书上读到作者跟自己同样的，或更悲惨的人生经历时，便会获得一种安慰，觉得自己的痛苦经历没什么了不起。这样做，会有效地避免将自己的个人体验绝对化……人观察事物的目光，如果只局限在自己周围，那么很容易在精神上走上绝路。知道这世界上还有人跟自己一样，或者比自己命运更惨，而且这些人都成功地从困境中解脱了出来，自己无疑会获得生存的活力。"

在阅读文化学的理论框架下，人们能够借助具有针对性的阅读活动，深入理解和有效应对生活中的各类问题，进而达成"认同—净化—领悟"的递进效果。鉴于此，有针对性地选择中外文学作品，并提供精准导读，这一"阅读疗法"不仅具有显著的社会应用价值，更应成为当前图书馆全民阅读推广服务领域的新兴发展趋向。

针对那些亟须情感调适、心理状态优化以及行为方式调整的广大读者群体，公共图书馆、学校图书馆、医疗机构、疗养（老）机构乃至家庭与社区等，均应深入掌握并灵活运用这一特色服务方式，提供精准有效的"书方子"，通过精心筛选的读物，助力读者实现心灵的疗愈与成长。

然而，尽管我们怀揣着美好的初衷，但在实际应用图书市场上琳琅满目、标榜为"治愈系"的中外出版物时，尤其是在全民阅读推广活动和"阅读疗愈"导读工作中，相关从业人员必须保持清醒的头脑，以审慎的态度进行鉴别与筛选，必须确保所推荐的读物真正符合读者的需求，避免误导或产生负面效应，从而确保这项服务能够真正发挥实效，造福广大读者。

总的来说，"书目疗法"不仅可以从狭义的图书馆读者服务角度来理解，还可以跨足多个学科领域，以更广泛的方式进行探讨。这意味着在全民阅读的推广中，我们应该考虑不仅仅是书籍文献，还应该包括具有心理疏导和心灵抚慰内涵的各种精神文化产品。

按照"大阅读"的核心理念，那些蕴含情感疗愈元素的电影、音乐、戏剧，以及具备阅读潜质的事物，诸如秀美山水、名胜古迹、博物馆藏品、童年回忆、家乡风光乃至家乡美食，均可成为滋养心灵、促进心理建设的"大阅读"资源。

在图书馆的藏书建设与全民阅读推广工作中，首要任务是系统收藏和提供具备治愈特质的书籍、报纸、杂志等纸质资料以及相应的数字化文献资料。同时，需构建专业化的自助式阅读空间，以更好地满足广大读者的阅读需求。此外，图书馆亟须加强队伍建设，紧急组织培训，培育一支精通心理学、中医学、阅读文化学及读者心理学等领域知识的图书馆读者服务与阅读推广工作者队伍，以便科学实施"发展性阅读疗法"。这些工作者将负责管理与维护治愈阅读空间的文献资源，还能够提供情感治愈相关的咨询服务，推广阅读疗愈的相关读物等。

"读书身健方为福，种树花开总是缘"，阅读有助于明智思考，提升智慧，培养品性，实践所学，一直都是知识追求的终极目标。同时，通过阅读来应对情感、心理和精神问题是具有实际价值的。对于那些深陷不良情绪的读者，专门挑选具有疗愈效果的书籍，通过"读书启发—理解内容—解决问题—情感净化"的过程，虽然只是辅助手段，但有针对性地阅读可以起到心理疏导的作用，帮助情感康复、心理调适和精神滋养。

第三节　阅读推广助力心理健康的案例及发展策略

一、阅读推广助力心理健康的案例

（一）南京师范大学特色心理阅读推广活动

自 1988 年成立以来，南京师范大学心理健康教育咨询中心（以下简称中心）一直秉持专业心理咨询理念，旨在促进大学生的心理健康和全面发展。中心主要开展教育、辅导、咨询以及危机干预工作，形成了心理健康教育、心理咨询服务、心理测评和危机干预四大工作领域。中心的日常工作包括心理评估、个人咨询、团体培训、专题讲座、学术沙龙，以及心理咨询热线等多方面活动。

1.心理读书会

中心不定期地举办读书会活动，每次都有特定主题和精选书籍。在活动中，主持人介绍书籍作者、内容概要和观点，然后分享个人阅读体验。与会者在主持人的引导下进行案例分析，交流阅读感受，互相互动。最后，主持人做总结。这种团体交流方式可以帮助与会者提高个人素养和学术见识，扩展视野，反思自我。

2.编辑心理刊物《掌心语》

2002 年，中心创建了自己的刊物，并将其免费分发至每个学生宿舍。《掌心语》作为心理健康教育咨询中心的宣传工具，一直以来都以易懂、有趣和科普为特点。经过多年的积累，它已经受到广大师生的青睐。

3."心灵家园"微信公众平台

定期宣传新活动消息，并向广大师生普及和传播心理健康教育知识。

4."T.E.D 心演讲"系列讲座

自 2015 年起，中心推出了一项全新的心理健康教育活动，名为 T.E.D，即 T-theory、E-education、D-development，代表理论、教育和发展。每次讲座持续 1 小时，每期关注一个主题，邀请校内外的心理咨询专家为学生进行讲解。这些讲座主题贴近学生的生活和心理需求，内容既有趣又专业，具有实际应用价值。它们为学生提供了有关思想教育和个人成长的"心理知识"，传达了愉快和鼓舞，因此备受学生好评。

（二）北京农学院图书馆特色心理阅读推广活动

1.特色心理阅读推广活动

（1）设立"心灵滋养"主题图书专架

北京农学院图书馆与北京尚善公益基金会联手，在图书资源方面有了新突破，共同打造了一个名为"心灵滋养"的主题图书专架。这个专架不仅收录了综合性书目，还包括了涵盖多个领域的具有明显针对性的书籍，如减轻学业压力、激励职业抱负、解决社交问题和克服求职焦虑等。

相较于现实世界，书籍打开了一个更加广袤的天地，为读者提供了更宽广的视野和更强的思维延展能力。它们展示了一个更加宽广、积极和丰富的人类心灵世界，同时为各种困难和问题提供了前人的智慧和细致入微的解决方案。

（2）"知识守护心灵，阅读传递爱心"网络展

相对于传统的专题图书架，具有鲜明图案和强烈视觉效果的展示更能激发广大学生群体的兴趣。基于此，北京农学院图书馆积极策划了一场规模盛大的主题展览，名为"知识守护心灵，阅读传递爱心"。然而，鉴于展览空间有限及经费紧张的实际问题，最终决定采取在线展览的形式，以相同的主题内容，通过线上平台呈现，突破物理限制，更好地实现活动的普及和推广。

大学生正面临着多种心理挑战，包括理想与现实的冲突、人际关系、恋爱以及职业选择等问题。高校已经认识到这一问题的紧迫性，纷纷加强了对大学生心理健康教育的关注。帮助大学生克服由这些压力引发的心理问题成为高校的首要任务。

一场名为"倾听的力量"的网络展览以此为主题，展示了各种书目，如《自卑与超越》《我优秀我烦恼》等，并详细介绍了这些书目如何应对大学生常见的心理问题。虚拟网络展览以其无限制的时间和空间优势，为大学生提供了自主安排浏览时间和选择书籍的自由。特别是对于不愿公开心理需求的学生而言，这种私密的在线环境提供了安全感和舒适度，使他们可以在不受干扰的情况下探索和获取心理帮助资源。

（3）暑期阅读倡导

暑假为大学生提供了放松和深度阅读的宝贵机会，不仅解脱了繁忙学业的压力，还营造了专注阅读的舒适环境，对心理健康大有裨益。北京农学院图书馆积极通过微信推荐心理健康书籍，鼓励学生在这段时间内进行有意义的阅读，以促进个人成长和自我认知。学校同时策划了开学后的读书活动，旨在让学生分享他们的阅读体验和心得，进一步丰富他们的学术与情感生活。

（4）读书交流活动

北京农学院图书馆积极组织阅读交流活动，最近一次以"图解抑郁症"为主题，吸引了众多学生的参与。由心理老师生动解说抑郁症的基础知识，以幽默和通俗的方式让学生们了解症状，并学会区分情绪问题和抑郁症。这种交流不仅丰富了他们的心理学知识，也促进了个人成长和自我认知，对大

学生的心理健康与发展具有深远影响。

（5）"阅读润心灵"大型阅读马拉松活动

在 2016 年校庆 60 周年之际，为了提升读者的心理健康并吸引更多人参与阅读活动，学校策划并组织了一场名为"阅读迎校庆阅读润心灵"的大型阅读马拉松。该活动要求参与者在规定的时间和场地内进行长时间的书籍阅读，并对阅读的时间和质量进行评比。活动现场展示了与心理健康相关的图书，鼓励参与者选择感兴趣的书籍进行深入阅读。参与者反馈，长时间的专注阅读帮助他们更深刻地理解生活，从前人的文字中获取宝贵的人生经验，这些经验成为他们前进的动力。

2.活动成效

大学生心理健康专题阅读推广活动及多样化活动的成功实施，是大学校园文化建设的一项重要举措。这些活动不仅仅是为了丰富校园文化生活，更是为了提高大学生的心理健康水平。通过阅读推广活动，大学生可以接触到更多的心理健康知识，了解如何处理压力、调节情绪等问题。同时，这些活动也可以促进大学生的综合素质的提高，增强他们的自我管理能力和适应能力。

（1）促进积极健康的阅读习惯和心理状态

通过心理健康主题的阅读推广活动，学生们学习到调节心理状态的技能和方法，提升心理素质，培养主动阅读习惯，形成积极的阅读氛围。学生通过阅读各种文学作品，获取知识和灵感，培养积极的阅读兴趣，从中汲取成长智慧，找到人生真谛。

（2）提升了图书馆的服务水平

心理健康专题阅读推广活动为传统图书馆服务注入了新活力，打破了仅限于借还图书的局限。通过馆员的精心挑选和推荐，图书馆资源得到更有效的利用，读者也能从中获益。此外，图书馆还扩展了服务范围，直接参与学生的心理和精神健康教育，成为第二课堂的重要组成部分。这种创新的服务模式不仅提高了图书馆的服务质量，也为读者提供了更多元、更具教育意义的阅读体验，体现了图书馆在促进读者身心健康发展方面的积极作用。

（三）深圳南山图书馆心灵沙龙

深圳南山图书馆成立于 1997 年，开始于 2011 年的"心灵沙龙"是其阅读推广活动的起点。该团队通过创新的招募和激励机制，成功吸引了一批忠实的活动参与者，并在短时间内举办了大量的沙龙活动。他们将沙龙活动分为不同的专题，满足了不同人群的需求，进一步扩大了活动的影响力。

多年来，心灵沙龙涵盖了各种主题，如心灵漫谈、亲子教育、幸福人生、芳香疗法、情感婚姻、人际沟通、情绪管理、两性成长、心理访谈、职业生涯规划和青年成长等。这些主题涵盖了深圳这个移民城市的读者所关心的职场、婚姻和人际关系等各种问题，使不同类型的读者都可以在活动中找到自己感兴趣的内容。2012—2016 年，共举办了 176 次心灵沙龙活动，吸引了超过 1.6 万人次的读者参与，激发了他们对相关图书的兴趣，提高了图书馆资源的利用率。

目前，南山图书馆每周六 14：30—16：30 举办心灵沙龙活动，这一时间段旨在最大程度地满足读者的需求，经过多次验证，确保活动时间合理。此活动采用会员管理模式，通过标准化的会员管理系统，实现日常电子化会员管理，建立会员档案和活动积分数据库，以便为不同类型的读者提供个性化服务。

每次活动结束后，南山图书馆都会及时在南图书友会的微信公众号上发布活动的亮点内容，分享整场活动的成果。这样的二次加工不仅是对活动的回顾，还提供了更深入的互动机会，以深入探讨活动主题。仅仅用 2 个小时来讨论一个活动主题是远远不够的。活动结束后，参与者可以继续在线上进行讨论和交流，这对于丰富线下沙龙活动非常有益。

另外，南山图书馆还提供专题咨询室，每周五的 15：00—21：00 开放，专门为心理咨询而设。深圳的各家心理咨询机构的公益心理咨询师将为读者提供免费的一对一心理咨询服务。

（四）《儿童情绪疗愈绘本解题书目》与《大学生情绪疗愈绘本解题书目》

2008 年汶川大地震发生后，中国台湾地区同胞对灾区人民的心理健康问题给予了深切关注。为有效减轻四川受灾群众的心灵创伤，特别是关注到儿童群体的特殊需求，台湾大学图书资讯学系携手台湾省图书馆，共同策划并实施了"送儿童情绪疗愈绘本到四川"的专项行动。

此项活动得到了台湾图书信息界、心理卫生与心理咨询界以及儿童文学界等诸多领域的广泛支持与积极参与，共有 30 位知名学者和专家参与其中。他们秉持专业精神，精心挑选了 50 本富有情感疗愈功能的绘本作品，旨在通过温暖的故事和细腻的情感表达，为灾区的儿童带去心灵的慰藉与力量。

在这一倡议的推动下，台湾大学图书资讯学系的陈书梅教授牵头编纂了《儿童情感疗愈绘本解题书目》，为灾区儿童提供了丰富的阅读资源，助力他们通过阅读这些绘本，净化心灵、安抚情绪，重新找回生活的勇气与希望。

《儿童情绪疗愈绘本解题书目》可分为两个主要部分。第一部分涵盖 50 种儿童情绪疗愈绘本书籍，这些书籍涉及五大主题，分别是"内心情感""儿童角色""生命经历""人际关系"和"家庭环境"。它们对于处理儿童所经历的害怕、愤怒、悲伤、思念及孤独等情感具有积极意义，并能有效引导孩子认识并理解肢体伤残、疾病等生理症状，深化对成长与死亡等生命经历的认识，助力其建立健康和谐的人际关系。同时，它们还能为家庭重建、搬迁、寄养及单亲家庭等问题的解决提供有益参考。

在提供基本书籍信息的基础上，图书馆还应对书籍内容进行简要介绍，并附上相关示例，对每本绘本在情绪疗愈方面的效用进行客观评估，以帮助读者更好地判断其适用性，从而选择最适合自己或孩子阅读的绘本。

第二部分是附录，包括阅读疗法的简要介绍、选书会议报告、选书考量说明、选书作业规则以及参与绘本征集活动的出版社名单等内容，为整个项目提供了详细的解释和指南。

"送儿童情绪疗愈绘本到四川"倡议和《儿童情绪疗愈绘本解题书目》项目提醒我们，图书馆的作用不仅限于提供一般的知识和教育功能，还可以促进阅读治疗活动，增进大众对阅读与心理健康之间的联系的认知和体验。图书馆界与心理健康领域、心理咨询领域，以及儿童文学专业的专家们的紧密合作方式，对其他地方值得学习借鉴。只有将图书馆融入更广泛、更开放的社会环境中，才能更充分地发挥其社会职能。

随着社会竞争的不断激烈和就业压力的加大，大学生心理问题变得更加突出。为了应对这一问题，陈书梅教授提出了一本名为《大学生情绪疗愈绘本解题书目》的著作。在该书中，作者以发展性书目疗法为指导原则，旨在通过提供相关书目来帮助大学生缓解一般性情绪困扰。这一方法基于个体内在的自我修复与再生能力，也就是所谓的挫折复原力（resilience）。

中国台湾地区的大学生在成长过程中，面临着一系列复杂的情感挑战，这些问题不仅影响着他们的心理健康，也对学业和未来规划产生深远影响。从自我认同的探索到职业发展的迷茫，从负面情感的调适到人际关系的建立，从爱情关系的曲折到面对失去的哀伤，这些情感议题构成了大学生情感世界的全貌。理解并正视这些情感问题，对于促进大学生的心理健康、增强其社会适应能力具有重要意义。高校及社会各界应提供更多的心理支持和辅导资源，帮助大学生更好地应对情感挑战，培养积极的人生态度和健康的情感管理能力，从而促进其全面发展。

为了应对这些情感问题，作者采用绘本作为材料，引导大学生进行发展性阅读疗愈。这种方法依赖于个体天生的自我修复和再生能力，即挫折复原力。此外，绘本的出色插图和轻松有趣的情节使大学生对阅读产生浓厚兴趣。他们并不认为绘本内容过于简单或肤浅，反而能够感受到深刻的寓意，同时结合自身经历激发想象力并缓解情感困扰。

可见，通过适当的绘本阅读，大学生能够放松心态、减轻压力，进行自我情感调适，并从阅读过程中获取解决问题的方法，克服生活中的挑战。这一方法有望帮助大学生更好地应对心理问题，提高他们的心理健康水平。

（五）杭州图书馆"大阅读"概念指导下的阅读疗愈实践

杭州图书馆在 2013 年开创性地引入了一项名为阅读疗愈的服务，旨在通过书籍与各类艺术形式的结合，为读者提供一种全方位的阅读体验。这项服务不仅在图书馆的物理空间和文献组织上展现出创新，更通过一系列精心策划的活动，如将电影与文学作品相互映照的赏析会，打破了传统阅读的界限，引领了一种融合视觉、听觉和情感的新型阅读文化。

通过这样的尝试，杭州图书馆成功地将阅读从纸张的二维世界扩展到了一个多维的艺术空间，让读者在享受文字魅力的同时，也能感受到影像、音乐和戏剧带来的深层疗愈和情感共鸣。这些活动由馆员精选与出版物相关的电影，观影后阅读疗愈师会解析角色经历与心理变化，引导读者汲取积极启示。读者可借阅相关书籍深入探究主题，进行自我心理建设。

杭州图书馆推出的"心理剧系列沙龙"是一种创新的心理疗愈方式，不同于单纯的观影和阅读，它让读者参与情境中的创作和表现。心理剧作为一种创新的心理咨询方式，在咨询师的指导下，读者可以通过参与剧本的创作和表演过程，深入探索自身的内心世界。通过在小舞台上呈现的角色，读者可以自由表达内心的情感，从而实现对自我的更深层次的认知和理解。这种体验不仅可以帮助个人探索和解决当前的困惑和内在渴望，还可能成为日后情绪调节和自我救赎的有效方式。

杭州图书馆对儿童心理健康给予重视，特别在阅读疗愈方面汇聚了儿童心理专家、家庭教育专家和亲子阅读推广人作为疗愈师团队成员。在儿童心理疗愈中，强调引导而非治疗，运用绘本、游戏和艺术等方式，呈现这些媒介对于儿童心理发展的重要影响。这些活动帮助儿童建立安全感，提升专注力，同时举办多样化的阅读延伸活动，培养了儿童的同理心、情绪认知和良好的行为习惯。杭州图书馆的举措不仅关注儿童阅读，更关心儿童心灵健康成长，为孩子们提供了一种富有启发和帮助的阅读体验。

二、图书馆开展阅读疗愈服务的策略

南京大学徐雁教授强调，图书馆需要在传统服务基础上，增加个性化阅读指导以满足现代需求。图书馆不仅是知识和文化的宝库，还能通过丰富的资源和专业团队，发挥促进公众心理健康的作用。通过开展阅读疗愈服务，图书馆可以利用现有的读者基础，成为心理健康支持的重要平台。

（一）注重阅读疗愈空间改造

图书馆引入阅读疗愈室，通过提供特定书籍和心理专业知识的馆员，帮助读者在温馨的环境中进行书籍咨询和心理交流。这个空间可以设计成书吧或沙龙形式，使用暖色调、植物和香薰等元素，创造出放松和舒适的氛围，满足读者的心理需求并提供一个轻松愉快的阅读体验。

（二）多渠道培养阅读疗愈队伍

阅读疗愈室必须有至少两名懂得心理学基础的馆员，他们能提供书籍推荐并简单引导读者，同时具备专业沟通技巧，满足读者需求。他们的知识和技能在交流中能够带给有心理需求的读者满足感和愉悦感，并在一定程度上帮助读者理清情绪、引导心智。

图书馆可以吸纳有资质的志愿者，构建规范的阅读疗愈师团队，确保阅读疗愈服务的持续性和社会推广。在数字化时代背景下，微信等社交平台正成为推广心理健康服务的新渠道。通过"疗愈支援"活动，平台不仅为用户提供了便捷的疗愈师信息获取途径，还通过定期分享专业知识和实践案例，增强用户对疗愈服务的理解和信任。

此外，阅读疗愈服务需要多方合作，吸引专业领域的专家，包括心理咨询、医学、理论研究、社会活动等领域，图书馆应积极创造条件，与社区、医院、高校、文联、心理咨询机构等展开合作，让专家参与阅读疗愈服务的策划并提供读者心理指导，同时将图书馆的文献资源拓展至医疗机构和社区学校，推动阅读疗愈服务跨界应用。

（三）虚拟技术助力阅读疗愈

科技的发展让图书资源利用空间变得更加多元化和便捷化，也带来了基于网络空间的阅读疗愈服务。这种服务可以通过图书馆网站、App、微信公众号或认证的社交平台提供。读者可以在这些虚拟空间填写个人信息和心理困扰，建立自己的"阅读病历"，平台会安排远程的阅读疗愈师或心理咨询师进行帮助，并进行后续跟踪。尽管网络阅读疗愈服务保护了读者隐私，但也需要读者具备良好的素质，包括对新事物的接受、自我表达和沟通能力以及责任心等。

VR 技术在图书馆的阅读疗愈中发挥重要作用，通过计算机生成的虚拟环境，读者可以沉浸在各种适合阅读疗愈的场景中，如海边、山谷或麦田。这些环境给予多样化、全方位的感官体验，包括视觉、听觉、嗅觉、味觉和触觉，使读者仿佛身临其境，有助于平和情绪、舒缓心境，以更自然的方式看待当下并体验阅读对身心的重塑。VR 平台不仅提供虚拟阅读环境，还具备社交功能，让不同经历的读者能在一个场景中互相交流和分享，打造出虚拟的真人图书馆。这种交流方式帮助读者从纸面阅读走向真实互动，共享正能量，形成积极的读者社群，为阅读疗愈提供了更开放的空间。

参考文献

[1]张层林.阅读文化 视野与维度[M].兰州：甘肃文化出版社，2018.

[2]缪建新.志愿者与图书馆阅读推广[M].北京：朝华出版社，2020.

[3]贾虹作.智慧图书馆及其服务创新研究[M].北京：中国农业出版社，2022.

[4]陈丹.现代图书馆空间设计理论与实践[M].上海：上海社会科学院出版社，2020.

[5]李世娟，李东来.图书馆绘本阅读推广[M].北京：朝华出版社，2017.

[6]黄如花，司莉，吴丹.图书馆学研究进展[M].武汉：武汉大学出版社，2017.

[7]董伟.新媒体时代图书馆管理与服务研究[M].长春：吉林人民出版社，2019.

[8]胡红平.大数据时代高校图书馆信息服务创新研究[M].长春：吉林人民出版社，2022.

[9]夏春红，于刚，印重.现代图书馆资源管理与推广服务[M].北京：北京理工大学出版社，2017.

[10]黄兵，张军.全民阅读生态系统视角下的公共图书馆发展探索[J].图书馆，2023（2）：72-76，98.

[11]彭奇志，杨沉."互联网＋"环境下全民阅读生态系统结构及其优化对策[J].图书馆，2023（9）：60-65，98.

[12]吴尚之.深入推动全民阅读，努力建设书香社会[J].中国出版，2022（9）：8-9.

[13]雷勇.全民阅读背景下公共图书馆服务效能提升策略研究[J].图书馆，

2022（8）：99-104.

[14]赵霞,赵丽梅.全民阅读视域的阅读推广价值研究[J].图书馆研究,2023（1）：71-76.

[15]操菊华,王喜乐.全民阅读：推进精神生活共同富裕的重要方式[J].文化软实力研究,2023（4）：57-63.

[16]陈蜜.公共图书馆全民阅读推广路径探讨[J].参花（下）,2023（6）：128-130.

[17]杨小青,武智强,张哲.全民阅读背景下图书馆多元化阅读推广活动的策划与创意研究[J].中国科技纵横,2023（3）：163-165.